KB121713

들으면서 익히는

프랑스어
단어장

이욱재 지음

어문학사

| 머 리 말 |

어떤 언어이든지 그 언어에 대한 문법, 독해, 청취, 회화, 작문 등의 다양한 활동을 통해 습득하게 된다. 이러한 활동의 기본이 되는 것은 바로 단어임에 틀림없다. 중요한 것은 프랑스에서 많이 쓰이는 기본어휘들을 먼저 습득하는 것이다.

저자가 먼저 배운 것과 많은 학생들을 가르치는 현장의 경험을 통하여, 보다 쉽고, 보다 빠르게 프랑스를 익힐 수 있도록 하기 위하여, 보다 많이 쓰이고, 보다 중요한 것들을 우선적으로 익히게 할 필요를 느꼈다.

특히 프랑스어는, 영어와는 달리, 하나의 단어가 하나의 품사로 쓰이는 것이 일반적이다. 따라서 품사별로 익히면 문장구조를 보다 쉽게 파악할 수 있는 장점도 있다. 평생에 한두 번 만날까 말까하는 어휘를 외우려고 시간을 투

자하여 노력하기보다는 프랑스어의 기본어휘들을 품사
별로 우선순위로 익힌다면 더욱 경제적이며 효과적일 것
이다.

　　본 품사별 우선순위로 정리된 들으면서 익히는 프랑
스어 단어장의 간행이 불어를 필요로 하는 사람들에게 큰
도움이 되기를 기원한다.

이 욱 재

| 일 러 두 기 |

1. 어휘의 선정

　　보통 어휘를 공부할 때 동의어, 반의어 혹은 파생어 등을 연계시켜 어휘를 확장시키거나, 그 어휘가 활용된 문장을 외운다든가 혹은 어원으로 어휘를 확장시키는 등의 여러 방법이 있지만, 이러한 방법은 중고급자들에게 필요하다고 생각한다. 동의어 반의어 등을 생각하지 않고 무조건 외워야 하는 기본어휘들이 있다. 우리나라 교육부에서 선정한 기본어휘 숫자는 약 600여개 정도이고, 프랑스에서는 기본어휘를 약 1500여개로 선정하고 있다. 이 단어장에서는 1차 기본어휘를 1219개, 2차 기본어휘를 2706개, 기능어를 127개, 숙어 432개, 총 4484개를 선정했다. 이 정도의 어휘를 습득하면 전공, 유학, 경시대회, 국가고시, DELF, SAT french, AP french 등을 준비하는데 큰 도움이 될 것이다.

2. 의미의 한계

　　대개 불어의 어휘는 여러 개의 의미를 가지는 것이 일반적이다. 이런 경우는 가장 많이 쓰이는 의미를 선택했다. 여백의 제약으로 인하여 2~3개 정도의 의미를 쓸 수밖에 없다. 각 개인이 공부하는 중에 새로이 알게 되는 어휘와 의미들을 추가해 주기를 바란다.

3. 품사별 정리

품사별로 어휘를 정리해서 익히는 것은 어휘를 익힘과 동시에 문장구조를 쉽게 파악할 수 있는 장점이 있다. 또한 이것은 자기 생각을 표현하는 작문이나 회화에 대단히 유용할 것이다.

4. 예문

명사와 형용사는 문장 속에서 어떻게 사용되는지를 같이 알아야 한다. 명사와 형용사편 뒤에 일상생활에서 쉽게 쓸 수 있는 예문들을 보였다. 함께 익히면 독해, 작문 및 회화에 큰 도움이 될 것이다.

5. 기능어와 동사 구문

문장에서 뼈대를 구성하는 가장 중요한 요소는 동사이다. 이 단어장에서 가장 중요한 부분으로써, 중요동사 140개를 선정하여, 그 동사가 요구하는 전치사에 따라 혹은 사람이나 사물 목적어에 따라 의미가 달라지는 그러한 어법적인 특징들을 명시하여 적절한 예문을 보였다. 이 동사들과 함께 예문들을 외우면, 작문 및 회화에 큰 도움이 될 것으로 확신한다.

숙어, 동의어, 반의어, 불규칙 동사변화 해설, 동사구문과 함께 전치사와 접속사의 기능어의 용법을 적절한 예문과 함께 알기 쉽게 정리하였다.

|차 례|

PARTIE I

"

1차 기본단어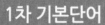

"

1. 1차 기본단어 - 명사 650개

명사란

사람, 사물 및 개념을 지칭하는 말로
남성과 여성의 구분이 있다.
남성명사는 (m)으로,
여성명사는 (f)로 표시하였다.
아무 표시 없는 것은
남·여성 공통이거나,
여성형을 병기한 경우이다.
무음 h와 유음 h는 정관사의
축약여부로 나타내었다.
축약된 것은 무음 h이고,
축약되지 않은 것은 유음 h이다.
여기서는 일상에서 볼 수 있는
혹은 느낄 수 있는
대단히 기본적인 것들을 정리했다.

1	accident [aksidɑ̃]	(m) 사고(⟩incident)
2	adresse [adrɛs]	(f) 주소(=domicile 주소, 처소)
3	affaire [afɛr]	(f) 일, 거래, 문제, 의복
4	âge [ɑʒ]	(m) 나이, 시대(=époque)
5	agent [aʒɑ̃]	(m) 대리인, 요인(=facteur)
6	agriculture [agrikyltyr]	(f) 농업 (≠industrie)
7	aiguille [ɛgɥij]	(f) 바늘 (*épine 핀)
8	aile [ɛːl]	(f) 날개
9	air [ɛːr]	(m) 공기, 분위기, 태도, 박자
10	allumette [alymɛt]	(f) 성냥
11	alphabet [alfabɛ]	(m) 알파벳
12	ami, amie [ami]	친구, 애인 (≠ennemi)
13	amour [amur]	(m) 사랑 (≠la haine)
14	an [ɑ̃]	(m) 나이, 햇수
15	année [ane]	(f) 해, 연도
16	âne, ânesse [ɑːn, nɛs]	당나귀, 바보(=imbécile)
17	animal [animal]	(m) 동물 (*la bête 짐승)
18	août [u, ut]	(m) 8월
19	appareil [aparɛj]	(m) 기구, 장치, 전화수화기
20	appartement [aprtəmɑ̃]	(m) 아파트(*maison, résidence)
21	après-midi [aprɛmidi]	(m) 오후
22	arbre [arbr]	(m) 나무 (식물) (*bois 목재)
23	argent [arʒɑ̃]	(m) 돈, 은 (*monnaie, espèces)
24	arme [arm]	(f) 무기 (=moyens de destruction)
25	armée [arme]	(f) 군대 (=troupe)
26	armoire [armwaːr]	(f) 옷장(=placard)
27	arrivée [arive]	(f) 도착 (≠départ)
28	art [aːr]	(m) 예술, 기술
29	artiste [artist]	예술가
30	ascenseur [asɑ̃sœːr]	(m) 엘리베이터(*escalier 계단)

31	assiette [asjɛt]	(f) 접시 (*plat 큰접시, 요리)
32	atelier [atəlje]	(m) 작업장, 화실
33	attention [atãsjɔ̃]	(f) 주의, 조심(=précaution)
34	aujourd'hui [oʒurdɥi]	(m) 오늘 (≠hier, demain)
35	auto [oto]	(f) 자동차(*véhicule 탈것)
36	automobile [otomɔbil]	(f) 자동차
37	autobus [otobys]	(m) 시내버스
38	autocar [otoka:r]	(m) 시외버스, 리무진버스
39	automne [otɔn]	(m) 가을
40	avance [avɑ̃:s]	(f) 앞서 있음 (†retard)
41	avenue [avny]	(f) 한길, 대로(⟨boulevard)
42	avion [avjɔ̃]	(m) 비행기 (*vol 비행)
43	avis [avi]	(m) 생각, 의견(=avis, idée)
44	avril [avril]	(m) 4월
45	baignoire [bɛɲwa:r]	(f) 욕조
46	bain [bɛ̃]	(m) 목욕 (*douche 샤워)
47	balle [bal]	(f) 공(=boule), 총알
48	ballon [balɔ̃]	(m) 공, 기구, 풍선
49	banc [bɑ̃]	(m) 벤치, 의자(*chaise)
50	barbe [barb]	(f) 수염 (moustache 콧수염)
51	bas [ba]	(m) 스타킹, 낮은 곳
52	bateau [bato]	(m) 배, 선박(=bâtiment)
53	bâton [batɔ̃]	(m) 막대기(=baguette)
54	beauté [bote]	(f) 아름다움, 미인 (≠laideur)
55	bébé [bebe]	(m) 아기
56	bec [bɛk]	(m) 부리, 주둥이 (*bouche 입)
57	belle-mère [bɛlmɛ:r]	(f) 시어머니(≠beau-père)
58	beurre [bœ:r]	(m) 버터 (*fromage 치즈)
59	bicyclette [biciklɛt]	(f) 자전거(=vélo)
60	bière [bjɛ:r]	(f) 맥주

61	billet [bijɛ]	(m) 표, 탑승권, 지폐 (*ticket)
62	blé [ble]	(m) 밀 (*farine 밀가루)
63	blessure [blesyːr]	(f) 상처 (*fracture 골절)
64	blouse [bluːz]	(f) 브라우스, 가운, 작업복
65	bœuf [bœf]	(m) 소, 소고기 (pl:[bø])
66	bois [bwa]	(m) 목재, 숲 (=forêt)
67	boîte [bwat]	(f) 상자 (=caisse)
68	bonjour [bɔ̃ʒuːr]	(m) 낮 인사말
69	bonsoir [bɔ̃swaːr]	(m) 저녁 인사말
70	bouche [buʃ]	(f) 입 (*lèvres 입술)

71	boucher [buʃe]	(m) 정육점 주인
72	boucherie [buʃri]	(f) 정육점 (*charcuterie)
73	boulanger [bulɑ̃ʒe]	(m) 빵집 주인
74	boulangerie [bulɑ̃ʒri]	(f) 빵집 (*pâtisserie)
75	boulevard [bulvaːr]	(m) 대로, 큰길 (>avenue)
76	bout [bu]	(m) 끝 (≠début)
77	bouteille [butɛj]	(f) 유리병 (*verre 유리잔)
78	boutique [butik]	(f) 가게(<magasin)
79	bouton [butɔ̃]	(m) 단추, 스위치
80	branche [brɑ̃ʃ]	(f) 가지, 지류 (*brin 어린 가지)

81	bras [bra]	(m) 팔 (*main 손, doigt 손가락)
82	brique [brik]	(f) 벽돌
83	brosse [brɔs]	(f) 솔 (*brosse à dents 치솔)
84	brouillard [brujaːr]	(m) 안개
85	bruit [brɥi]	(m) 소리, 소음 (*son 소리, 음향)
86	bureau [byro]	(m) 책상, 사무실 (*table 탁자)
87	cabinet [kabinɛ]	(m) 작은 방, 집무실, 내각
88	café [kafe]	(m) 커피, 카페
89	camarade [kamarad]	(f) 친구(=copain), 동료
90	camion [kamjɔ̃]	(m) 화물차(>camionnette)

91	camionnette [kamjɔnɛt]	(f) 작은 화물차
92	campagne [kɑ̃paɲ]	(f) 시골(≠ville), 들판, 캠페인
93	capitale [kapital]	(f) 수도, 대문자(≠miniscule)
94	carte [kart]	(f) 카드, 엽서, 증서(=acte)
95	casserole [kasrɔl]	(f) 냄비 (*poêle 프라이팬)
96	cause [koːz]	(f) 원인 (≠résultat), 송사
97	cave [kaːv]	(f) 지하실, 포도주 저장고
98	ceinture [sɛ̃tyːr]	(f) 허리띠, 벨트
99	chaise [ʃɛːz]	(f) 의자(*banc 벤치, banquette)
100	chambre [ʃɑ̃ːbr]	(f) 방, 침실 (*pièce 공간)

101	champ [ʃɑ̃]	(m) 들판, 밭, 시골
102	chance [ʃɑ̃ːs]	(f) 행운, 기회(=occasion)
103	chanson [ʃɑ̃sɔ̃]	(f) 노래, 샹송 (*chant 노래)
104	chant [ʃɑ̃]	(m) 노래, 노래 부르기
105	chapeau [ʃapo]	(m) 모자, 브라보
106	charbon [ʃarbɔ̃]	(m) 석탄 (*pétrole 석유)
107	charge [ʃarʒ]	(f) 짐, 부담, 책임 (=fardeau)
108	chasse [ʃas]	(f) 사냥 (*pêche 낚시)
109	chasseur [ʃasœːr]	(m) 사냥꾼 (*pêcheur 낚시꾼)
110	chat, chatte [ʃa, ʃat]	고양이 (*rat 쥐)

111	chauffage [ʃofaːʒ]	(m) 난방 (*poêle 난로)
112	chauffeur [ʃofœːr]	(m) 운전사(=automobiliste)
113	chaussette [ʃosɛt]	(f) 양말
114	chaussure [ʃosyːr]	(f) 신발, 구두(=soulier)
115	chef [ʃɛf]	(m) 우두머리 (*patron 사장)
116	chemin [ʃ(ə)mɛ̃]	(m) 길(=voie)(*rue, route)
117	chemise [ʃ(ə)miːz]	(f) 셔츠, 와이셔츠
118	chèque [ʃɛk]	(f) 수표 (*carnet de chèque)
119	cheval [ʃ(ə)val]	(m) 말, 숫말 (f: jument)
120	cheveu [ʃ(ə)vø]	(m) 머리카락 (pl: cheveux)

121	chèvre [ʃɛːvr]	(f) (암)염소(≠bouc)
122	chien, chienne [ʃiɛ̃, -ɛn]	개 (*chat 고양이)
123	chiffon [ʃifɔ̃]	(m) 걸레, 헝겊
124	chiffre [ʃifr]	(m) 숫자 (*numéro 번호)
125	chocolat [ʃokola]	(m) 초콜릿
126	chose [ʃoːz]	(f) 사물, 물건(*objet)
127	ciel [sjɛl]	(m) 하늘 (≠terre)
128	cigarette [sigaɾɛt]	(f) 담배 (*cigare)
129	cimetière [simtjɛːr]	(m) 묘지 (=tombeau)
130	cinéma [sinema]	(m) 영화(=film), 영화관
131	ciseaux [sizo]	(m) 가위
132	classe [klas]	(f) 교실, 수업, 계층
133	clé [kle]	(f) 열쇠 (*serrure 자물쇠)
134	client [kli(j)ɑ̃]	(m) 손님 (≠marchand)
135	clou [klu]	(m) 못 (*marteau 망치)
136	cochon [koʃɔ̃]	(m) 돼지(=porc)
137	cœur [kœːr]	(m) 마음, 심장, 중심지
138	coin [kwɛ̃]	(m) 구석, 모퉁이
139	colère [kolɛːr]	(f) 화, 노여움 (≠calme)
140	commerçant [komɛrsɑ̃]	(m) 상인(=marchand)
141	commode [komɔd]	(f) 서랍장 (*placard 옷장)
142	compte [kɔ̃ːt]	(m) 계산, 계좌, 셈, 보고
143	coq [kɔk]	(m) 수탉 (f: poule)
144	corde [kord]	(f) 밧줄 (*cordon 끈)
145	corne [korn]	(f) 뿔, 나팔(=trompette)
146	côte [koːt]	(f) 언덕, 해안, 늑골
147	coton [kotɔ̃]	(m) 솜, 면, 목화(*soie 실크)
148	cou [ku]	(m) 목(*gorge목구멍)
149	couleur [kulœːr]	(f) 색, 색채, 물감, 깃발
150	coup [ku]	(m) 타격, 치기, 번

151	cour [ku:r]	(f) 마당, 법원
152	courage [kura:ʒ]	(m) 용기, 끈기 (≠lâcheté)
153	course [kurs]	(f) 경주, 장보기(pl)
154	couteau [kuto]	(m) 칼 (*lame, poignard)
155	couvercle [kuvɛrkl]	(m) 뚜껑, 덮개(*capot 보네트)
156	couverture [kuvɛrty:r]	(f) 담요, 지붕, 표지
157	crayon [krɛjõ]	(m) 연필 (*trousse 필통)
158	cuiller [kɥijɛ:r]	(f) 숟가락 (=cuillère)
159	cuir [kɥi:r]	(m) 가죽 (*peau 피부)
160	cuisine [kɥizin]	(f) 부엌, 요리 (*plat 요리)
161	culotte [kylɔt]	(f) 반바지 (*pantalon 바지)
162	culture [kylty:r]	(f) 경작, 재배, 문화(=civilisation)
163	dame [dam]	(f) 부인, 아주머니
164	danger [dãʒe]	(m) 위험, 염려(≠sécurité)
165	danse [dã:s]	(f) 춤, 무용
166	début [deby]	(m) 처음, 첫걸음 (≠bout)
167	décembre [desã:br]	(m) 12월
168	déjeuner [deʒœne]	(m) 점심식사 (*repas 식사)
169	dent [dã]	(f) 치아 (*dentifrice 치약)
170	départ [depa:r]	(m) 출발 (≠arrivée)
171	dessin [desɛ̃]	(m) 그림, 스케치, 디자인
172	devoir [dəvwa:r]	(m) 의무 (≠droit), 숙제
173	différence [diferã:s]	(f) 차이, 차별 (≠égalité)
174	dimanche [dimã:ʃ]	(m) 일요일 (*jour férié 공휴일)
175	dîner [dine]	(m) 저녁식사 (*soirée 저녁파티)
176	directeur [dirɛktœ:r]	(m) 장, 부장, 감독
177	direction [dirɛktjõ]	(f) 방향, 감독(*dirigeant 지도자)
178	disque [disk]	(m) 레코드판, 음반, 원반
179	docteur [dɔktœ:r]	(m) 의사, 박사
180	doigt [dwa]	(m) 손가락, 발가락(*ongle 손톱)

181	dos [do]	(m) 등 (*poitrine 가슴)
182	drap [dra]	(m) 시트, 모직물
183	drapeau [drapo]	(m) 기, 깃발
184	droit [drwa]	(m) 권리 (≠devoir), 법(*loi)
185	droite [drwat]	(m) 오른쪽 (≠gauche)
186	durée [dyre]	(f) 지속, 계속, 기간(=période)
187	eau [o]	(f) 물 (*huile 기름)
188	échelle [eʃɛl]	(f) 사다리, 척도(*repère)
189	éclair [eklɛːr]	(m) 번개, 섬광(*tonnerre 천둥)
190	école [ekɔl]	(f) 학교, 학파
191	effort [efɔːr]	(m) 노력, 수고(=travail)
192	électricité [elɛktrisite]	(f) 전기(=courant)
193	élève [elɛːv]	학생 (≠maître, professeur)
194	employé [ɑ̃plwaje]	(m) 사무원, 직원 (≠patron)
195	endroit [ɑ̃drwa]	(m) 장소 (=lieu, place)
196	enfant [ɑ̃fɑ̃]	(m) 아이, 자식 (≠parents)
197	ennemi [ɛnmi]	(m) 적, 원수 (≠ami)
198	ensemble [ɑ̃sɑ̃:bl]	(m) 전체, 조화(=harmonie)
199	enveloppe [ɑ̃vlɔp]	(f) 봉투, 포장(*emballage)
200	envie [ɑ̃vi]	(f) 욕망(appétit), 희망(espoir)
201	épaule [epoːl]	(f) 어깨 (*coude 팔굽)
202	épicerie [episri]	(f) 식료품점
203	épicier [episje]	식료품점 주인 (f: épicière)
204	épingle [epɛ̃:gl]	(f) 핀 (*épine 가시)
205	escalier [ɛskalje]	(m) 계단, 층계 (*corridor 복도)
206	essence [esɑ̃:s]	(f) 휘발유, 본질, 정수(=génie)
207	est [ɛst]	(m) 동쪽 (≠ouest)
208	étage [etaːʒ]	(m) 층, 계급(=classe)
209	été [ete]	(m) 여름 (≠hiver)
210	étoile [etwaːl]	(f) 별, 인기 배우(=vedette)

211	étranger [etrɑ̃ʒe]	(m) 외국인 (f: -ère)
212	étude [ettyd]	(f) 공부(=travail), 연구
213	étudiant [etydjɑ̃]	(m) 학생 (≠professeur)
214	exemple [ɛgzɑ̃:pl]	(m) 본보기, 예 (=modèle)
215	façon [fasɔ̃]	(f) 방법 (=manière, moyen)
216	facteur [faktœ:r]	(m) 우체부, 요인(=élément)
217	faim [fɛ̃]	(f) 배고픔 (≠satiété)
218	famille [famij]	(f) 가족 (*foyer 가정)
219	farine [farin]	(f) 밀가루(*blé, froment 밀)
220	fatigue [fatig]	(f) 피로 (┼rcpos)
221	faute [fo:t]	(f) 틀림, 잘못 (≠correction)
222	femme [fam]	(f) 여자, 아내 (≠homme)
223	fenêtre [f(ə)nɛtr]	(f) 창문 (*volet 덧문)
224	fer [fɛ:r]	(m) 철, 쇠
225	ferme [fɛrm]	(f) 농장, 농가
226	fête [fɛt]	(f) 축제, 잔치 (*festival)
227	feu [fø]	(m) 불, 신호등 (*incendie 화재)
228	feuille [fœj]	(f) 잎사귀, 장(단위)
229	février [fevrije]	(m) 2월
230	ficelle [fisɛl]	(f) 노끈 (*corde, cordon)
231	fièvre [fjɛ:vr]	(f) 열 (*chaleur 더위, 열기)
232	figure [figy:r]	(f) 얼굴(*visage, tête), 모양
233	fil [fil]	(m) 실, 선, 전선, 전화, 흐름
234	filet [filɛ]	(m) 그물, 고기 편육
235	fille [fij]	(f) 소녀, 딸
236	fils [fis]	(m) 아들
237	film [film]	(m) 영화(=cinéma), 필름
238	fin [fɛ̃]	(f) 끝(≠commencement), 목적
239	fleur [flœ:r]	(f) 꽃, 전성기, 정수
240	fois [fwa]	(f) 번, 회, 곱절

241	fond [fɔ̃]	(m) 밑바닥, 안쪽
242	force [fɔrs]	(f) 힘 (=pouvoir)
243	forêt [fɔrɛ]	(f) 숲 (=bois)
244	forme [fɔrm]	(f) 모양, 형태(=figure)
245	fou, folle [fu, fɔl]	미친 사람
246	fourchette [furʃɛt]	(f) 포크
247	français [frɑ̃sɛ]	(m) 프랑스인
248	frère [frɛːr]	(m) 남자형제 (≠sœur)
249	fromage [frɔmːʒ]	(m) 치즈 (*beurre 버터)
250	front [frɔ̃]	(m) 이마
251	frontière [frɔ̃tjɛːr]	(f) 국경
252	fruit [frɥi]	(m) 과일, 결과
253	fumée [fyme]	(f) 연기, 매연, 증기
254	garage [garaːʒ]	(m) 차고, 정비공장
255	garagiste [garaʒist]	(m) 자동차 수리공
256	garçon [garsɔ̃]	(m) 소년 (≠ fille), 점원
257	gare [gaːr]	(f) 역 (*station, arrêt 정류장)
258	gâteau [gato]	(m) 케익, 과자
259	gauche [goːʃ]	(f) 왼쪽 (≠droite)
260	gaz [gɑːz]	(m) 가스(*gas-oil 디젤유)
261	genou [ʒ(ə)nu]	(m) 무릎(pl;-x)(*coude팔굽)
262	gens [ʒɑ̃]	(m, pl) 사람들
263	glace [glas]	(f) 얼음, 거울, 아이스크림
264	gomme [gɔm]	(f) 지우개(*effacer 지우다)
265	goutte [gut]	(f) 물방울
266	gouvernement [guvɛrnəmɑ̃]	(m) 정부
267	grain [grɛ̃]	(m) 낟알, 곡물, 입자
268	graine [grɛn]	(f) 씨앗, 종자
269	graisse [grɛs]	(f) 지방, 비게
270	grand-mère [grɑ̃mɛːr]	(f) 할머니(≠grand-père)

271	grand-père [grɑ̃pɛːr]	(m) 할아버지
272	grands-parents [grɑ̃parɑ̃]	(m) 조부모 (*ancêtre 조상)
273	grenier [grənje]	(m) 다락방, 곡식창고(=grange)
274	groupe [grup]	(f) 무리, 집단(=troupe)
275	guerre [gɛːr]	(f) 전쟁(=hostilité, conflit≠paix)
276	l'habit [abi]	(m) 옷, 의복(=vêtement)
277	l'habitude [abityd]	(f) 습관, 버릇(*coutume 관습)
278	l'herbe [ɛrb]	(f) 풀 (*pelouse 잔디)
279	l'heure [œːr]	(f) 시간 (*temps 때, 기간)
280	l'histoire [istwaːr]	(f) 역사, 이야기(=conte)
281	l'hiver [ivɛːr]	(m) 겨울 (≠été)
282	l'homme [ɔm]	(m) 사람, 남자 (≠femme)
283	l'hôpital [ɔpital]	(m) 병원(>clinique)
284	l'hôtel [ɔtɛl]	(m) 호텔, 공공건물
285	l'huile [ɥil]	(f) 기름 (*pétrole 석유)
286	idée [ide]	(f) 생각(=avis, pensée), 관념
287	identité [idɑ̃tite]	(f) 동일, 신원증명
288	île [il]	(f) 섬 (≠continent 대륙)
289	image [imaːʒ]	(f) 그림, 모양, 영상(=reflet)
290	industrie [ɛ̃dystri]	(f) 산업, 공업
291	infirmière [ɛ̃firmjɛːr]	(f) 여 간호사
292	ingénieur [ɛ̃ʒenjœːr]	(m) 기사, 엔지니어
293	insecte [ɛ̃sɛkt]	(m) 곤충, 벌레(=ver)
294	intérieur [ɛ̃terjœːr]	(m) 내부, 가정 (≠extérieur)
295	jambe [ʒɑ̃ːb]	(f) 다리 (*patte 짐승의 다리)
296	janvier [ʒɑ̃vje]	(m) 1월
297	jardin [ʒardɛ̃]	(m) 정원, 공원(=parc)
298	jeu [ʒø]	(m) 놀이(≠travail), 게임
299	jeudi [ʒødi]	(m) 목요일
300	joue [ʒu]	(f) 뺨 (*visage 얼굴)

301	jouet [ʒwɛ]	(m) 장난감(=joujou)
302	jour [ʒuːr]	(m) 날, 낮(≠nuit), 햇빛
303	journal [ʒurnal]	(m) 신문, 일기
304	journée [ʒurne]	(f) 하루, 낮 시간(≠soirée)
305	juge [ʒyːʒ]	(m) 판사 (*jury 배심원)
306	juillet [ʒɥijɛ]	(m) 7월
307	jupe [ʒyp]	(f) 치마, 스커트 (*jupon 속치마)
308	justice [ʒystis]	(f) 정의, 공정, 재판
309	kilogramme [kilɔgram]	(m) 킬로그램
310	kilomètre [kilɔmɛtr]	(m) 킬로미터
311	lac [lak]	(m) 호수(=étang)(*bassin 연못)
312	laine [lɛn]	(f) 양털, 털옷 (*soie 실크)
313	lait [lɛ]	(m) 우유, 젖
314	lame [lam]	(f) 칼날 (*épée 검)
315	lampe [lɑ̃ːp]	(f) 램프, 전등 (*bougie 초)
316	langue [lɑ̃ːg]	(f) 언어, 혀 (*langage 언어)
317	lavabo [lavabo]	(m) 세면대 (*baignoire 욕조)
318	leçon [ləsɔ̃]	(f) 수업, 학과, 교훈(=moralité)
319	lettre [lɛtr]	(f) 편지, 철자, 문학(pl)
320	lèvre [lɛːvr]	(f) 입술 (*bouche 입)
321	liberté [libɛrte]	(f) 자유, 석방 (≠contrainte)
322	lieu [ljø]	(m) 장소(=endroit, place)
323	ligne [liɲ]	(f) 선, 낚싯줄, 윤곽
324	linge [lɛ̃ːʒ]	(m) 속옷 (=lingerie)
325	lit [li]	(m) 침대 (*matelas 매트리스)
326	litre [litr]	(m) 리터
327	livre [liːvr]	(m) 책, 서적 (*lecture 독서)
328	livre [liːvr]	(f) 파운드, 500그램
329	loi [lwa]	(f) 법률, 규칙, 법칙(*droit 법학)
330	lumière [lymjɛːr]	(f) 빛, 조명, 지혜(=sagesse)

331	lundi [lœ̃di]	(m) 월요일
332	lune [lyn]	(f) 달, 위성(=satellite)
333	lunette [lynɛt]	(f) 망원경, 안경(pl)
334	machine [maʃin]	(f) 기계, 기구(=instrument)
335	maçon [masɔ̃]	(m) 석수, 벽돌공
336	madame [madam]	(f) 부인, 귀부인 (*dame)
337	mademoiselle [madmwazɛl]	(f) 아가씨 (*demoiselle)
338	magasin [magazɛ̃]	(m) 가게 (>boutique)
339	mai [mɛ]	(m) 5월
340	main [mɛ̃]	(f) 손, 도움, 청혼, 지배력

341	mairie [mɛri]	(f) 시청 (*maire 시장)
342	maison [mɛzɔ̃]	(f) 집, 건물, 가문
343	maître [mɛtr]	(m) 주인, 교사(=instituteur)
344	mal [mal]	(m) 악, 불행(=malheur), 고통
345	maladie [maladi]	(f) 병(=mal)
346	malheur [malœːr]	(m) 불행 (≠bonheur)
347	malle [mal]	(f) 트렁크(*mallette, valise)
348	maman [mamɑ̃]	(f) 엄마 (≠papa)
349	manche [mɑ̃ːʃ]	(m) 손잡이, 핸들 (*volant)
350	manche [mɑ̃ːʃ]	(f) 소매, 해협(>pas)

351	mandat [mɑ̃da]	(m) 위임, 우편환
352	manteau [mɑ̃to]	(m) 외투, 오버코트(=pardessus)
353	marchand [marʃɑ̃]	(m) 상인 (≠client)
354	marché [marʃe]	(m) 시장, 거래(=affaire)
355	mardi [mardi]	(m) 화요일
356	mari [mari]	(m) 남편 (≠femme)
357	mars [mars]	(m) 3월, 화성
358	marteau [marto]	(m) 망치, 해머
359	matelas [matla]	(m) 매트리스 (*lit 침대)
360	matin [matɛ̃]	(m) 아침, 오전 (≠soir)

361	mécanicien [mekanisjɛ̃]	(m) 기계공, 기관사
362	médecin [medsɛ̃]	(m) 의사 (*docteur)
363	médicament [medikamɑ̃]	(m) 약, 의약(*ordonnance)
364	ménage [menaːʒ]	(m) 부부, 가사
365	mensonge [mɑ̃sɔ̃ːʒ]	(m) 거짓 (≠vérité)
366	menuisier [mənɥisje]	(m) 목수 (*maçon 석수)
367	mer [mɛːr]	(f) 바다 (*lac 호수)
368	mercredi [mɛrkrədi]	(m) 수요일
369	mère [mɛːr]	(f) 어머니 (≠père)
370	mesure [məzyːr]	(f) 측정, 범위, 조치
371	métal [metal]	(m) 금속, 재료 (*matière)
372	métier [metje]	(m) 직업(=travail), 수공업
373	mètre [mɛtr]	(m) 미터
374	meuble [mœbl]	(m) 가구들
375	midi [midi]	(m) 12시, 정오 (≠minuit)
376	milieu [miljø]	(m) 중앙, 친구들, --세계
377	milliard [miljaːr]	(m) 10억
378	millier [milje]	(m) 천, 천개
379	million [miljɔ̃]	(m) 백만
380	minuit [minɥi]	자정, 밤중 (≠midi)
381	minute [minyt]	(f) 분
382	mois [mwa]	(m) 달, 월
383	moisson [mwasɔ̃]	(f) 수확, 수확물
384	moitié [mwatje]	(f) 절반(=demi)
385	moment [mɔmɑ̃]	(m) 순간 (≠éternité)
386	monde [mɔ̃ːd]	(m) 세계, 사람들
387	monnaie [mɔnɛ]	(f) 잔돈, 화폐 (*argent, moyen)
388	monsieur [məsjø]	(m) 신사, ...씨
389	montagne [mɔ̃taɲ]	(f) 산 (*mont 지명의 산)
390	montre [mɔ̃ːtr]	(f) 시계, 손목시계

391	morceau [mɔrso]	(m) 한 덩이, 한조각, 한 곡
392	mort [mɔːr]	(f) 죽음 (=décès ≠ vie)
393	mot [mo]	(m) 말, 단어 (*lexique 어휘)
394	moteur [mɔtœːr]	(m) 모터, 엔진, 동력
395	moto [mɔto]	(f) 오토바이
396	motocyclette [mɔtɔsiklɛt]	(f) 오토바이
397	mouche [muʃ]	(f) 파리 (*bateau-mouche)
398	mouchoir [muʃwaːr]	(m) 손수건
399	moustique [mustik]	(m) 모기 (*mousquetaire 총사)
400	mouton [mutɔ̃]	(m) 양 (bélier≠brebis 암양)

401	mouvement [muvmɑ̃]	(m) 운동, 동작, 동요
402	moyen [mwajɛ̃]	(m) 수단, 방법 (≠but, fin)
403	mur [myr]	(m) 벽, 담
404	musique [myzik]	(f) 음악
405	nationalité [nasjɔnalite]	(f) 국적
406	neige [nɛːʒ]	(f) 눈 (*pluie 비)
407	nez [ne]	(m) 코
408	neveu [nəvø]	(m) 조카
409	nièce [njɛs]	(f) 질녀, 여자조카
410	nom [nɔ̃]	(m) 이름, 성씨, 명사

411	nombre [nɔ̃ːbr]	(m) 수 (*numéro, chiffre)
412	nord [nɔːr]	(m) 북쪽 (≠sud)
413	nouvelle [nuvɛl]	(f) 소식(=information), 편지
414	novembre [nɔvɑ̃ːbr]	(m) 11월
415	nuage [nɥaːʒ]	(m) 구름 (*nuée 먹구름)
416	nuit [nɥi]	(f) 밤, 어둠 (≠jour)
417	numéro [nymero]	(m) 번호
418	œil, yeux [œj, jø]	(m) 눈, 시선(=regard)
419	œuf [œf]	(m) 계란 (pl: œufs [ø])
420	œuvre [œːvr]	(f) 일, 작업, 작품(=ouvrage)

421	oiseau [wazo]	(m) 새
422	ombre [ɔ̃:br]	(f) 그늘, 그림자 (*obscurité)
423	ongle [ɔ̃:gl]	(m) 손톱, 발톱
424	opération [ɔperasjɔ̃]	(f) 활동, 수술, 작전
425	or [ɔ:r]	(m) 금 (*argent 은, cuivre 구리)
426	orage [ɔra:ʒ]	(m) 소나기(=averse), 뇌우
427	ordre [ɔrdr]	(m) 명령, 정돈, 질서
428	oreille [ɔrɛj]	(f) 귀, 청각 (=ouïe 청각)
429	os [ɔs]	(m) 뼈(≠chair 살) (*corps 신체)
430	ouest [wɛst]	(m) 서쪽 (≠est)
431	outil [uti]	(m) 도구, 연장(*instrument)
432	ouvrier [uvrje]	(m) 노동자, 직공 (≠patron)
433	page [pa:ʒ]	(f) 페이지
434	paille [pɑ:j]	(f) 밀짚, 짚
435	pain [pɛ̃]	(m) 빵, 식량 (*provision 비축)
436	paix [pɛ]	(f) 평화, 평온 (≠guerre)
437	panier [panje]	(m) 바구니
438	pansement [pɑ̃smɑ̃]	(m) 상처의 치료(*ordonnance)
439	pantalon [pɑ̃talɔ̃]	(m) 바지 (≠veste, veston)
440	papa [papa]	(m) 아빠 (≠maman)
441	papier [papje]	(m) 종이, 서류(pl) (*dossier)
442	paquet [pakɛ]	(m) 꾸러미, 소포(=colis)
443	pardon [pardɔ̃]	(m) 용서(=excuse), 사면
444	parents [parɑ̃]	(m) 부모, 양친 (≠enfants)
445	part [pa:r]	(f) 몫, 역할, 관계
446	partie [parti]	(f) 부분, 당사자, 경기
447	pas [pɑ]	(m) 걸음, 통로, 해협(<manche)
448	passeport [pɑspɔ:r]	(m) 여권
449	pâte [pɑ:t]	(f) 파스타, 반죽
450	patron [patrɔ̃]	(m) 사장, 주인 (≠ouvrier, salarié)

451	patte [pat]	(f) (동물의) 다리
452	paye [pɛj]	(f) 임금, 급료
453	pays [pei]	(m) 나라, 지방, 고향
454	paysan [peizɑ̃]	(m) 농부, 시골사람
455	peau [po]	(f) 피부, 가죽 (=cuir)
456	pêcheur [pɛʃœːr]	(m) 어부, 낚시꾼
457	peigne [pɛɲ]	(m) 빗
458	peine [pɛn]	(f) 고통(=difficulté), 수고, 형벌
459	peinture [pɛ̃tyːr]	(f) 그림, 미술 (*tableau 액자)
460	pelle [pɛl]	(f) 삽, 부삽
461	père [pɛːr]	(m) 아버지 (≠mère)
462	personne [pɛrsɔn]	(f) 사람, 개인, 인칭
463	petite-fille [pətitfij]	(f) 손녀
464	petit-fils [pətifis]	(m) 손자
465	pétrole [petrɔl]	(m) 석유 (*essence 휘발유)
466	peur [pœːr]	(f) 공포, 불안 (=crainte)
467	pharmacie [farmasi]	(f) 약국 (*hôpital 병원)
468	pharmacien [farmasjɛ̃]	(m) 약사, 약제사 (*médecin)
469	photo [fɔto]	(f) 사진 (*photocopie 복사)
470	photographie [fɔtɔgrafi]	(f) 사진
471	photographe [fɔtɔgraf]	사진사
472	pièce [pjɛs]	(f) 방, 작품, 부속품
473	pied [pje]	(m) 발, 밑동, 아래
474	pierre [pjɛːr]	(f) 돌, 반석 (*caillou 조약돌)
475	pile [pil]	(f) 전지, 더미, 교각
476	piqûre [pikyːr]	(f) 주사, 찔린 자국
477	place [plas]	(f) 장소, 광장, 지위
478	plafond [plafɔ̃]	(m) 천정 (≠plancher)
479	plaine [plɛn]	(f) 들판, 평야(=champ)
480	planche [plɑ̃ːʃ]	(f) 판자, 널빤지

481	plancher [plɑ̃ʃe]	(m) 마루, 바닥 (≠plafond)
482	plante [plɑ̃:t]	(f) 식물, 초목
483	plat [pla]	(m) 접시, 요리(*cuisine, assiette)
484	pluie [plɥi]	(f) 비 (*neige 눈)
485	plume [plym]	(f) 펜, 깃, 새털
486	poche [pɔʃ]	(f) 호주머니, 자루
487	poêle [pwal]	(m) 난로 (*chauffage 난방)
488	poêle [pwal]	(f) 프라이팬 (*casserole 냄비)
489	poésie [pɔezi]	(f) 시, 작시, 시정(*poème)
490	poète [pɔɛt]	(m) 시인
491	poids [pwa]	(m) 무게, 중량, 부담
492	poil [pwal]	(m) 털(*plume 깃털, laine 양털)
493	poing [pwɛ̃]	(m) 주먹
494	point [pwɛ̃]	(m) 점, 점수, 요점
495	poison [pwazɔ̃]	(m) 독, 독약 (*intoxication 중독)
496	poisson [pwasɔ̃]	(m) 물고기, 생선
497	poitrine [pwatrin]	(f) 가슴 (*dos 등)
498	police [pɔlis]	(f) 경찰, 치안(*force publique)
499	pont [pɔ̃]	(m) 다리, 갑판
500	port [pɔ:r]	(m) 항구 (*quai, jetée 부두)
501	porte [pɔrt]	(f) 문, 입구(≠sortie 출구)
502	portefeuille [pɔrtəfœj]	(m) 지갑 (*porte-monnaie)
503	poste [pɔst]	(m) 지위, 직무, 부서(=place)
504	poste [pɔst]	(f) 우편, 우체국(*facteur 우체부)
505	pot [po]	(m) 병, 단지 (*bol 공기)
506	poule [pul]	(f) 암탉 (≠coq)
507	poulet [pulɛ]	(m) 병아리, 식용 닭
508	poussière [pusjɛ:r]	(f) 먼지, 가루(*farine 밀가루)
509	prairie [prɛri]	(f) 풀밭, 목장(=pré, pâturage)
510	prénom [prenɔ̃]	(m) 이름 (*nom 성씨)

511	printemps [prɛ̃tɑ̃]	(m) 봄 (*saison 계절)
512	prix [pri]	(m) 가격, 값, 상
513	profession [prɔfɛsjɔ̃]	(f) 직업 (=travail, métier)
514	progrès [prɔgrɛ]	(m) 진보, 발전 (≠recul)
515	promenade [prɔmnad]	(f) 산책, 산책 길(=allée)
516	provision [prɔvizjɔ̃]	(f) 저장, 저장품, 식량
517	puits [pɥi]	(m) 우물
518	purée [pyre]	(f) 퓨레, 짓이긴 음식
519	pyjama [piʒama]	(m) 잠옷
520	quai [ke]	(m) 플랫폼, 강변도로, 부두
521	quart [kaːr]	(m) 4분의 1 (*moitié 절반)
522	quartier [kartje]	(m) 구역, 동네
523	question [kɛstjɔ̃]	(f) 질문(≠réponse), 문제
524	queue [kø]	(f) 꼬리 (≠tête), 줄
525	radio [radjo]	(f) 라디오, 엑스레이
526	raison [rɛzɔ̃]	(f) 이성, 이유, 올바름(≠tort)
527	rasoir [rɑzwaːr]	(m) 면도기
528	récolte [rekɔlt]	(f) 수확, 수확물(=moisson)
529	regard [rəgaːr]	(m) 시선, 눈길(=œil)
530	région [reʒjɔ̃]	(f) 지방, 고장(=pays)
531	religion [rəliʒjɔ̃]	(f) 종교
532	réparation [reparɑsjɔ̃]	(f) 수리, 수선, 회복
533	repas [rəpɑ]	(m) 식사
534	réponse [repɔ̃ːs]	(f) 대답, 회답(≠question)
535	république [repyblik]	(f) 공화국
536	restaurant [rɛstɔrɔ̃]	(m) 레스토랑, 식당
537	reste [rɛst]	(m) 나머지, 여분
538	résultat [rezylta]	(m) 결과(≠cause),성적(=note)
539	rêve [rɛːv]	(m) 꿈, 희망, 공상
540	rez-de-chaussée [redʃose]	(m) 1층

541	rire [riːr]	(m) 웃음 (≠larme, pleur)
542	rivière [rivjɛːr]	(f) 강(‹fleuve), 시내(*ruisseau)
543	riz [ri]	(m) 쌀, 밥
544	robe [rɔb]	(f) 드레스
545	robinet [rɔbinɛ]	(m) 수도꼭지
546	roi [rwa]	(m) 왕 (f: reine) (*empereur)
547	rose [roːz]	(f) 장미
548	roue [ru]	(f) 바퀴(›roulette 작은 바퀴)
549	route [rut]	(f) 도로, 길, 자동차 도로
550	rue [ry]	(f) 거리 (‹avenue‹boulevard)
551	sable [sɑːbl]	(m) 모래 (*désert 사막)
552	sac [sak]	(m) 가방, 백 (*serviette)
553	saison [sɛzɔ̃]	(f) 계절, 시기
554	salaire [salɛːr]	(m) 봉급, 임금(=paye)
555	salle [sal]	(f) 홀, 방(‹hall)
556	samedi [samdi]	(m) 토요일 (*week-end)
557	sang [sɑ̃]	(m) 피, 혈통, 생명
558	santé [sɑ̃te]	(f) 건강
559	savon [savɔ̃]	(m) 비누(*savon de Marseille)
560	scie [si]	(f) 톱 (*ciseaux 가위)
561	sculpture [skyltyːr]	(f) 조각(=gravure)
562	seau [so]	(m) 양동이
563	sel [sɛl]	(m) 소금 (*sucre 설탕)
564	semaine [s(ə)mɛn]	(f) 주, 주간
565	sens [sɑ̃ːs]	(m) 감각, 분별력, 의미, 방향
566	septembre [sɛptɑ̃ːbr]	(m) 9월
567	serpent [sɛrpɑ̃]	(m) 뱀(*vipère, reptile 파충류)
568	service [sɛrvis]	(m) 봉사, 업무(=tâche), 근무
569	serviette [sɛrvjɛt]	(f) 서류가방, 수건
570	signature [siɲatyːr]	(f) 서명, 사인

571	silence [silɑ̃ːs]	(m) 침묵 (≠parole)
572	sœur [sœːr]	(f) 누이 (≠frère), 수녀
573	soif [swaf]	(f) 갈증, 욕망(=appétit)
574	soin [swɛ̃]	(m) 치료, 간호, 정성
575	soir [swaːr]	(m) 저녁 (≠matin)
576	sol [sɔl]	(m) 흙, 땅(=terre)
577	soldat [sɔlda]	(m) 병정, 군인(=militaire)
578	soleil [sɔlɛj]	(m) 해, 태양(*jour 낮)
579	somme [sɔm]	(f) 금액, 총액(=montant)
580	sommeil [sɔmɛj]	(m) 잠, 졸음(≠insomnie)

581	sorte [sɔrt]	(f) 종류(=genre)
582	soulier [sulje]	(m) 구두 (=chaussure)
583	soupe [sup]	(f) 수프 (*potage 진한수프)
584	source [surs]	(f) 샘, 근원, 출처
585	sourire [suriːr]	(m) 미소 (≠larme)
586	sport [spɔːr]	(m) 운동 (=exercice 연습)
587	stylo [stilo]	(m) 만년필, 볼펜
588	sucre [sykr]	(m) 설탕 (*sel 소금)
589	sud [syd]	(m) 남쪽 (≠nord)
590	tabac [taba]	(m) 담배, 연초, 담배가게

591	table [tabl]	(f) 탁자 (*bureau 책상)
592	tableau [tablo]	(m) 칠판, 그림(*peinture)
593	tailleur [tɑjœːr]	(m) 재단사
594	tante [tɑ̃ːt]	(f) 숙모 (m: oncle)
595	tas [tɑ]	(m) 무더기, 더미
596	tasse [tɑːs]	(f) 잔, 찻잔(*soucoupe 컵받침)
597	taxi [taksi]	(m) 택시
598	télégramme [telegram]	(m) 전보
599	téléphone [telefɔn]	(m) 전화 (*portable 휴대폰)
600	télévision [televizjɔ̃]	(f) 텔레비전(=téléviseur)

601	temps [tɑ̃]	(m) 시간, 날씨, 시대, 시점
602	tente [tɑ̃:t]	(f) 텐트, 천막
603	terrain [tɛrɛ̃]	(m) 토지, 지역
604	terre [tɛ:r]	(f) 지구, 육지, 땅 (*sol 토양)
605	tête [tɛt]	(f) 머리, 이성, 선두
606	thé [te]	(m) 홍차, 차
607	théâtre [teɑ:tr]	(m) 극장, 연극, 희곡
608	tiers [tjɛ:r]	(m) 3분의 1, 제3자
609	timbre [tɛ̃:br]	(m) 우표
610	tissu [tisy]	(m) 직물, 천(=étoffe)
611	toile [twal]	(f) 캔버스, 유화, 삼베, 직물
612	toit [twa]	(m) 지붕
613	tonnerre [tɔnɛ:r]	(m) 천둥, 우뢰(=foudre)
614	tort [tɔ:r]	(m) 잘못(≠raison), 실수(=erreur)
615	tour [tu:r]	(m) 차례, 산책, 일주
616	tour [tu:r]	(f) 탑
617	tracteur [traktœ:r]	(m) 트랙터
618	train [trɛ̃]	(m) 기차 (*locomotive 기관차)
619	travail [travaj]	(m) 일, 직업, 공부, 수고(=peine)
620	tribunal [tribynal]	(m) 법정, 재판관들
621	trottoir [trɔtwa:r]	(m) 인도, 보도 (≠route)
622	trou [tru]	(m) 구멍, 굴(=terrier, creux)
623	usine [yzin]	(f) 공장(=fabrique)
624	vacances [vakɑ̃:s]	(f) 휴가, 방학 (*congé 유급휴가)
625	vache [vaʃ]	(f) 암소 (m: bœuf)
626	valise [vali:z]	(f) 여행용 가방 (*sac à main)
627	vallée [vale]	(f) 계곡, 골짜기(*torrent 급류)
628	vapeur [vapœ:r]	(f) 증기, 기선(=vaisseau 선박)
629	veau [vo]	(m) 송아지 (*bœuf, vache)
630	vendredi [vɑ̃drədi]	(m) 금요일

631	ventre [vɑ̃:tr]	(m) 배, 복부, 위(=estomac)
632	vérité [verite]	(f) 진리, 진실 (≠mensonge)
633	verre [vɛ:r]	(f) 유리(재료), 유리잔
634	veste [vɛst]	(f) 상의, 웃옷 (≠pantalon)
635	vêtement [vɛtmɑ̃]	(m) 옷, 의복(=habit, affaires)
636	vie [vi]	(f) 생명 (≠mort), 일생, 생활
637	vigne [viɲ]	(f) 포도밭, 포도나무
638	village [vila:ʒ]	(m) 마을, 촌락(*faubourg 변두리)
639	ville [vil]	(f) 도시 (≠campagne)
640	vin [vɛ̃]	(m) 포도주, 술(*alcool, liqueur)
641	visage [viza:ʒ]	(m) 얼굴, 모습, 안색 (*figure)
642	vitesse [vitɛs]	(f) 속력, 속도, 신속(=rapidité)
643	vitre [vitr]	(f) 유리창, 창문 유리
644	voisin [vwazɛ̃]	(m) 이웃 (=voisinage, entourage)
645	voiture [vwaty:r]	(f) 자동차, 마차, 객차
646	voleur [vɔlœ:r]	(m) 도둑 (≠police)(*vol 절도, 비행)
647	voyage [vwaja:ʒ]	(m) 여행 (*tourisme 관광)
648	voyageur [vwajaʒœ:r]	(m) 여행자
649	vue [vy]	(f) 시력, 시선, 전망
650	wagon [vagɔ̃]	(m) 차량, 객차

2. 1차 기본단어 명사 기본예문

Il a acheté cette voiture, il a fait une bonne **affaire**.
(그는 이 자동차를 샀는데 이익되는 **거래를** 했다.)
L'agriculture est l'art de cultiver les champs.
(**농업이란** 논밭을 경작하는 기술이다.)
Les enfants ne doivent pas jouer avec les **allumettes**.
(아이들은 **성냥을** 가지고 놀아서는 안된다.)
Ces soldats ne sont pas **amis**, ils sont ennemis.
(이 병사들은 **한편이** 아니고 적이다.)
Le jeune homme a de **l'amour** pour la jeune fille.
(그 청년은 그 처녀에게 **애정을** 갖고 있다.)
Les enfants qui ne travaillent pas restent des **ânes**
toute leur vie. (공부하지 않는 아이들은 평생 **바보로** 남는다.)
L'argent ne fait pas le bonheur.
(**돈이** 행복을 만들지는 않는다.)
Le linge est rangé dans **l'armoire**.
(속옷은 **옷장에** 정돈되어 있다.)
Ne montez pas l'escalier, prenez plutôt **l'ascenseur**.
(계단으로 올라가지 말고 **엘리베이터를** 타세요.)
Ils sont arrivés **en avance**, ils attendent le train.
(그들은 **일찍** 도착해서 기차를 기다리고 있다.)
Il a loué, pour peindre, un **atelier** avec de grandes fenêtres.
(그는 그림을 그리기 위하여 큰 창문이 있는 **화실을** 빌렸다.)
Les avions modernes vont de plus en plus vite.
(현대의 **비행기들은** 점점 더 빨리 난다.)
À mon **avis**, ce n'est pas grave!
(내 **생각으로는** 그리 대단한 일은 아니다.)
La mère donne un bain à l'enfant dans la **baignoire**.
(어머니는 아이를 **욕조에서** 목욕시킨다.)

Il aime **la bière**, il demande un demi.
(그는 **맥주를** 좋아해서 맥주 한 컵을 주문한다.)
Il n'a ouvert **la bouche** que pour manger.
(그는 식사 중에 **말 한 마디** 하지 않았다.)
L'homme et la femme sont aux **bouts** de la table,
les fleurs sont au milieu.
(남자와 여자는 식탁 **끝에** 있고, 꽃은 가운데에 있다.)
Un **bouton** sert à fermer un vêtement.
(**단추는** 옷을 여미는데 쓰인다.)
La mère porte son bébé dans ses **bras**.
(어머니는 아기를 자기 **팔** 안에 안고 있다.)
Il faut apprendre aux enfants à se servir de
leur **brosse à dents**.
(아이들에게 **칫솔** 사용하는 법을 가르쳐 주어야 한다.)
Près d'un hôpital, il ne faut pas faire de **bruit**.
(병원 근처에서 **소란을** 피워서는 안 된다.)
Il boit une tasse de **café** à son petit déjeuner.
(그는 아침식사 때에 **커피** 한 잔을 마신다.)
Ce **camion** est chargé de caisses très lourdes.
(이 **트럭은** 아주 무거운 상자들이 실려있다.)
Je passe mes vacances à la **campagne**.
(나는 휴가를 **시골에서** 보낸다.)
Séoul est la **capitale** de la Corée.
(서울은 한국의 **수도이다**.)
La guerre est la **cause** de nombreux malheurs.
(전쟁은 많은 불행의 **원인이다**.)
Il a perdu son portefeuille, il n'a pas de **chance**.
(그는 지갑을 잃어버렸다. 그는 **운이** 없다.)
J'écoute **le chant** des oiseaux dans la forêt.
(나는 숲에서 새 **소리를** 듣고 있다.)
Il a ses parents à sa **charge**.
(그는 **부양해야** 할 부모님이 있다.)

Le chauffage de cette maison coûte très cher.
(이 집의 **난방은** 아주 값비싸다.)
Je vais acheter une paire de **chaussures**.
(나는 **구두** 한 켤레를 사러간다.)
Je connais **le chemin** de la gare.
(나는 역으로 가는 **길을** 안다.)
Il nettoie ses chaussures avec un **chiffon**.
(그는 **헝겊쪽으로** 구두를 닦는다.)
Il fume un paquet de **cigarette** en un jour.
(그는 하루에 **담배** 한 갑을 핀다.)
Le **cinéma** est devenu une industrie importante.
(**영화는** 주요 산업이 되었다.)
Ce commerçant fait tout ce qu'il peut pour plaire à ses **clients**.
(그 상인은 **고객들의** 환심을 사기 위해 그가 할 수 있는 모든 일을 한다.)
Il s'est fait mal aux doigts en frappant sur un **clou**.
(그는 **못을** 박다가 손가락을 다쳤다.)
Le **cœur** bat, il envoie le sang dans le corps.
(**심장이** 뛰어 몸으로 피를 보낸다.)
Le père est **en colère** parce que son fils a mal travaillé.
(아버지는 **화가** 나 있다. 아들이 공부를 잘 못했기 때문이다.)
Il s'est cassé deux **côtes** en tombant de bicyclette.
(그는 자전거에서 넘어지면서 **늑골** 두 개가 부러졌다.)
Il s'est jeté au **cou** de son frère.
(그는 자기 형의 **목을** 껴안았다.)
Cette dame porte une robe de **couleur**.
(그 부인은 **색깔** 있는 옷을 입고 있다.)
Il donne un **coup** de poing.
(그는 주먹 한 **대를** 때린다.)
Les enfants jouent dans la **cour** de l'école.
(아이들이 학교 **운동장에서** 놀고 있다.)
Je l'ai envoyée faire une **course** en ville.
(나는 그녀를 시내로 **심부름** 보냈다.)

En été il ne garde qu'une **couverture** pour dormir.
(여름에 그는 잠잘 때 **담요** 하나만 덮는다.)
La mère prépare le repas dans la **cuisine**.
(어머니는 **부엌에서** 식사를 준비한다.)
On cherche à répandre partout la **culture**.
(사람들은 도처에 **문화를** 보급하려고 애쓴다.)
Sur le papier, on voit le **dessin** de la femme.
(종이 위에 그 여자의 **스케치가** 보인다.)
Il y a une grande **différence** d'âge entre ces deux personnes.
(이 두 사람 사이에는 커다란 나이 **차이가** 있다.)
Elle est partie dans la **direction** de la gare.
(그녀는 기차역 **방향으로** 떠났어요.)
Le **drapeau** français est bleu, blanc, rouge.
(프랑스 **국기는** 파란색, 흰색, 빨간색이다.)
Vous prenez la deuxième rue à **droite**.
(**오른쪽** 두 번째 길로 가세요.)
Il a mis l'**échelle** contre le mur.
(그는 벽에 **사다리를** 걸쳐놓았다.)
Pendant un orage, on voit des **éclairs**.
(소나기가 오는 동안 **번개가** 친다.)
Les enfants sortent de l'**école**.
(아이들이 **학교에서** 나오고 있다.)
Il fait un **effort** pour remuer la pierre.
(그는 돌을 옮기려고 **노력한다**.)
Cet homme est un **employé** de banque.
(이 사람은 **은행원이다**.)
Il a déchiré l'**enveloppe** du paquet.
(그는 꾸러미의 **포장을** 뜯었다.)
J'ai **envie** de me promener. (나는 산책하고 **싶다**.)
Il faut mettre de l'**essence** dans la voiture
pour la faire marcher.
(자동차를 움직이게 하려면 차에 **휘발유를** 넣어야 한다.)

Le soleil se lève à **l'est**. (태양은 **동쪽에서** 뜬다.)

Il fait ses **études** de français. (그는 불어**공부를** 한다.)

Il a été puni pour **l'exemple**. (그는 **본보기로** 벌을 받았다.)

L'extérieur de ce vêtement est clair et **l'intérieur** est foncé.
(이 옷의 **외부는** 밝은 색이고 **내부는** 짙은 색이다.)

Il y a deux **façons** de traverser la rivière : passer
sur le pont ou prendre le bateau.
(시내를 건너는 두 가지 **방법이** 있다. 다리로 가든가 배를 타는 것이다.)

Il ne faut pas se laisser mourir de **faim**.
(**굶어**죽도록 내버려두어서는 안 된다.)

Elle fait un gateau avec de la **farine**.
(그녀는 **밀가루로** 과자를 만든다.)

Ce n'est pas ma **faute**, c'est la **faute** du chien.
(내 **잘못**이 아니에요. 개 **잘못**이에요.)

Le **feu** a pris à une maison.   (집에 **불이** 붙었다.)

J'ai enlevé le **film** de mon appareil.
(나는 카메라에서 **필름**을 꺼냈다.)

Il est mort à la **fleur** de l'âge.
(그는 **꽃다운** 나이에 죽었다.)

Paul tire sur l'oiseau, la première **fois**, il le manque.
La deuxième **fois**, il le touche.
(뽈은 새를 쏜다. **첫 번째는** 맞히지 못한다. **두 번째는** 맞힌다.)

On pique des morceaux de viande avec une **fourchette**.
(하나의 **포크**로 여러 고기조각들을 집는다.)

Le plafond était noir de **fumée**.
(천정이 **연기로** 그을려 있었다.)

Le **garagiste** m'a dit que mon auto avait besoin de
grosses réparations.
(**자동차 수리공은** 내게 내차가 큰 수리를 할 필요가 있다고 말했다.)

Ces petits **garçons** font beaucoup de bruits en jouant.
(이 **소년들은** 놀면서 대단히 소란을 피운다.)

Il fait très froid, l'eau du lac est devenue de la **glace**.
(너무 추워서 호수의 물이 **얼음이** 되었다.)
Le médecin m'a dit de boire trois **gouttes** de ce médicament dans un verre d'eau.
(의사가 물 한 컵에 이 약 세 **방울을** 타서 마시라고 말했다.)
J'ai reçu un **grain** de poussière dans l'œil.
(내 눈에 **먼지가** 들어갔다.)
Il est allé voir ses **grands-parents** à la campagne.
(그는 **조부모를** 뵈러 시골에 갔다.)
Ses parents lui ont donné de bonnes **habitudes**.
(그의 부모는 그에게 좋은 **버릇을** 들였다.)
Nous avons déjeuné sur **l'herbe**.
(우리들은 **풀밭에서** 점심을 먹었다.)
Il se lève de bonne **heure** tous les matins.
(그는 매일 아침 **일찍** 일어난다.)
Pour préparer certains plats, il faut de **l'huile**.
(어떤 요리를 만들려면 **기름이** 필요하다.)
Ne perdez pas votre carte **d'identité**.
(당신의 **신분증명서를** 잃어버리지 마세요.)
Il est **l'image** de son père.
(그는 자기 아버지를 그대로 **닮았다**.)
Il y a des **insectes** qui vivent sur la terre, d'autre qui volent dans l'air.
(땅위에 사는 **벌레도** 있고 하늘을 나는 벌레도 있다.)
De nos **jours** on ne voyage plus à cheval.
(**요즘** 사람들은 이제 더 이상 말을 타고 여행하지 않는다.)
Les soldats sont en **ligne**.
(병사들이 **줄지어** 서있다.)
Il faut laver son **linge** sale en famille.
(더러운 **속옷은** 집안에서 빨아야 한다. ⇒ 수치스런 집안 일을 남에게 알리지 말라.)

Le **médecin** a bien soigné sa **maladie**.
(**의사**는 그의 **병**을 잘 치료했다.)
Le marchand m'a donné une pomme par-dessus le **marché**.
(그 상인은 **덤으로** 나에게 사과를 하나 주었다.)
Il a fait entrer un clou dans le mur en frappant avec
un **marteau**. (그는 **망치로** 못을 벽에 박았다.)
Le gouvernement a pris des **mesures**.
(정부는 **조치를** 취했다.)
Le **milieu** de la journée a été très chaud.
(**대낮은** 무척 더웠다.)
Voulez-vous attendre un **moment?** (**잠깐만** 기다려 주세요.)
Il a fait le tour du **monde**. (그는 **세계**일주를 했다.)
Les **moustiques** piquent les hommes et les animaux.
(**모기**는 사람과 짐승을 문다.)
À la chasse, quand un animal vous voit, il ne faut pas
faire un **mouvement**.
(사냥에서 짐승에게 들키면 **움직이지** 말아야 한다.)
Le travail est le meilleur **moyen** de gagner de l'argent.
(노동이 돈을 버는 가장 좋은 **수단이다**.)
Le bateau va vers le **nord**. (배는 **북쪽**으로 간다.)
Elle se coupe les **ongles**. (그녀는 **손톱을** 깎는다.)
Pendant l'**orage**, on entend le tonnerre et on voit
des éclairs. (**소나기** 오는 동안 천둥소리가 들리고 번개가 쳤다.)
Il ne veut pas laisser ses camarades en **paix**.
(그는 자기 친구들을 조용하게 놔두질 않는다.)
Le boulanger fait la **pâte** pour le pain avec de l'eau,
de la farine, du sel.
(빵장수는 빵을 만들려고 물, 밀가루, 소금으로 **반죽을** 한다.)
Nous avons passé nos vacances dans un beau **pays**.
(우리들은 아름다운 **지방에서** 방학을 보냈다.)

Elle a nettoyé son **peigne** après s'en être servi.
(그녀는 **빗을** 사용하고 난 후에 깨끗이 닦았다.)
On a creusé des puits de **pétrole** jusque sous la mer.
(사람들은 바다 밑까지 **유전을** 팠다.)
J'ai eu **peur** que vous ne veniez pas.
(당신이 오지 않을까 봐 **걱정**했어요.)
Dès que le médecin est sorti de chez nous, j'ai couru
à la **pharmacie** acheter les médicaments.
(의사가 우리 집에서 나가자 나는 약을 사러 **약국으로** 뛰어갔다.)
Il prend une **photo** de cette image.
(그는 이 그림을 **사진** 찍는다.)
Il vient d'être piqué par un moustique, la **piqûre** grossit
et devient rouge.
(그는 방금 모기에 물려서 물린 **자국이** 부풀어 오르고 붉어진다.)
Tu veux aller au cinéma? -- Oh! oui, ça me ferait **plaisir**.
(영화구경 갈래? -- 그것 좋지, **재미** 있을거야.)
Les fleurs poussent au **printemps**. (봄에 꽃이 핀다.)
Nous avons fait une belle **promenade** au bord de la rivière.
(우리는 강가에서 멋진 **산책을** 했다.)
Elle n'a pas jeté un **regard** sur moi.
(그녀는 나에게 **눈길을** 한번도 던지지 않았다.)
Les **réparations** de sa maison ont coûté très cher.
(그의 집을 **수리하는** 데에 많은 돈이 들었다.)
Je n'ai pas reçu de **réponse** à ma lettre.
(나는 내 편지의 **회답을** 받지 못했다.)
Il arrive en **retard** à l'école. (그는 학교에 **지각한다**.)
J'ai fait un beau **rêve** la nuit dernière.
(나는 지난밤에 좋은 **꿈을** 꾸었다.)
Le soldat donne son **sang** pour son pays.
(군인은 나라를 위해 **목숨을** 바친다.)

Ce mur est décoré de belles **sculptures**.
(이 벽은 아름다운 **조각으로** 장식되어 있다.)
Le médecin a donné les premiers **soins** au blessé.
(의사는 부상자에게 응급**치료를** 해주었다.)
Le soleil est une **source** de lumière et de chaleur.
(태양은 빛과 열의 **근원이다**.)
Il fait du **sport** tous les dimanches.
(그는 일요일마다 **운동한다**.)
Il prend un **taxi** pour aller à la gare.
(그는 역에 가기 위해 **택시**를 잡는다.)
On a installé le **téléphone** dans sa maison.
(사람들이 그의 집에 **전화**를 설치했다.)
La **terre** tourne autour du soleil.
(**지구**는 태양 주위를 돈다.)
Il a oublié de mettre un **timbre** sur sa lettre.
(그는 편지에 **우표** 붙이는 것을 잊었다.)
Il a 100 centimètres de **tour** de poitrine.
(그는 가슴**둘레**가 100센티미터이다.)
Le **train** est arrivé à l'heure.
(**기차가** 정시에 도착했다.)
Le **vent** a enlevé son chapeau.
(**바람이** 그의 모자를 벗겼다.)
Il a mis des **vêtements** chauds au début de l'hiver.
(그는 초겨울에 따뜻한 **옷을** 입었다.)

3. 1차 기본단어 - 형용사 143개

형용사란

명사의 성질이나 속성을
나타내는 것으로,
관계하는 명사 혹은 대명사의
성과 수에 따라 일치한다.
특이하게 변하는 형용사는
괄호 안에 별도로 표기하였다.

1	adroit [adrwa]	익숙한, 솜씨좋은(≠maladroit)
2	agréable [agreabl]	기분 좋은, 쾌적한
3	agricole [agrikol]	농업의(≠industriel 공업의)
4	ancien(ne) [ɑ̃sjɛ̃,-ɛn]	오래된, 옛 (≠nouveau)
5	assis [asi]	앉은 (≠debout)
6	autre [oːtr]	다른 (=différent)
7	aveugle [avœgl]	눈먼 (∗sourd 귀먹은)
8	bas(se) [bɑ, bɑːs]	낮은, 천한(=vulgaire)
9	beau, belle [bo, bel]	아름다운, 화창한
10	blanc(he) [blɑ̃, blɑ̃ːʃ]	흰, 흰색의
11	bleu [blø]	파란, 푸른
12	blond [blɔ̃]	금발의, 금빛의
13	bon(ne) [bɔ̃, bɔn]	훌륭한, 맛있는
14	brun(e) [brœ̃, bryn]	갈색의, 갈색머리의
15	carré [kare]	정방형의, 제곱의
16	certain [sertɛ̃]	확실한, 어떤(=quelque)
17	chaud [ʃo]	더운, 뜨거운(=ardent)
18	cher (-ère) [ʃɛːr]	비싼, 사랑하는(명사앞)
19	clair [klɛːr]	밝은, 분명한(=certain)
20	commode [kɔmɔd]	편리한 (n:서랍)
21	confortable [kɔ̃fɔrtabl]	(가구가) 편안한(∗à l'aise)
22	content [kɔ̃tɑ̃]	반가운, 만족하는(=aise)
23	court [kuːr]	짧은, 지름길의
24	creux (-se) [krø]	구멍 난, 텅 빈
25	cru [kry]	날것의(≠cuit)
26	curieux (-se) [kyrjø, -øːz]	호기심의, 재미있는, 이상한
27	dangereux (-se) [dɑ̃ʒrø, -øːz]	위험한
28	demi [dəmi]	절반의 (∗moitié 절반)
29	dernier (-ère) [dɛrnje]	마지막의, 최근의, 지나간
30	différent [diferɑ̃]	다른(∗autre, nouveau)

31	difficile [difisil]	어려운, 까다로운(=dur)
32	doux (-ce) [du, dus]	온화한, 달콤한
33	droit [drwa]	곧은, 오른쪽의 (n:법학, 권리)
34	drôle [droːl]	우스운, 이상한(=bizarre)
35	dur [dyːr]	단단한, 힘든(=difficile)
36	électrique [elɛktrik]	전기의(*électronique 전자의)
37	épais(se) [epɛ, -ɛs]	두꺼운(=gros), 짙은(=foncé)
38	étonnant [etɔnɑ̃]	놀랄만한, 이상한
39	étroit [etrwa]	좁은(≠large), 밀접한, 답답한
40	extérieur [ɛksterjœːr]	밖의, 외부의(≠intérieur)
41	facile [fasil]	쉬운(≠difficile, dur)
42	faible [fɛbl]	약한(≠fort), 재능이 없는
43	fatigué [fatige]	피로한(≠vigoureux 기운찬)
44	faux (-sse) [fo, -oːs]	틀린, 거짓의(≠vrai)
45	foncé [fɔ̃se]	짙은(≠clair 밝은)
46	fort [fɔːr]	강한, 힘센(=solide, robuste)
47	fou, folle [fu, fɔl]	미친, 엄청난
48	frais, fraîche [frɛ, frɛʃ]	시원한, 싱싱한
49	froid [frwa]	추운, 쌀쌀한, 냉정한
50	gai [gɛ]	즐거운, 밝은
51	gauche [goːʃ]	왼쪽의, 서투른(≠habile)
52	gentil(le) [ʒɑ̃ti, -ij]	친절한, 귀여운
53	grand [grɑ̃]	큰, 키 큰, 위대한
54	gras(se) [grɑ, -as]	기름진, 살찐
55	gris [gri]	회색의, 취한(=ivre)
56	gros(se) [gro, -oːs]	굵은(=épais), 뚱뚱한
57	haut [o]	높은, 거만한(=insolent)
58	heureux (-se) [œrø, -øːz]	행복한, 기쁜(=content)
59	humide [ymid]	젖은(=mouillé), 습기 있는
60	important [ɛ̃pɔrtɑ̃]	중요한, 유력한(=puissant)

61	impossible [ɛ̃pɔsibl]	불가능한, 힘든
62	industriel(le) [ɛ̃dystrijɛl]	산업의, 공업의(≠agricole)
63	intelligent [ɛ̃teliʒɑ̃]	지적인, 똑똑한
64	intéressant [ɛ̃teresɑ̃]	재미있는, 이익이 되는
65	intérieur [ɛ̃terjœːr]	내부의, 국내의
66	jaune [ʒoːn]	노란, 황색의
67	jeune [ʒœn]	젊은, 어린
68	joli [ʒɔli]	예쁜, 귀여운
69	juste [ʒyst]	정당한, 정확한(=précis)
70	laid [lɛ]	못생긴(=vilain), 추한
71	large [larʒ]	넓은, 관대한(=généreux)
72	léger (-ère) [leʒe, -ɛːr]	가벼운, 경쾌한
73	lent [lɑ̃]	느린, 더딘
74	libre [libr]	자유로운, 비어있는
75	lointain [lwɛ̃tɛ̃]	먼(*loin), 옛날의
76	long (-gue) [lɔ̃, -ɔ̃ːg]	긴, 오래 걸리는
77	lourd [luːr]	무거운, 둔한
78	maigre [mɛgr]	여윈(‹mince›, 가는
79	malade [malad]	병이 든, 아픈
80	malheureux(-se) [malœrø, -øz]	불행한, 운이 나쁜
81	mauvais [movɛ]	나쁜, 맛이 없는(=insipide)
82	méchant [meʃɑ̃]	고약한, 하찮은(=simple)
83	meilleur [mɛjœːr]	더 좋은 (*mieux 더 잘)
84	mille [mil]	1000의, 수많은
85	mince [mɛ̃ːs]	얇은, 날씬한
86	moderne [mɔdɛrn]	현대의
87	mort [mɔːr]	죽은(≠né)
88	mou, molle [mu, mɔl]	부드러운, 활기 없는
89	mouillé [muje]	젖은(*humide 습기찬)
90	muet(te) [myɛ, -ɛt]	벙어리의, 말없는(*sourd)

91	mûr [myːr]	익은, 성숙한
92	naturel(le) [natyrɛl]	자연스러운, 당연한
93	né [ne]	태어난, 출생한
94	nécessaire [nesesɛːr]	필요한, 불가피한(=indispensable)
95	neuf (-ve) [nœf, -œːv]	새로운, 새것의(≠vieux)
96	noir [nwaːr]	검은, 어두운(=sombre)
97	nombreux (-se) [nɔ̃brø, -øːz]	수많은
98	nouveau (-elle) [nuvo, -ɛl]	새로운(≠ancien)
99	pareil(le) [parɛj]	같은(=égal), 이와 같은(=tel)
100	pauvre [poːvr]	가난한, 불쌍한

101	pendu [pɑ̃dy]	걸려 있는
102	petit [pəti, -it]	작은, 어린
103	plat [pla]	평평한, 평탄한 (=plan)
104	plein [plɛ̃]	가득 찬, 충만한
105	pointu [pwɛ̃ty]	뾰족한, 날카로운
106	poli [pɔli]	예의바른, 윤나는
107	possible [pɔsibl]	가능한, 할 수 있는
108	premier (-ère) [prəmje, -ɛːr]	첫째의, 최상의(=suprême)
109	pressé [prɛse]	바쁜(=occupé), 압축된
110	prêt [prɛ]	준비된

111	prochain [prɔʃɛ̃]	다음의, 가까운
112	proche [prɔʃ]	가까운, 이웃의(=voisin)
113	profond [prɔfɔ̃]	깊은, 심오한(≠bas)
114	propre [prɔpr]	깨끗한, 고유의
115	public (-que) [pyblik]	공공의, 공적인(≠privé)
116	quelque [kɛlk]	어떤 (pl: 몇몇의)
117	rapide [rapid]	빠른, 가파른
118	rare [raːr]	드문, 비범한
119	riche [riʃ]	부유한, 비옥한
120	rond [rɔ̃]	둥근(≠carré)

121	rose [roːz]	장미색의, 분홍의
122	rouge [ruːʒ]	붉은, 빨간색의
123	sale [sal]	더러운, 때 묻은
124	sec, sèche [sɛk, sɛʃ]	건조한, 여윈
125	semblable [sãblabl]	비슷한(*identique)
126	sérieux (-se) [serjø, -øːz]	진지한, 위독한(=grave)
127	seul [sœl]	외로운, 유일한(=unique)
128	simple [sɛ̃ːpl]	단순한, 간단한
129	solide [sɔlid]	튼튼한(=fort, robuste), 단단한
130	sombre [sɔ̃ːbr]	어두운, 침울한(=morne)
131	sourd [suːr]	귀먹은, 어렴풋한
132	sûr [syːr]	확실한, 틀림없는(=certain)
133	terrible [tɛribl]	무시무시한(=horrible), 지독한
134	tout, toute [tu, tut]	모든 (pl: tous, toutes)
135	tranquille [trãkil]	조용한(=calme), 안심되는
136	triste [trist]	슬픈, 우울한(=mélancolique)
137	usé [yze]	써서 낡은(=vieux), 중고의
138	utile [ytil]	유용한, 소용되는
139	vert [vɛːr]	초록의, 싱싱한(=frais)
140	vide [vid]	빈, 비어 있는
141	vieux, vieille [vjø, vjɛj]	늙은, 낡은
142	voisin [vwazɛ̃]	이웃의, 인접한(=proche)
143	vrai [vrɛ]	진실의, 사실의 (≠faux)

4. 1차 기본단어 형용사 기본예문

Il est **adroit**, il a bien fait la chaise.
(그는 **솜씨가 좋아** 의자를 잘 만들었다.)
Se reposer est **agréable**. (쉬는 것은 **기분 좋다**.)
Voici une région **agricole** et une région industrielle.
(여기에 **농업**지역과 공업지역이 있다.)
Elle est **assise** sur un banc. (그녀는 벤치에 **앉아 있다**.)
Elle a passé une nuit **blanche**. (그녀는 **뜬눈으로** 밤을 샜다.)
Quand il n'y a pas de nuages, le ciel est **bleu**.
(구름이 없을 때 하늘은 **푸르다**.)
Elle a les cheveux **bruns**. Sa sœur est **blonde**.
(그녀는 **갈색**머리이다. 그녀의 언니는 **금발**이다.)
Je suis **certain** de ce que je dis.
(나는 내가 하는 말에 대해 **확신한다**.)
Ce qui n'est pas **clair** n'est pas français.
(**분명하지** 않은 것은 불어가 아니다.)
C'est un appareil de chauffage très **commode**.
(그것은 아주 **편리한** 난방기구이다.)
Un fauteuil est plus **confortable** qu'un banc.
(안락의자는 벤치보다 더 **편안하다**.)
Je suis **content** de vous voir. (만나서 **반갑습니다**.)
Le vent est **contraire** au bateau. (배에 **맞바람이** 분다.)
Il est **dangereux** de se pencher au dehors.
(바깥으로 몸을 기대는 것은 **위험하다**.)
Nous nous sommes vus le mois **dernier**.
(우리들은 **지난**달에 서로 만났다.)
Ces paniers ne sont pas pareils, ils sont **différents**.
(이 바구니들은 같지 않다. 이것들은 **다르다**.)

Il est **difficile** à vivre.   (그는 살기가 **힘들다**.)

Cette dame a une voix **douce**.
(그 부인은 **부드러운** 목소리를 가지고 있다.)

Il pleut et on voit le soleil en même temps, c'est **drôle**.
(비가 온다. 그런데 동시에 햇빛이 비친다. **참 이상하네**.)

C'est un travail **dur**.   (이것은 **힘든** 일이다.)

C'est l'électricité qui fait marcher la lampe **électrique**.
(**전등을** 작동시키는 것은 전기이다.)

Elle est **faible** en français. (그녀는 불어실력이 **약하다**.)

Il est **fatigué** parce qu'il a beaucoup marché.
(그는 많이 걸어서 **피곤하다**.)

Il est **fort** comme un bœuf.   (그는 대단히 힘이 **세다**.)

Quand je me serai reposé, je serai de nouveau **frais**.
(내가 쉬고 나면 다시 **생기가 날거야**.)

Cet enfant est **gentil** avec ses parents.
(그 아이는 부모에게 **상냥하다**.)

Il était **gris** quand il est sorti du café.
(그가 카페에서 나올 때 **얼근하게 취해** 있었다.)

Le directeur est l'homme le plus **important** de l'usine.
(부장은 공장에서 가장 **유력한** 사람이다.)

Il m'est **impossible** de prendre le train demain.
(내가 내일 기차를 타는 것은 **힘든 일이다**.)

Il ne faut pas manger ses ongles, c'est très **laid**.
(손톱을 뜯어먹지 마시오, **보기 싫어요**.)

Il n'a eu qu'une **légère** blessure.
(그는 **가벼운** 상처를 입었을 뿐이다.)

Vous êtes **libre** de partir ou de rester.
(떠나든 머무르든 당신 **자유요**.)

Cette chambre a cinq mètres de **long** et quatre mètres
de **large**.   (이 방은 **길이가** 5미터 **폭이** 4미터이다.)

Ce chien est **méchant**, il mord les personnes qui passent.
(그 개는 **사납다**. 지나가는 사람들을 문다.)
Il est **nécessaire** de travailler pour vivre.
(살아가기 위해서 일하는 것이 **필요하다**.)
Il est **prêt** à partir.
(그는 떠날 **준비가 되어있다**.)
Au revoir, je reviendrai dimanche **prochain**.
(안녕히 계세요, **다음** 일요일에 또 오겠습니다.)
Je l'ai vue de mes **propres** yeux.
(나는 그녀를 내 **자신의** 눈으로 봤다.)
J'ai chez moi une table **semblable** à la vôtre.
(우리 집에 당신 것과 **비슷한** 탁자가 하나 있다.)
Le soleil se couche, il commence à faire **sombre**,
bientôt il fera nuit.
(해가 지고, **어두워지기** 시작한다. 곧 밤이 될 것이다.)
Je suis **sûr** de ce que je vous dis.
(내가 당신에게 하는 말은 **확실합니다**.)
Il fait un orage **terrible**.
(**무시무시한** 폭풍우가 친다.)
Laissez-moi **tranquille**.
(날 좀 **조용히** 내버려두세요.)
Il est **triste** d'avoir perdu sa mère.
(그는 어머니를 여의어서 **슬퍼한다**.)
Il faut prendre cet homme mort ou **vif**.
(**생사**를 불문하고 그 사람을 잡아야 한다.)
Le soleil tourne autour de la terre, ce n'est pas **vrai**,
c'est faux.
(태양이 지구 주위를 돈다는 것은 **진실이** 아니고 거짓이다.)

5. 1차 기본단어 - 부사 106개

부사란

형용사나 다른 부사를 수식하거나
동사의 세부적인 의미를
결정하는 요소이며, 변화하지 않는다.
회화에서는 주어나 동사보다도
더 강하게 의미를 전달한다.

1	d'abord [dabɔ:r]	우선 (=premièrement)
2	d'accord [dakɔ:r]	찬성이다
3	ainsi [ɛ̃si]	그렇게, 그래서
4	alors [alɔ:r]	그때, 그래서
5	à peu près [apøprɛ]	거의
6	en arrière [ãnarjɛ:r]	뒤에
7	assez [ase]	충분히, 꽤
8	au-dessus [odsy]	위에
9	au-dessous [odsu]	아래에
10	aujourd'hui [oʒurdɥi]	오늘, 오늘날(≠hier, demain)
11	aussi [osi]	또한, 같이(+형/부 : 동등비교)
12	autant [otã]	그만큼(+명/동 : 동등비교)
13	autour [otu:r]	주위에, 근처에
14	autrefois [otrəfwa]	옛날에(=jadis)
15	autrement [otrəmã]	다르게
16	en avant [ãnavã]	선두에 (=en tête)
17	en bas [ãba]	아래쪽에(≠en haut)
18	beaucoup [boku]	많이(≠peu)
19	beaucoup de [bokudə]	많은(+무관사 명사)
20	bien [bjɛ̃]	잘(≠mal)
21	bien de [bjɛ̃də]	많은
22	bientôt [bjɛ̃to]	곧 (=tout de suite)
23	certainement [sɛrtɛnmã]	확실히, 꼭(*absolument)
24	c'est-à-dire [sɛtadi:r]	즉, 말하자면
25	combien [kɔ̃bjɛ̃]	얼마, 얼마나
26	comme [kɔm]	처럼, 그리고 (=ainsi que)
27	comment [kɔmã]	어떻게
28	debout [dəbu]	서서(≠assis)
29	au début [odeby]	처음에, 우선 (=au départ)
30	dedans [d(ə)dã]	그 안에

31	dehors [dəɔːr]	밖에, 밖으로
32	déjà [deʒa]	이미, 벌써
33	demain [dəmɛ̃]	내일(≠hier)
34	à droite [adrwat]	오른쪽에
35	à gauche [agoːʃ]	왼쪽에
36	encore [ɑ̃kɔːr]	다시, 아직, 더한층
37	ensemble [ɑ̃sɑ̃ːbl]	함께
38	ensuite [ɑ̃sɥit]	그 다음에 (=puis)
39	enfin [ɑ̃fɛ̃]	마침내, 결국
40	en face [ɑ̃fas]	앞에

41	en face de [ɑ̃fasdə]	...앞에
42	facilement [fasilmɑ̃]	쉽게
43	de toute façon [dətutfasɔ̃]	어쨌든(=en tout cas)
44	fort [fɔːr]	세게, 매우
45	d'habitude [dabityd]	보통(=en général)
46	par hasard [parazaːr]	우연히(*au hasard 무턱대고)
47	haut [o]	높게
48	en haut [ɑ̃no]	위에(≠en bas)
49	hier [jɛːr]	어제
50	ici [isi]	여기(≠là, là-bas)

51	jadis [ʒadis]	옛날에(=autrefois)
52	jamais [ʒamɛ]	결코~않다
53	juste [ʒyst]	정확하게, 옳게
54	justement [ʒystmɑ̃]	바로, 정당하게
55	là [la]	저기
56	là-bas [laba]	저기, 저 멀리
57	là-haut [lao]	위에
58	loin [lwɛ̃]	멀리(≠près)
59	longtemps [lɔ̃tɑ̃]	오랫동안
60	maintenant [mɛ̃tnɑ̃]	지금(=actuellement), 요즈음

61	mal [mal]	나쁘게 (≠bien)
62	même [mɛm]	조차도, 바로
63	mieux [mjø]	더 잘 (<bien)
64	moins [mwɛ̃]	더 적게 (<peu)
65	naturellement [natyrɛlmɑ̃]	당연히
66	ne ... pas [nə pa]	... 않다
67	ne ... plus [nə ply]	더 이상 ... 않다
68	ne ... point [nə pwɛ̃]	조금도 ... 않다
69	ne ... jamais [nə ʒamɛ]	전혀 ... 않다
70	ne ... que [nɔ kə]	단지...뿐이다(=seuleent)
71	non [nɔ̃]	아니요
72	nulle part [nylpaːr]	아무데도
73	oui [wi]	예
74	partout [partu]	도처에, 사방에
75	pas du tout [padytu]	조금도, 전혀
76	peu [pø]	조금, 거의..않다
77	un peu [œ̃pø]	약간
78	peut-être [pœtɛtr]	아마도(=sans doute)
79	plus [ply(s)]	더, 더 많이
80	pourquoi [purkwa]	왜, 어째서
81	près [prɛ]	가까이
82	près de [prɛdə]	...가까이
83	puis [pɥi]	그 다음에(=ensuite)
84	quand [kɑ̃]	언제?, ...할때
85	quand même [kɑ̃mɛm]	어쨌든
86	quelquefois [kɛlkəfwa]	가끔, 종종(=parfois)
87	sans doute [sɑ̃dut]	아마도(=peut-être)
88	seulement [sœlmɑ̃]	단지(=ne~que), 겨우
89	si [si]	매우(+형/부)(=très, tellement)
90	surtout [syrtu]	특히(=notamment)

91	tant [tɑ̃]	몹시, 그만큼(+명/동)
92	tellement [tɛlmɑ̃]	하도, 너무(+형/부/명/동)
93	tard [taːr]	늦게, 늦어서
94	tôt [to]	일찍(≠tard)
95	toujours [tuʒuːr]	항상, 여전히(=encore)
96	tout [tu]	아주, 완전히(=complètement)
97	tout à coup [tutaku]	완전히(=parfaitement), 갑자기
98	tout à l'heure [tutalœːr]	곧, 방금(=tout de suite)
99	tout de suite [tudəsɥit]	곧(=bientôt)
100	très [trɛ]	매우(=si, tout)
101	trop [tro]	너무, 지나치게
102	vite [vit]	빨리(=rapidement)
103	voici [vwasi]	여기에 있다
104	voilà [vwala]	저기에 있다
105	vraiment [vrɛmɑ̃]	진실로, 실제로
106	y [i]	거기에(서)

6. 1차 기본단어 - 동사 320개

동사란

문장에서 뼈대를 이루는 중요한 요소이다.
불어에서 동사만 잘 익히면 어려울 것이 없다. coucher,
asseoir, dépêcher 보다는
se coucher, s'asseoir, se dépêcher 가 훨씬 자주 쓰이므
로 대명동사를 1차 기본어휘에 포함시키고, 일반동사는
2차 기본어휘에 포함시켰다.
동사 표제어 뒤에 별표(*)가 있는 것은 ≪동사구문≫에서
별도로 구문 정리해 두었다.

1	accrocher [akrɔʃe]	못에 걸다
2	acheter [aʃte]	(*) 사다(≠vendre)
3	aider [ɛde]	(*) 돕다, 거들다(~à+inf)
4	aimer [ɛme]	(*) 사랑하다, 좋아하다
5	ajouter [aʒute]	덧붙이다, 보태다
6	aller [ale]	(*) 가다, 어울리다
7	s'en aller [sãnale]	가버리다(=partir)
8	amener [amne]	(*) 데려오다(≠emmener)
9	amuser [amyze]	재미있게 해주다
10	s'amuser [samyse]	즐기다
11	apercevoir [apɛrsəvwaːr]	(*) 보다, 확실히 알다
12	s'apercevoir [sapɛrsəvwaːr]	(*) 알다, 눈에 띄다
13	appeler [aple]	(*) 부르다, 이름 짓다
14	s'appeler [saple]	(*) 이름이 ...이다
15	apporter [apɔrte]	(*) 가져오다(≠emporter)
16	apprendre [aprãːdr]	(*) 배우다, 가르치다, 듣다
17	arranger [arãʒe]	(*) 정돈하다, 수리하다
18	s'arranger [sarãʒe]	(*) 정돈되다
19	arrêter [arɛte]	(*) 세우다, 체포하다
20	s'arrêter [sarɛte]	(*) 멈추다, 그만두다(=cesser)
21	arriver [arive]	(*) 도착하다, 발생하다
22	s'asseoir [saswaːr]	앉다(≠se lever)
23	attacher [ataʃe]	매달다
24	attendre [atãːdr]	(*) 기다리다, 기대하다
25	attraper [atrape]	붙잡다, 속이다(=mentir)
26	avaler [avale]	삼키다 (*dévorer 뜯어먹다)
27	avancer [avãse]	내밀다, 앞당기다
28	s'avancer [savãse]	나아가다, 다가오다
29	avoir [avwaːr]	(*) 가지다 (*obtenir, prendre)
30	se baigner [səbɛɲe]	목욕하다, 해수욕하다

31	baisser [bɛse]	내리다, 낮추다
32	se baisser [səbɛse]	몸을 굽히다, 숙이다
33	balayer [balɛje]	쓸다, 소제하다(=nettoyer)
34	blesser [blɛse]	상처를 입히다
35	se blesser [səblɛse]	다치다
36	boire [bwaːr]	마시다(*prendre)
37	boucher [buʃe]	틀어막다, 가로막다(≠déboucher)
38	se boucher [səbuʃe]	막히다, 자기~를 막다
39	bouillir [bujiːr]	끓다, 화내다(=être en colère)
40	briller [brije]	빛나다, 반짝이다
41	brûler [bryle]	태우다(=consumer)
42	se brûler [səbryle]	불에 데이다
43	cacher [kaʃe]	감추다, 숨기다(=dissimuler)
44	casser [kase]	깨뜨리다 (=briser, détruire)
45	causer (1) [koze]	원인이 되다(=provoquer)
46	causer (2) [koze]	이야기하다
47	changer [ʃɑ̃ʒe]	(*) 바꾸다, 갈다(=remplacer)
48	chanter [ʃɑ̃te]	노래하다
49	charger [ʃarʒe]	(*) 짐을 싣다
50	chasser [ʃase]	사냥하다, 내쫓다(=enlever)
51	chauffer [ʃofe]	데우다, 난방하다
52	chercher [ʃɛrʃe]	(*) 찾고 있다(*trouver 발견하다)
53	choisir [ʃwaziːr]	(*) 선택하다(=sélectionner)
54	clouer [klue]	못 박다 (=fixer 고정하다)
55	commander [kɔmɑ̃de]	(*) 명령하다, 주문하다
56	commencer [kɔmɑ̃se]	(*) 시작하다(=se mettre)
57	comprendre [kɔ̃prɑ̃ːdr]	(*) 이해하다, 포함하다
58	compter [kɔ̃te]	(*) 셈하다, 할 작정이다
59	conduire [kɔ̃dɥiːr]	이끌다, 운전하다
60	se conduire [səkɔ̃dɥiːr]	행동하다, 처신하다

61	connaître [kɔnɛtr]	(∗) 알다, 경험하다 (∗savoir)
62	construire [kɔ̃strɥiːr]	건설하다, 짓다(=bâtir)
63	continuer [kɔ̃tinɥe]	(∗) 계속하다(=poursuivre)
64	coucher [kuʃe]	자리에 눕히다(=allonger)
65	se coucher [səkuʃe]	자리에 눕다
66	coudre [kudr]	꿰메다, 바느질하다
67	couler [kule]	흐르다, 가라앉다 (∗flotter)
68	couper [kupe]	자르다 (∗interrompre 중단하다)
69	courir [kuriːr]	(∗) 달리다
70	coûter [kute]	값이 나가다(=valoir)

71	couvrir [kuvriːr]	덮다
72	cracher [kraʃe]	침 뱉다
73	creuser [krøze]	파다, 뚫다
74	crier [krie]	소리 지르다(∗s'écrier 외치다)
75	croire [krwaːr]	(∗) 믿다, 생각하다
76	cuire [kɥiːr]	익히다, 익다
77	cultiver [kyltive]	경작하다, 가꾸다
78	déchirer [deʃire]	찢다, 고통을 주다
79	décider [deside]	(∗) 결정하다(=résoudre, déterminer)
80	décorer [dekɔre]	장식하다 (=orner)

81	défendre [defɑ̃ːdr]	(∗) 방어하다, 금하다, 옹호하다
82	déjeuner [deʒœne]	식사하다, 점심 먹다
83	demander [dəmɑ̃de]	(∗) 요구하다, 묻다(=interroger)
84	se demander [sədəmɑ̃de]	(∗) 자문하다
85	démolir [demɔliːr]	파괴하다(=ruiner, détruire)
86	se dépêcher [sədepɛʃe]	(∗) 서두르다
87	dépenser [depɑ̃se]	(∗) 지출하다, 소비하다(∗gaspiller)
88	déranger [derɑ̃ʒe]	어지르다, 방해하다
89	descendre [desɑ̃ːdr]	내려가다(≠monter), 하차하다
90	déshabiller [dezabije]	옷을 벗기다(≠habiller)

91	se déshabiller [sədezabije]	옷을 벗다(≠s'habiller)
92	dessiner [desine]	그리다, 스케치하다
93	devenir [dəvniːr]	(⋆) ...이 되다
94	devoir [dəvwaːr]	(⋆) 해야 하다, 빚지다
95	dîner [dine]	저녁 먹다, 식사하다
96	dire [diːr]	(⋆) 말하다, 명령하다
97	vouloir dire [vulwaːrdiːr]	의미하다(=signifier)
98	discuter [diskyte]	(⋆) 의논하다, 토론하다
99	donner [dɔne]	(⋆) 주다, 개최하다
100	dormir [dormiːr]	자다 (⋆s'endormir)

101	écouter [ekute]	(⋆) 듣다, 경청하다, 따르다
102	écraser [ekraze]	부수다, 사람을 치다
103	écrire [ekriːr]	(⋆) 글을 쓰다, 편지 쓰다
104	effacer [efase]	지우다
105	élever [e(ɛ)lve]	올리다, 양육하다(=former)
106	embrasser [ãbrase]	포옹하다, 입 맞추다
107	emmener [ãmne]	(⋆) 데리고 가다(≠amener)
108	empêcher [ãpɛ(e)ʃe]	(⋆) 막다, 방해하다
109	employer [ãplwaje]	사용하다, 고용하다
110	emporter [ãpɔrte]	가져가다(≠apporter), 빼앗다

111	s'endormir [sãdormiːr]	잠이 들다
112	enlever [ãlve]	제거하다, 탈취하다(=supprimer)
113	entendre [ãtãːdr]	(⋆) 듣다, 들리다, 원하다
114	enterrer [ãtɛre]	매장하다, 폐기하다
115	entourer [ãture]	둘러싸다, 포위하다(=assiéger)
116	entrer [ãtre]	들어가다, 들어오다
117	envelopper [ãvlɔpe]	싸다, 포장하다
118	envoyer [ãvwaje]	보내다, 내어 쫓다
119	espérer [ɛspere]	(⋆) 기대하다, 희망하다
120	essayer [esɛ(e)je]	시험하다, 노력하다(=tenter)

121	essuyer [esɥije]	씻다, 닦다
122	éteindre [etɛ̃:dr]	끄다(≠allumer)
123	étonner [etɔne]	놀라게 하다
124	être [ɛtr]	...이다, 있다(=se trouver)
125	étudier [etydje]	공부하다, 연구하다(=travailler)
126	expliquer [ɛksplike]	(*) 설명하다, 해명하다
127	faire [fɛ:r]	(*) 만들다, ..하다
128	falloir [falwa:r]	(*) 필요하다, 해야 하다(비인칭)
129	fermer [ferme]	닫다(=clôturer≠ouvrir)
130	finir [fini:r]	(*) 끝내다, 마치다(=terminer)
131	fondre [fɔ̃:dr]	녹이다, 녹다(≠geler 얼다)
132	forcer [fɔrse]	(*) 강요하다(=contraindre)
133	frapper [frape]	두들기다, 때리다
134	frotter [frɔte]	문지르다, 닦다
135	fumer [fyme]	연기 나다, 담배 피다
136	gagner [gɑɲe]	벌다, 이기다(≠perdre)
137	garder [garde]	간직하다, 보관하다(=contenir)
138	gêner [ʒene]	거북하게 만들다
139	grandir [grɑ̃di:r]	자라다(*grossir)
140	guérir [geri:r]	고쳐주다, 낫게 하다(=soigner)
141	habiller [abije]	옷을 입히다
142	s'habiller [sabije]	옷을 입다(=se vêtir)
143	habiter [abite]	살다, 거주하다(=demeurer)
144	installer [ɛ̃stale]	앉다, 설치하다
145	s'installer [sɛ̃stale]	자리를 차지하다, 거주하다
146	intéresser [ɛ̃terɛ(e)se]	(*) 흥미를 끌다
147	s'intéresser [sɛ̃terɛ(e)se]	(*) (à) 흥미를 갖다
148	jeter [ʒ(ə)te]	던지다(=lancer), 버리다
149	jouer [ʒwe]	(*) 놀다, 연주하다(=faire de)
150	juger [ʒyʒe]	재판하다, 판단하다

151	labourer [labure]	경작하다(=cultiver)
152	laisser [lɛse]	놔두다, 남기다
153	lancer [lɑ̃se]	던지다, 쏘다(=piquer)
154	laver [lave]	씻다, 빨래하다(*nettoyer)
155	se laver [səlave]	몸을 씻다
156	lever [ləve]	올리다, 일으키다, 제거하다
157	se lever [sələve]	일어나다(≠s'asseoir)
158	lire [liːr]	(*) 읽다, 독서하다
159	louer (1) [lwe]	빌려주다, 빌리다(*prêter)
160	manger [mɑ̃ʒe]	먹다, 식사하다
161	manquer [mɑ̃ke]	(*) 부족하다, 놓치다, 그립다
162	marcher [marʃe]	걷다, 작동하다
163	marier [marje]	결혼시키다
164	se marier [səmarje]	결혼하다(=épouser)
165	mélanger [melɑ̃ʒe]	혼합하다, 뒤섞다(=mêler)
166	mêler [mɛle]	섞다(=brouiller)
167	mentir [mɑ̃tiːr]	거짓말하다
168	mesurer [məzyre]	재다, 측정하다
169	mettre [mɛtr]	(*) 놓다, 넣다, 착용하다
170	se mettre à [səmɛtra]	(*) 시작하다(=commencer à)
171	monter [mɔ̃te]	올라가다, 타다
172	montrer [mɔ̃tre]	(*) 보여주다, 가리키다
173	se moquer de [səmɔkedə]	(*) 놀리다, 무시하다
174	mordre [mɔrdr]	물다
175	mouiller [muje]	적시다 (=tremper)
176	se mouiller [səmuje]	젖다 (se tremper)
177	mourir [muriːr]	죽다(=décéder≠naître)
178	nager [naʒe]	수영하다, 헤엄치다
179	neiger [nɛ(e)ʒe]	눈이 오다
180	nettoyer [nɛtwaje]	닦다, 청소하다

181	nommer [nɔme]	명명하다, 임명하다
182	obliger [ɔbliʒe]	(*) 강요하다(=forcer)
183	occuper [ɔkype]	거주하다, 고용하다
184	s'occuper [sɔkype]	(*) 일을 하다, 돌보다
185	offrir [ɔfriːr]	(*) 주다, 제공하다
186	oser [oze]	(~ inf) 감히 ...하다
187	oublier [ublje]	(*) 잊다, 놓고 오다
188	ouvrir [uvriːr]	열다(≠fermer), 개시하다
189	paraître [parɛtr]	(*) ..듯하다, 나타나다
190	pardonner [pardɔne]	용서하다(*excuser)
191	parler [parle]	(*) 말하다, 이야기하다
192	partager [partaʒe]	분배하다, 나누다, 공유하다
193	partir [partiːr]	(*) 출발하다, 떠나다
194	passer [pase]	(*) 지나가다, 보내다
195	se passer [səpase]	(*) (사건이) 일어나다
196	payer [pɛ(e)je]	(*) 지불하다 (=régler)
197	pêcher [pɛʃe]	낚다, 고기를 잡다
198	peigner [pɛ(e)ɲe]	빗질하다
199	peindre [pɛ̃ːdr]	그림 그리다, 칠하다
200	pencher [pɑ̃ʃe]	기울이다, 기울다
201	se pencher [səpɑ̃ʃe]	몸을 기울이다
202	pendre [pɑ̃ːdr]	걸다, 매달다
203	penser [pɑ̃se]	(*) 생각하다(=songer)
204	perdre [pɛrdr]	잃다, 지다, 낭비하다
205	permettre [pɛrmɛtr]	(*) 허락하다, 승인하다
206	peser [pəze]	무게를 달다
207	photographier [fɔtɔgrafje]	사진을 찍다
208	piquer [pike]	찌르다, 물다
209	placer [plase]	놓다(=mettre), 앉히다
210	se plaindre [səplɛ̃ːdr]	탄식하다, 불평하다

211	plaire (à) [plɛ:r]	(*) 마음에 들다
212	planter [plɑ̃te]	심다, 박다
213	pleurer [plœre]	울다, 눈물 흘리다
214	pleuvoir [pløvwa:r]	비가 오다
215	plier [plije]	접다, 포개다
216	porter [pɔrte]	들다, 나르다, 착용하다
217	pousser [puse]	밀다, 부추기다
218	pouvoir [puvwa:r]	(*) 할 수 있다
219	préférer [prefere]	(*) 더 좋아하다
220	prendre [prɑ̃:dr]	(*) 잡다, 먹다, 타다
221	préparer [prepare]	준비하다, 마련하다
222	présenter [prezɑ̃te]	소개하다, 제출하다
223	presser [prɛ(e)se]	누르다, 재촉하다
224	se presser [səprɛ(e)se]	서두르다, 붐비다
225	prêter [prɛ(e)te]	빌려주다(≠emprunter)
226	prévenir [prɛ(e)vni:r]	(*) 예고하다, 알리다
227	promener [prɔmne]	산책시키다
228	se promener [səprɔmne]	산책하다(=déambuler, flâner)
229	promettre [prɔmɛtr]	(*) 약속하다, 보증하다
230	punir [pyni:r]	벌주다 (≠récopenser)
231	quitter [kite]	떠나다, 헤어지다(≠renconter)
232	se quitter [səkite]	서로 헤어지다(≠se retrouver)
233	raconter [rakɔ̃te]	(*) 이야기하다
234	ramasser [ramase]	줍다, 모으다(=rassembler)
235	ranger [rɑ̃ʒe]	정렬시키다, 정돈하다
236	se rappeler [səraple]	(*) 회상하다, 기억하다
237	se raser [səraze]	면도하다
238	recevoir [rəsvwa:r]	받다, 접대하다(=accueillir)
239	récolter [rekɔlte]	수확하다(=moissonner)
240	recommencer [rəkɔmɑ̃se]	다시 시작하다

241	reconnaître [rəkɔnɛtr]	알아보다, 인정하다
242	reculer [rəkyle]	물러서다, 후퇴하다(=retraiter)
243	regarder [rəgarde]	(*) 바라보다, 간주하다
244	remarquer [rəmarke]	(*) 주의하다, 주목하다
245	remettre [rəmɛtr]	다시 넣다, 다시 놓다
246	remonter [rəmɔ̃te]	다시 올라가다
247	remplacer [rɑ̃plase]	(*) 갈다, 바꾸다(=changer)
248	remplir [rɑ̃pli:r]	채우다, 수행하다, 기재하다
249	remuer [rəmɥe]	움직이다, 동요시키다
250	rendre [rɑ̃:dr]	(*) 돌려주다, 되게 하다
251	rentrer [rɑ̃tre]	돌아오다, 귀가하다
252	réparer [repare]	수리하다, 회복하다
253	repartir [rəparti:r]	다시 출발하다
254	répéter [repete]	(*) 반복하다, 연습하다
255	répondre [repɔ̃:dr]	(*) 대답하다, 회답하다
256	se reposer [sərəpoze]	쉬다, 머무르다
257	reprendre [rəprɑ̃:dr]	다시 잡다, 다시 먹다
258	représenter [rəprezɑ̃te]	공연하다, 묘사하다
259	respirer [rɛspire]	호흡하다
260	se ressembler [sərəsɑ̃ble]	(*) 서로 닮다
261	rester [rɛste]	(*) 머무르다, 남다
262	retarder [rətarde]	늦추다, 지연시키다(=remettre)
263	retourner [rəturne]	돌아오다, 뒤집다
264	se retourner [sərəturne]	몸을 돌리다
265	retrouver [rətruve]	(*) 재발견하다, 재회하다
266	se retrouver [sərətruve]	(*) 재회하다
267	réussir [reysi:r]	(*) 성공하다, 합격하다(≠échouer)
268	réveiller [revɛ(e)je]	깨우다, 환기하다
269	se réveiller [sərevɛ(e)je]	잠을 깨다, 눈뜨다
270	revenir [rəvni:r]	돌아오다, 다시 오다

271	rêver [rɛ(e)ve]	(*) 꿈꾸다, 열망하다
272	revoir [rəvwaːr]	다시 보다, 돌아오다
273	rire [riːr]	(*) 웃다
274	rouler [rule]	구르다, 돌다, 달리다
275	salir [saliːr]	더럽히다(=polluer, infecter)
276	sauter [sɔte]	뛰어오르다
277	sauver [sove]	구원하다
278	se sauver [səsove]	도망치다
279	savoir [savwaːr]	(*) 알다, ..할 줄 알다
280	scier [sje]	톱으로 켜다
281	sculpter [skylte]	조각하다, 새기다
282	sécher [seʃe]	말리다(=dessécher)
283	sembler [sɑ̃ble]	(*) ..처럼 보이다
284	semer [səme]	씨 뿌리다
285	sentir [sɑ̃tiːr]	(*) 느끼다, 냄새 맡다
286	serrer [sɛre]	죄다, 조르다
287	se serrer [səsɛre]	서로 잡다, 악수하다
288	servir [sɛrviːr]	(*) 섬기다, 차려내다
289	se servir de [səsɛrviːrdə]	(*) 사용하다(=employer)
290	signer [siɲe]	서명하다
291	soigner [swaɲe]	간호하다, 보살피다
292	se soigner [səswaɲe]	몸조리하다
293	sonner [sɔne]	벨을 누르다, 종 치다
294	sortir [sɔrtiːr]	(*) 나가다, 꺼내다
295	sourire [suriːr]	미소 짓다
296	suivre [sɥiːvr]	(*) 뒤따르다, 수강하다
297	tailler [tɑje]	자르다, 재단하다
298	se taire [sətɛːr]	침묵하다, 입 다물다
299	télégraphier [telegrafje]	전보로 알리다
300	téléphoner [telefɔne]	(*) 전화하다(*appeler)

301	tenir [təniːr]	(*) 잡다, 유지하다
302	tirer [tire]	잡아당기다, 쏘다
303	tomber [tɔ̃be]	넘어지다, 떨어지다
304	toucher [tuʃe]	손을 대다, 만지다, 감동시키다
305	tourner [turne]	돌리다, 뒤집다
306	tousser [tuse]	기침하다
307	travailler [travaje]	(*) 일하다, 공부하다(=étudier)
308	traverser [travɛrse]	건너다, 가로지르다(=franchir)
309	tricoter [trikɔte]	뜨개질하다
310	trouver [truve]	(*) 발견하다, 생각하다
311	valoir [valwaːr]	(*) 가치가 있다(*coûter)
312	vendre [vɑ̃ːdr]	(*) 팔다, 판매하다(≠acheter)
313	venir [vəniːr]	(*) 오다, 출신이다(~de)
314	vider [vide]	비우다, 나가다
315	visiter [vizite]	방문하다 (*faire visite à+사람)
316	vivre [viːvr]	(*) 살다, 거주하다(=demeurer)
317	voir [vwaːr]	(*) 보다, 경험하다, 알다
318	voler [vɔle]	날다, 훔치다
319	vouloir [vulwaːr]	(*) 원하다, 바라다(=désirer)
320	voyager [vwajaʒe]	여행하다

PARTIE II

2차 기본단어 ....

1. 2차 기본단어 - 명사 1375개

명사란

사람, 사물 및 개념을 지칭하는 말로
남성과 여성의 구분이 있다.
남성명사는 (m)으로,
여성명사는 (f)로 표시하였다.
아무 표시 없는 것은
남·여성 공통이거나,
여성형을 병기한 경우이다.
무음 h와 유음 h는 정관사의
축약여부로 나타내었다.
축약된 것은 무음 h이고,
축약되지 않은 것은 유음 h이다.
섬세한 문장을 독해하거나
의사를 전달하고자 할 때 유용한
상당히 어려운 추상적인
어휘들까지도 다루었다.

1	abbé [abe]	(m) 카톨릭 신부
2	abeille [abɛj]	(f) 꿀벌
3	abondance [abɔ̃dɑ̃:s]	(f) 풍부함, 넉넉함
4	abri [abri]	(m) 피난처(=refuge)
5	absence [apsɑ̃:s]	(f) 부재, 결석(≠présence)
6	accord [akɔ:r]	(m) 동의, 일치
7	accueil [akœj]	(m) 대접, 환대(=réception)
8	achat [aʃa]	(m) 구매, 쇼핑(=courses)
9	acte [akt]	(m) 행위, 막, 증서
10	acteur [aktœ:r]	(m) 배우 (f:actrice)

11	action [aksjɔ̃]	(f) 행위, 행실(=conduite)
12	activité [aktivite]	(f) 활동(*comportement 행동)
13	actualité [aktɥalite]	(f) 현실, 시사뉴스
14	addition [adisjɔ̃]	(f) 덧셈, 계산서
15	adjectif [adʒɛktif]	(m) 형용사
16	administration [administrasjɔ̃]	(f) 행정, 관리(=gestion)
17	admiration [admirasjɔ̃]	(f) 감탄, 존경(=hommage)
18	adverbe [advɛrb]	(m) 부사
19	adversaire [advɛrsɛ:r]	(m) 상대, 라이벌(=rival)
20	affection [afɛksjɔ̃]	(f) 애정 (*affectation 가장)

21	affiche [afiʃ]	(f) 게시, 포스터
22	affirmation [afirmasjɔ̃]	(f) 긍정, 단언(=assertion)
23	agence [aʒɑ̃:s]	(f) 대리점
24	aide [ɛd]	(f) 도움(=secours, appoint)
25	aigle [ɛgl]	(m) 독수리(=vautour)
26	alcool [alkɔl]	(m) 알콜, 술(*liqueur)
27	aliment [alimɑ̃]	(m) 식품, 양식(=nourriture)
28	alimentation [alimɑ̃tasjɔ̃]	(f) 식료품(=provision)
29	allée [ale]	(f) 오솔길(=sentier)
30	alliance [aljɑ̃:s]	(f) 동맹, 결혼(=marriage)

31	amateur [amatœːr]	(m) 애호가(≠professionnel)
32	ambassade [ãbasad]	(f) 대사관
33	ambassadeur [ãbasadœːr]	(m) 대사 (f:ambassadrice)
34	amélioration [ameljɔrɑsjɔ̃]	(f) 개선, 회복
35	amitié [amitje]	(f) 우정, 애정(*fraternité)
36	ampoule [ãpul]	(f) 앰플, 전구
37	ancre [ãːkr]	(f) 닻 (*encre 잉크)
38	ange [ãːʒ]	(m) 천사(≠déon, diable)
39	angle [ãːgl]	(m) 각, 모서리, 관점
40	angoisse [ãgwas]	(f) 불안, 고민(=souci)

41	année [ane]	(f) 해, 연도(=an)
42	anniversaire [anivɛrsɛːr]	(m) 기념일, 생일
43	annonce [anɔ̃ːs]	(f) 알림, 광고(*publicité)
44	antiquité [ãtikite]	(f) 고대, 골동품
45	apparence [aparãːs]	(f) 외관(≠réalité)
46	appel [apɛl]	(m) 부름, 호소
47	appétit [apeti]	(m) 식욕, 욕망(=besoin)
48	application [aplikɑsjɔ̃]	(f) 실행, 적용
49	aptitude [aptityd]	(f) 재능, 소질(=talent, habileté)
50	arrêt [arɛ]	(m) 정지, 정류장

51	article [artikl]	(m) 조항, 기사
52	artisan [artizã]	(m) 장인 (f:artisane)
53	aspect [aspɛ]	(m) 국면, 모습, 방면
54	assassin [asasɛ̃]	(m) 살인자 (*meurtre 살인)
55	assemblée [asãble]	(f) 집회, 모임(=réunion)
56	association [asɔsjɑsjɔ̃]	(f) 협회, 결합(=organisation)
57	assurance [asyrãːs]	(f) 보험, 자신(=affirmation)
58	atome [atoːm]	(m) 원자(*particule 미립자)
59	attaque [atak]	(f) 공격(=offensive), 발작
60	attente [atãːt]	(f) 기다림, 기대(=prévision)

61	attitude [atityd]	(f) 태도(=avis, idée), 자세
62	audace [odas]	(f) 대담(=intrépidité)
63	auditeur [oditœ:r]	(m) 청중 (f:auditrice)
64	augmentation [ogmɑ̃tɑsjɔ̃]	(f) 증가, 증액(=accroisseent)
65	auteur [otœ:r]	(m) 장본인, 저자(=auteur)
66	autorité [ɔ(o)tɔrite]	(f) 권위, 권리(=puissance)
67	avantage [avɑ̃ta:ʒ]	(m) 이익, 유리, 장점
68	avenir [avni:r]	(m) 미래(*futur 미래시제)
69	aventure [avɑ̃ty:r]	(f) 모험, 뜻밖의 사건
70	averse [avɛrs]	(f) 소나기(*orage)
71	aviation [avjɑsjɔ̃]	(f) 항공, 비행(=vol)
72	avocat [avɔka]	(m) 변호사(*procureur 검사)
73	bagage [baga:ʒ]	(m) 짐, 화물
74	bague [bag]	(f) 반지 (*collier 목걸이)
75	baguette [bagɛt]	(f) 바게뜨빵, 막대
76	bal [bal]	(m) 무도회 (*soirée 파티)
77	balai [balɛ]	(m) 빗자루
78	balance [balɑ̃:s]	(f) 저울, 균형
79	balcon [balkɔ̃]	(m) 발코니
80	banane [banan]	(f) 바나나
81	bande [bɑ̃:d]	(f) 띠, 밴드, 패거리
82	banlieue [bɑ̃ljø]	(f) 교외(*faubourg 변두리)
83	banque [bɑ̃:k]	(f) 은행
84	base [bɑ:z]	(f) 토대, 기초(=fond)
85	bassin [basɛ̃]	(m) 대야, 연못(<étang)
86	bataille [batɑ:j]	(f) 전투, 싸움(=querelle)
87	bâtiment [bɑtimɑ̃]	(m) 건물, 배(=bateau)
88	beauté [bote]	(f) 미, 미인
89	bénéfice [benefis]	(m) 이득, 특권, 혜택
90	berger [bɛrʒe, -ɛ:r]	(m) 목동 (f: bergère)

91	besogne [bəzɔɲ]	(f) 일(=travail)
92	besoin [bəzwɛ̃]	(m) 필요, 욕구(=appétit)
93	bête [bɛt]	(f) 짐승, 바보(=idiot)
94	bibliothèque [bibli(j)ɔtɛk]	(f) 도서관, 서재
95	bifteck [biftɛk]	(m) 비프스테이크
96	bijou [biʒu]	(m) 보석, 패물
97	blessé [ble(ɛ)se]	(m) 부상자 (*mort 사망자)
98	boisson [bwasɔ̃]	(f) 음료
99	bol [bɔl]	(m) 공기, 사발
100	bonbon [bɔ̃bɔ̃]	(m) 사탕

101	bonheur [bɔnœ:r]	(m) 행복, 기쁨, 행운
102	bonhomme [bɔnɔm]	(m) 호인 (pl:bonshommes)
103	bonnet [bɔnɛ]	(m) 챙없는 모자
104	bonté [bɔ̃te]	(f) 호의, 친절(=bienveillance)
105	botte [bɔt]	(f) 부츠, 장화
106	bouchon [buʃɔ̃]	(m) 병마개
107	boue [bu]	(f) 진흙
108	bougie [buʒi]	(f) 양초
109	boule [bul]	(f) 공(=balle)
110	bouquet [bukɛ]	(m) 꽃다발

111	bouquin [bukɛ̃]	(m) 헌책, 책
112	bourg [bu:r]	(m) 읍, 큰 부락
113	bourgeois [burʒwa]	(m) 부자, 중산계급
114	bourse [burs]	(f) 지갑, 장학금
115	bracelet [braslɛ]	(m) 팔찌 (*bague 반지)
116	brin [brɛ̃]	(m) 잔가지(<branche)
117	briquet [brikɛ]	(m) 라이터
118	brochure [brɔʃy:r]	(f) 소책자
119	brûlure [bryly:r]	(f) 화상
120	brume [brym]	(f) 짙은 안개(=brouillard)

121	budget [bydʒɛ]	(m) 예산
122	buffet [byfɛ]	(m) 찬장, 선반, 식당
123	bulletin [bultɛ̃]	(m) 표, 보고서, 회보
124	but [by, byt]	(m) 목표, 목적, 골(=fin)
125	cabine [kabin]	(m) 선실
126	cadeau [kado]	(m) 선물 (=présent)
127	cadre [kɑːdr]	(m) 액자, 배경, 간부
128	cage [kaːʒ]	(f) 새장, 우리
129	cahier [kaje]	(m) 공책, 노트
130	caillou [kaju]	(m) 조약돌(*galet, pierre)
131	caisse [kɛs]	(f) 금고, 카운터
132	calcul [kalkyl]	(m) 셈, 계산
133	caleçon [kalsɔ̃]	(m) 팬티, 팬츠
134	camp [kɑ̃]	(m) 캠프, 진영
135	canal [kanal]	(m) 운하, 지류(=bras)
136	canard [kanaːr]	(m) 오리
137	candidat [kɑ̃dida]	(m) 지원자, 후보자
138	canon [kanɔ̃]	(m) 대포
139	canot [kanɔ]	(m) 작은 배, 보트
140	capacité [kapasite]	(f) 능력, 부피
141	capitaine [kapitɛn]	(m) 대위, 주장
142	capital [kapital]	(m) 자본(=fortune)
143	caprice [kapris]	(m) 변덕(=fantaisie)
144	caractère [karaktɛːr]	(m) 성격, 특징
145	carafe [karaf]	(f) 유리 물병
146	carnet [karnɛ]	(m) 수첩, 티켓 10매
147	carotte [karɔt]	(f) 당근
148	carreau [ka(ɑ)ro]	(m) 타일
149	carrefour [karfuːr]	(m) 사거리, 교차로
150	carrière [ka(ɑ)rjɛːr]	(f) 직업(=métier), 생애

151	carton [kartɔ̃]	(m) 마분지, 도화지
152	cas [ka]	(m) 경우, 처지
153	catégorie [kategɔri]	(f) 범주
154	cathédrale [katedral]	(f) 대성당(>chapelle)
155	cause [koːz]	(f) 원인, 동기, 송사
156	cavalier [kavalje]	(m) 파트너, 기병
157	célibataire [selibatɛːr]	독신자(≠marié)
158	cendrier [sɑ̃drje]	(m) 재떨이
159	centre [sɑ̃ːtr]	(m) 중앙, 센터
160	cercle [sɛrkl]	(m) 원, 클럽
161	cerf [sɛːr]	(m) 사슴 (f:biche)
162	cerise [s(ə)riːz]	(f) 체리, 앵두
163	certificat [sɛrtifika]	(m) 증명서 (=attestation)
164	cerveau [sɛrvo]	(m) 두뇌, 머리, 지능
165	cesse [sɛs]	(f) 멈춤, 중지(=arrêt)
166	chagrin [ʃagrɛ̃]	(m) 슬픔, 근심(=inquiétude)
167	chaîne [ʃɛn]	(f) 사슬, 체인
168	chaleur [ʃalœːr]	(f) 열, 더위
169	chameau [ʃamo]	(m) 낙타
170	champignon [ʃɑ̃piɲɔ̃]	(m) 버섯
171	changement [ʃɑ̃ʒmɑ̃]	(m) 변화, 교대
172	chaos [kao]	(m) 혼돈, 무질서(=désordre)
173	chapelle [ʃapɛl]	(f) 작은교회, 예배당(=église)
174	chapitre [ʃapitr]	(m) 장
175	charcuterie [ʃarkytri]	(f) 돼지고기 푸줏간
176	chargement [ʃarʒəmɑ̃]	(m) 짐 싣기, 화물
177	charité [ʃarite]	(f) 자선, 이웃사랑
178	charme [ʃarm]	(m) 매력
179	charpentier [ʃarpɑ̃tje]	(m) 목수
180	château [ʃɑto]	(m) 성, 궁전

181	cheminée [ʃ(ə)mine]	(f) 굴뚝, 벽난로
182	chêne [ʃɛn]	(m) 떡갈나무
183	chimie [ʃimi]	(f) 화학
184	chirurgie [ʃiryrʒi]	(f) 외과
185	chirurgien [ʃiryrʒjɛ̃]	(m) 외과의사
186	choix [ʃwa]	(m) 선택
187	chômage [ʃomaːʒ]	(m) 실업
188	chrétien(ne) [kretjɛ̃]	기독교인
189	cigale [sigal]	(f) 매미
190	cil [sil]	(m) 속눈썹(*sourcil 눈썹)
191	ciment [simɑ̃]	(m) 시멘트
192	circuit [sirkɥi]	(m) 일주(=tour), 둘레
193	circulation [sirkylɑsjɔ̃]	(f) 순환, 교통
194	cire [siːr]	(f) 구두약, 밀납
195	cirque [sirk]	(m) 곡마장, 곡마단, 서커스
196	cité [site]	(f) 도시, 지역
197	citoyen(ne) [sitwajɛ̃]	시민, 주민
198	citron [sitrɔ̃]	(m) 레몬
199	civilisation [sivilizɑsjɔ̃]	(f) 문명, 개화 (=culture)
200	clarté [klarte]	(f) 밝음, 명석(=lucidité)
201	clientèle [kli(j)ɑ̃tɛl]	(f) 단골손님(=pratique)
202	climat [klima(ɑ)]	(m) 기후, 풍토
203	clinique [klinik]	(f) 진료소
204	cloche [klɔʃ]	(f) 종 (*clochette 방울)
205	clocher [klɔʃe]	(m) 종탑
206	coiffeur(-se) [kwafœːr, -øːz]	이발사
207	coiffure [kwafyːr]	(f) 이발, 모자
208	col [kɔl]	(m) 옷깃
209	colis [kɔli]	(m) 소포
210	colle [kɔl]	(f) 풀, 접착제

211	collection [kɔlɛksjɔ̃]	(f) 수집
212	collège [kɔlɛ:ʒ]	(m) 중학교
213	collier [kɔlje]	(m) 목걸이
214	colline [kɔlin]	(f) 언덕 (=pente, côte)
215	colonel [kɔlɔnɛl]	(m) 대령, 연대장
216	colonne [kɔlɔn]	(f) 기둥
217	combat [kɔ̃ba]	(m) 전투, 싸움
218	combinaison [kɔ̃binɛzɔ̃]	(f) 조합, 속옷, 슬립
219	comble [kɔ̃:bl]	(m) 절정, 꼭대기(sommet)
220	comédie [kɔmedi]	(f) 희극(≠tragédie), 연극
221	comité [kɔmite]	(m) 위원회(=commission)
222	commerce [kɔmɛrs]	(m) 상업, 장사, 무역
223	commission [kɔmisjɔ̃]	(f) 수수료, 위원회
224	communauté [kɔmynote]	(f) 단체, 연방
225	commune [kɔmyn]	(f) 시, 읍, 면
226	communication [kɔmynikɑsjɔ̃]	(f) 전달, 연락, 통화
227	compagnie [kɔ̃paɲi]	(f) 회사 (=société)
228	compagnon [kɔ̃paɲɔ̃]	(m) 친구(*camarade)
229	comparaison [kɔ̃parɛzɔ̃]	(f) 비교, 비유
230	compartiment [kɔ̃partimɑ̃]	(m) 칸막이, 구획
231	complément [kɔ̃plemɑ̃]	(m) 보충, 보어
232	composition [kɔ̃pozisjɔ̃]	(f) 작문, 창작, 작곡
233	comptoir [kɔ̃twa:r]	(m) 카운터, 판매대
234	concert [kɔ̃sɛ:r]	(m) 콘서트, 일치
235	concierge [kɔ̃sjɛrʒ]	수위 (*gardien 관리인)
236	conclusion [kɔ̃klyzjɔ̃]	(f) 결론, 결말
237	concorde [kɔ̃kɔrd]	(f) 일치, 화합
238	concours [kɔ̃ku:r]	(m) 콩쿨, 경기
239	concurrence [kɔ̃kyrɑ̃:s]	(f) 경쟁, 일치
240	condition [kɔ̃disjɔ̃]	(f) 조건, 지위(=situation)

241	conduite [kɔ̃dyit]	(f) 행위, 안내
242	conférence [kɔ̃ferɑ̃:s]	(f) 강연(=cours)
243	confiance [kɔ̃fjɑ̃:s]	(f) 신뢰(≠défience)
244	confiture [kɔ̃fity:r]	(f) 잼 (*beurre 버터)
245	confort [kɔ̃fɔ:r]	(m) 안락(=bien-être)
246	confusion [kɔ̃fyzjɔ̃]	(f) 혼란, 애매, 당황
247	congé [kɔ̃ʒe]	(m) 휴가, 작별인사
248	conjugaison [kɔ̃ʒygɛzɔ̃]	(f) 동사변화
249	connaissance [kɔnɛsɑ̃:s]	(f) 지식, 의식(=conscience)
250	conquête [kɔ̃kɛt]	(f) 정복

251	conscience [kɔ̃sjɑ̃:s]	(f) 의식, 자각, 양심
252	conséquence [kɔ̃sekɑ̃:s]	(f) 결과(=effet), 중요성
253	considération [kɔ̃siderɑsjɔ̃]	(f) 고려, 참작, 존경
254	consigne [kɔ̃siɲ]	(f) 명령, 화물보관소
255	consommation [kɔ̃sɔmɑsjɔ̃]	(f) 소비, 음료
256	consonne [kɔ̃sɔn]	(f) 자음 (≠voyelle)
257	constitution [kɔ̃stitysjɔ̃]	(f) 구성, 헌법
258	construction [kɔ̃stryksjɔ̃]	(f) 건설, 건물
259	contact [kɔ̃takt]	(m) 접촉
260	conte [kɔ̃:t]	(m) 이야기(=histoire)

261	continent [kɔ̃tinɑ̃]	(m) 대륙(≠île 섬)
262	contrat [kɔ̃tra]	(m) 계약서
263	contrôle [kɔ̃tro:l]	(m) 통제, 검사, 단속
264	conversation [kɔ̃vɛrsɑsjɔ̃]	(f) 회화, 담화(*dialogue)
265	conviction [kɔ̃viksjɔ̃]	(f) 확신, 신념, 자신
266	copain, copine [kɔpɛ̃, -pin]	친구, 애인
267	copie [kɔpi]	(f) 복사, 사본
268	corps [kɔ:r]	(m) 몸, 신체
269	correspondance [kɔrɛspɔ̃dɑ̃:s]	(f) 일치, 갈아타기, 서신
270	costume [kɔstym]	(m) 옷, 복장

271	côté [kote]	(m) 옆구리, 옆, 방향
272	coteau [kɔto]	(m) 작은 언덕 (*pente)
273	coude [kud]	(m) 팔꿈치(*genou 무릎)
274	couloir [kulwaːr]	(m) 복도(=corridor)
275	coupable [kupabl]	죄인(=pécheur)
276	couple [kupl]	(f) 부부, 커플
277	courant [kurɑ̃]	(m) 흐름, 추세, 전류
278	couronne [kurɔn]	(f) 왕관, 왕권
279	cours [kuːr]	(m) 강의, 시세, 경과
280	cousin(e) [kuzɛ̃, -zin]	사촌 (*neveu 조카)
281	coutume [kutym]	(f) 습관(=habitude), 관습
282	couture [kutyːr]	(f) 바느질 (*tricot 뜨개질)
283	couturier(-ère) [kutyrje,-ɛːr]	양재사(=tailleur)
284	couvert [kuvɛːr]	(m) 식기, 식기 한 벌
285	craie [krɛ]	(f) 분필 (*tableau 칠판)
286	crainte [krɛ̃ːt]	(f) 두려움(=peur), 염려
287	cravate [kravat]	(f) 넥타이
288	création [kreɑsjɔ̃]	(f) 창조
289	crédit [kredi]	(m) 외상, 신용
290	crème [krɛm]	(f) 크림
291	cri [kri]	(m) 고함, 외침
292	crime [krim]	(m) 죄(=péché, délit)
293	crise [kriːz]	(f) 위기, 발작
294	critique [kritik]	(m) 비평가
295	critique [kritik]	(f) 비평, 비난
296	crochet [krɔʃɛ]	(m) 갈퀴, 고리
297	croisement [kwazmɑ̃]	(m) 네거리, 교차점
298	croix [krwa]	(f) 십자가 (*foi 신앙)
299	croyance [krwajɑ̃ːs]	(f) 믿음, 신앙(*conviction 신념)
300	cuisinier(-ère) [kɥizinje,-ɛːr]	요리사

301	cuisinière [kчizinjɛːr]	(f) 렌지
302	cuivre [kчiːvr]	(m) 구리
303	culte [kylt]	(m) 예배, 경배, 열애
304	curé [kyre]	(m) 주임 신부 (*abbé)
305	curiosité [kyrjozite]	(f) 호기심
306	cygne [siɲ]	(m) 고니
307	date [dat]	(f) 날짜, 시대(=âge)
308	décision [desizjɔ̃]	(f) 결정, 판결
309	déclaration [deklarɑsjɔ̃]	(f) 신고, 공표, 표시
310	décoration [dekɔrɑsjɔ̃]	(f) 장식(=ornement)
311	défaut [defo]	(m) 결점, 단점(≠avantage)
312	défense [defɑ̃ːs]	(f) 방어, 변호, 옹호
313	définition [definisjɔ̃]	(f) 정의, 결정, 한정
314	dégoût [degu]	(m) 싫증, 불쾌감
315	degré [dəgre]	(m) 등급, 단계, 도
316	délai [delɛ]	(m) 지체, 지연, 기간
317	délégué(e) [delege]	대표자, 위원
318	délicatesse [delikatɛs]	(f) 신중, 민감, 진미
319	demande [dəmɑ̃ːd]	(f) 요구, 질문, 주문
320	demeure [dəmœːr]	(f) 주거, 주택(=habitation)
321	demoiselle [dəmwazɛl]	(f) 아가씨
322	dentiste [dɑ̃tist]	(m) 치과의사
323	dépense [depɑ̃ːs]	(f) 지출, 비용, 소비
324	déplacement [deplasmɑ̃]	(m) 이동, 변동
325	dépôt [depo]	(m) 예금, 보관, 창고
326	député [depyte]	(m) 대표, 국회의원
327	description [dɛskripsjɔ̃]	(f) 묘사, 서술
328	désert [dezɛːr]	(m) 사막
329	dessert [desɛːr]	(m) 디저트
330	désir [deziːr]	(m) 욕망, 희망(=espérance)

331	désordre [dezɔrdr]	(m) 무질서, 혼란(≠ordre)
332	destin [dɛstɛ̃]	(m) 운명(=fatalité, sort)
333	détail [detaj]	(m) 세부, 사소한 일
334	détour [detu:r]	(m) 우회
335	dette [dɛt]	(f) 빚, 부채(*crédit)
336	deuil [dœj]	(m) 초상, 상복
337	diable [djɑ:bl]	(m) 악마(≠ange)
338	dialogue [djalɔg]	(m) 대화 (*conversation)
339	diamant [djamɑ̃]	(m) 다이아몬드(*bijou 보석)
340	dictée [dikte]	(f) 받아쓰기
341	dictionnaire [diksjɔnɛ:r]	(m) 사전(*lexique)
342	diète [djɛt]	(f) 다이어트, 절식(*régime)
343	difficulté [difikylte]	(f) 곤란, 지장(=embarras)
344	dignité [diɲite]	(f) 위엄, 존엄성, 자존심
345	discours [disku:r]	(m) 담화, 연설(*conférence)
346	discussion [diskysjɔ̃]	(f) 토론, 논쟁(=débat)
347	disposition [dispozisjɔ̃]	(f) 배치, 처분, 재능
348	dispute [dispyt]	(f) 논쟁, 토론(=débat)
349	distance [distɑ̃:s]	(f) 거리, 간격(=écart)
350	distinction [distɛ̃ksjɔ̃]	(f) 구별, 차별(=différence), 고귀
351	distraction [distraksjɔ̃]	(f) 오락, 기분풀이(=diversion)
352	distribution [distribysjɔ̃]	(f) 분배, 배급, 유통
353	division [divizjɔ̃]	(f) 분할, 나누기
354	divorce [divɔrs]	(m) 이혼(≠mariage)
355	document [dɔkymɑ̃]	(m) 문서, 자료(*dossier)
356	domaine [dɔmɛn]	(m) 분야, 영토, 영역
357	domicile [dɔmisil]	(m) 주소(=adresse)
358	dommage [dɔma:ʒ]	(m) 손해, 손실(=dégât)
359	dossier [dosje]	(m) 서류(=papier), 기록
360	douane [dwan]	(f) 세관

361	douanier [dwanje]	(m) 세관원
362	douceur [dusœːr]	(f) 부드러움, 단맛
363	douche [duʃ]	(f) 샤워 (*bain 목욕)
364	douleur [dulœːr]	(f) 고통, 고뇌(=souffrance)
365	doute [dut]	(m) 의심(=soupçon)
366	drame [dram]	(m) 비극, 연극, 희곡
367	durée [dyre]	(f) 지속, 계속, 인내
368	échange [eʃɑ̃ːʒ]	(m) 교환 (*remplacement 교체)
369	échec [eʃɛk]	(m) 실패(≠succès), 장기
370	écho [eko]	(m) 메아리, 소문
371	éclat [ekla]	(m) 파편, 광채, 폭음
372	économie [ekɔnɔmi]	(f) 경제, 절약(=épargne)
373	écran [ekrɑ̃]	(m) 스크린, 화면
374	écriture [ekrityːr]	(f) 쓰기, 필체
375	écrivain [ekrivɛ̃]	(m) 작가(=auteur)
376	édifice [edifis]	(m) 큰 건물(*bâtiment)
377	éducation [edykɑsjɔ̃]	(f) 교육(=formation), 훈련
378	effet [efɛ]	(m) 효과, 결과(=conséquence)
379	effort [efɔːr]	(m) 노력, 수고(=travail)
380	égalité [egalite]	(f) 평등, 동등
381	égard [egaːr]	(m) 고려, 주의, 참작
382	église [egliːz]	(f) 교회, 성당(*cathédrale)
383	égoïste [egɔist]	이기주의자
384	égout [egu]	(m) 하수도
385	élection [elɛksjɔ̃]	(f) 선거(*vote 투표), 선택
386	élégance [elegɑ̃ːs]	(f) 우아함(=grâce), 멋, 맵시
387	élément [elemɑ̃]	(m) 요소, 성분(=composant)
388	éléphant [elefɑ̃]	(m) 코끼리
389	embarras [ɑ̃bara]	(m) 장애, 곤궁(=difficulté)
390	émission [emisjɔ̃]	(f) 방송, 방출, 발행

391	émotion [emosjɔ̃]	(f) 감동, 감정
392	empereur [ɑ̃prœːr]	(m) 황제 (f: impératrice)
393	empire [ɑ̃piːr]	(m) 제국, 지배권, 힘
394	emploi [ɑ̃plwa]	(m) 용법, 일자리(=poste)
395	encre [ɑ̃ːkr]	(f) 잉크
396	énergie [enɛrʒi]	(f) 에너지, 기력(=vigueur)
397	enfance [ɑ̃fɑ̃ːs]	(f) 어린 시절
398	enfer [ɑ̃fɛːr]	(m) 지옥(≠paradis, ciel)
399	engagement [ɑ̃gaʒmɑ̃]	(m) 약속, 시작, 참가
400	énigme [enigm]	(f) 수수께끼

401	ennui [ɑ̃nɥi]	(m) 권태, 지루, 근심
402	enquête [ɑ̃kɛt]	(f) 조사, 심사, 수사
403	enseignement [ɑ̃sɛɲmɑ̃]	(m) 교육, 교훈(=leçon)
404	enterrement [ɑ̃tɛrmɑ̃]	(m) 매장, 장례(*funérailles)
405	entrée [ɑ̃tre]	(f) 입구, 입장
406	entretien [ɑ̃trətjɛ̃]	(m) 면담, 보존, 유지
407	environs [ɑ̃virɔ̃]	(m) 부근(=alentours)
408	époque [epɔk]	(f) 시대, 시기(=âge)
409	époux [epu]	(m) 남편, 부부(pl)
410	épouse [epuːz]	(f) 아내(=femme)

411	épreuve [eprœːv]	(f) 시험(=teste), 시련
412	équilibre [ekilibr]	(m) 균형, 평형, 안정
413	équipe [ekip]	(f) 팀, 작업반
414	équipement [ekipmɑ̃]	(m) 장비, 비품
415	erreur [erœːr]	(f) 실수, 잘못(=défaut)
416	espace [ɛspas]	(m) 공간, 여백, 우주
417	espèce [ɛspɛs]	(f) 종류, 현금(pl)(=liquide)
418	espérance [ɛsperɑ̃ːs]	(f) 희망(=espoir), 기대
419	espoir [ɛspwaːr]	(m) 희망(=désir)
420	espion(ne) [ɛspjɔ̃, -ɔn]	스파이, 간첩

421	esprit [ɛspri]	(m) 정신, 영혼, 재치
422	essai [esɛ]	(m) 시도, 시험, 수필
423	estime [ɛstim]	(f) 존경(=respect), 평가
424	estomac [ɛstɔma]	(m) 위, 위장
425	établissement [etablismɑ̃]	(m) 설립, 확립, 학교
426	étalage [etalaːʒ]	(m) 진열(=disposition), 진열장
427	étang [etɑ̃]	(m) 못, 연못(=bassin)
428	étape [etap]	(m) 단계, 여정, 숙박
429	état [eta]	(m) 상태, 신분(=situation)
430	éternité [etɛrnite]	(f) 영원(≠instant, moment)
431	étoffe [etɔf]	(f) 천, 섬유, 직물(=tissu)
432	événement [evɛnmɑ̃]	(m) 사건(*incident)
433	évêque [evɛk]	(m) 주교
434	évier [evje]	(m) 싱크대
435	évolution [evɔlysjɔ̃]	(f) 변화, 발달, 진화
436	exagération [ɛgzaʒerasjɔ̃]	(f) 과장
437	examen [ɛgzamɛ̃]	(m) 시험, 검사, 조사
438	exception [ɛksɛpsjɔ̃]	(f) 예외, 제외
439	exclamation [ɛksklamasjɔ̃]	(f) 감탄 (=admiration)
440	excursion [ɛkskyrsjɔ̃]	(f) 소풍, 유람(=pique-nique)
441	excuse [ɛkskyːz]	(f) 변명(=apologie), 사과(pl)
442	exécution [ɛgzekysjɔ̃]	(f) 실행, 시행, 연주
443	exercice [ɛgzɛrsis]	(m) 연습, 훈련(=pratique)
444	exigence [ɛgziʒɑ̃ːs]	(f) 요구(=demande), 필요
445	existence [ɛgzistɑ̃ːs]	(f) 생존, 존재, 생활
446	expédition [ɛkspedisjɔ̃]	(f) 발송(=envoi), 파견
447	expérience [ɛksperjɑ̃ːs]	(f) 경험, 실험(=expérimentation)
448	expert [ɛkspɛːr]	(m) 전문가, 숙련자
449	explication [ɛksplikasjɔ̃]	(f) 설명, 해명
450	exploitation [ɛksplwatasjɔ̃]	(f) 채굴, 개발, 착취

451	explosion [ɛksplozjɔ̃]	(f) 폭발(*bombe 폭탄), 발전
452	exportation [ɛkspɔrtɑsjɔ̃]	(f) 수출, 수출품
453	exposition [ɛkspozisjɔ̃]	(f) 진열(=disposition), 전시회
454	express [ɛksprɛs]	(m) 급행, 급행열차
455	expression [ɛksprɛsjɔ̃]	(f) 표현, 어투, 표정
456	extrait [ɛkstrɛ]	(m) 발췌, 요약(=résumé)
457	fabrique [fabrik]	(f) 공장, 제조소(=usine)
458	façade [fasad]	(f) 정면, 외관(=apparence)
459	face [fas]	(f) 얼굴, 면, 정면
460	facilité [fasilite]	(f) 쉬움, 편의(–aise)

461	facture [fakty:r]	(f) 송장, 계산서, 표현양식
462	faculté [fakylte]	(f) 능력(=puissance), 기능
463	fait [fɛ]	(m) 사실, 행위(=geste)
464	fantaisie [fɑ̃tɛ(e)zi]	(f) 공상, 변덕(=caprice)
465	fauteuil [fotœj]	(m) 안락의자
466	faveur [favœ:r]	(f) 총애, 호평, 은혜(=grâce)
467	fédération [federɑsjɔ̃]	(f) 연방(*communauté)
468	félicitation [felisitɑsjɔ̃]	(f) 축하, 칭찬(=compliment)
469	femelle [f(ə)mɛl]	(f) 암컷 (≠mâle)
470	féminin [feminɛ̃]	(m) 여성형 (≠masculin)

471	fente [fɑ̃:t]	(f) 틈, 금, 구멍(*trou 구멍)
472	fermeture [fɛrməty:r]	(f) 닫음(≠ouverture)
473	fermier(-ère) [fɛrmje, -ɛ:r]	농부(=paysan)
474	feuillage [fœja:ʒ]	(m) 나뭇잎 전체(=feuille)
475	fiche [fiʃ]	(f) 전표, 카드
476	finances [finɑ̃:s]	(f) 재정, 재무
477	financier [finɑ̃sje]	(m) 재정가, 금융가
478	fleuve [flœ:v]	(m) 강(*rivière)
479	flot [flo]	(m) 물결(=vague, onde), 다량
480	foi [fwa]	(f) 신앙, 믿음, 성실

481	foie [fwa]	(m) 간 (*rein 신장)
482	foire [fwaːr]	(f) 시장, 장터 (*marché)
483	folie [fɔli]	(f) 미친 짓, 정신병
484	fonction [fɔ̃ksjɔ̃]	(f) 기능, 작용, 직무
485	fonctionnaire [fɔ̃ksjɔnɛːr]	공무원
486	fonds [fɔ̃]	(m) 토지, 소질, 자본
487	forge [fɔrʒ]	(f) 대장간
488	forgeron [fɔrʒərɔ̃]	(m) 대장장이
489	formation [fɔrmɑsjɔ̃]	(f) 교육(=éducation), 양성
490	formule [fɔrmyl]	(f) 서식, 말투, 방편

491	fortune [fɔrtyn]	(f) 재산, 행운(=chance)
492	foudre [fudr]	(f) 벼락 (*éclair 번개)
493	foulard [fulaːr]	(m) 스카프
494	foule [ful]	(f) 군중, 무리(*troupe 집단)
495	four [fuːr]	(m) 오븐 (*cuisinière 렌지)
496	fourmi [furmi]	(f) 개미 (*cigale 매미)
497	fourrure [furyːr]	(f) 모피 (*peau 피부, 가죽)
498	foyer [fwaje]	(m) 가정, 난로(=poêle)
499	frais [frɛ]	(m) 비용, 경비, 지출
500	fraise [frɛːz]	(f) 딸기(*framboise 나무딸기)

501	fraternité [fratɛrnite]	(f) 박애, 동포애
502	frein [frɛ̃]	(m) 브레이크, 규제
503	frites [frit]	(f) 감자튀김
504	fuite [fɥit]	(f) 도망, 도주(=évasion)
505	fusée [fyze]	(f) 로켓, 로켓 불꽃
506	fusil [fyzi]	(m) 총 (*revolver 연발권총)
507	futur [fytyːr]	(m) 미래(*avenir)
508	gamin [gamɛ̃]	(m) 개구쟁이
509	gant [gɑ̃]	(m) 장갑 (*blindé 장갑차)
510	garantie [garɑ̃ti]	(f) 보증 (*assurance 보험)

511	garde [gard]	감시원, 관리인
512	garde [gard]	(f) 감시, 조심, 경계
513	gardien(ne) [gardjɛ̃, -ɛn]	감시원, 관리인(*concierge)
514	gendarme [ʒɑ̃darm]	(m) 헌병
515	gendre [ʒɑ̃:dr]	(m) 사위
516	général [ʒeneral]	(m) 장군, 보편
517	génération [ʒenerɑsjɔ̃]	(f) 세대, 대
518	génie [ʒeni]	(m) 천재, 재능
519	genre [ʒɑ̃:r]	(m) 종류(=sorte), 성
520	géographie [ʒeɔgrafi]	(f) 지리학
521	gérant [ʒerɑ̃]	(m) 지배인, 관리인
522	geste [ʒɛst]	(m) 몸짓(=fait)
523	gestion [ʒɛstjɔ̃]	(f) 관리, 집행, 경영학
524	gibier [ʒibje]	(m) 사냥감 (*proie 먹이)
525	gigot [ʒigo]	(m) 양 허벅지고기
526	girafe [ʒiraf]	(f) 기린
527	globe [glɔb]	(m) 구, 지구(=terre, planète)
528	golfe [gɔlf]	(m) 만 (*côte 해안)
529	gorge [gɔrʒ]	(f) 목구멍 (*cou 목)
530	gourmand [gurmɑ̃]	(m) 대식가, 미식가
531	goût [gu]	(m) 취미, 맛 (*loisir 여가)
532	grâce [grɑ:s]	(f) 은혜, 맵시, 우아(=finesse)
533	grammaire [gramɛ:r]	(f) 문법, 문법책
534	grandeur [grɑ̃dœ:r]	(f) 크기, 위대함
535	grêle [grɛl]	(f) 우박, 싸라기눈
536	grenouille [grənuj]	(f) 개구리
537	grève [grɛ:v]	(f) 파업 (*manifestation 데모)
538	grille [grij]	(f) 철책, 창살
539	grippe [grip]	(f) 독감(*rhume, influenza)
540	gueule [gœl]	(f) 주둥이, 아가리(*bec)

541	guichet [giʃɛ]	(m) 창구
542	guignol [giɲɔl]	(m) 꼭두각시, 인형극
543	la haie [laɛ]	(f) 울타리
544	le hall [lɔol]	(m) 넓은 홀
545	le hangar [ləɑ̃gaːr]	(m) 헛간, 광
546	le haricot [ləarikɔ]	(m) 강낭콩
547	l'harmonie [larmɔni]	(f) 조화, 화합
548	le hasard [ləazaːr]	(m) 우연, 요행
549	la hausse [laoːs]	(f) 오름, 상승(*croissance)
550	l'hélicoptère [lelikɔptɛːr]	(m) 헬리콥터
551	le héros [ləero]	(m) 영웅, 주인공(f: héroïne)
552	l'hirondelle [lirɔ̃dɛl]	(f) 제비 (*moineau 참새)
553	l'honneur [lɔnœːr]	(m) 명예, 영광, 존경
554	la honte [laɔ̃ːt]	(f) 수치, 창피
555	l'horaire [lɔrɛːr]	(m) 시간표
556	l'horloge [lɔrlɔːʒ]	(f) 회중시계(*montre)
557	l'horreur [lɔrœːr]	(f) 공포, 무서움, 혐오
558	l'hôtesse [lotɛs]	(f) 스튜어디스 (m: hôte)
559	l'humanité [lymanite]	(f) 인류, 인간성
560	l'humeur [lymœːr]	(f) 기분, 성질(=caractère)
561	l'hygiène [liʒjɛn]	(f) 위생 (*soin 치료)
562	l'hypothèse [lypɔtɛːz]	(f) 가정, 가설(=condition)
563	idéal [ideal]	(m) 이상, 희망(=espoir)
564	idiot [idjo]	(m) 바보(=sot, imbécile)
565	ignorance [iɲɔrɑ̃ːs]	(f) 무지(=stupidité)
566	illustration [ilystrɑsjɔ̃]	(f) 그림, 삽화
567	imagination [imaʒinɑsjɔ̃]	(f) 상상, 공상
568	imbécile [ɛ̃besil]	바보(=sot, bête, idiot)
569	imitation [imitɑsjɔ̃]	(f) 모방, 흉내(=semblant)
570	immeuble [imœbl]	(m) 부동산, 집

571	imparfait [ɛ̃parfɛ]	(m) 반과거
572	impératif [ɛ̃peratif]	(m) 명령법
573	imperméable [ɛ̃pɛrmeabl]	(m) 비옷(*parapluie 우산)
574	importation [ɛ̃pɔrtɑsjɔ̃]	(f) 수입(≠exportation)
575	impôt [ɛ̃po]	(m) 세금(=taxe)
576	impression [ɛ̃prɛsjɔ̃]	(f) 인쇄, 인상, 압력
577	imprimerie [ɛ̃primri]	(f) 인쇄, 인쇄소
578	incendie [ɛ̃sɑ̃di]	(f) 화재 (*incinération 소각)
579	inconvénient [ɛ̃kɔ̃venjɑ̃]	(m) 불편, 손실(=dégât)
580	incident [ɛ̃sidɑ̃]	(m) 사고(ʌaccident), 시건

581	indéfrisable [ɛ̃defrizabl]	(f) 퍼머
582	indemnité [ɛ̃dɛmnite]	(f) 배상금, 수당
583	indépendance [ɛ̃depɑ̃dɑ̃:s]	(f) 독립
584	indicatif [ɛ̃dikatif]	(m) 직설법
585	indication [ɛ̃dikɑsjɔ̃]	(f) 지시, 표적(=repère)
586	indifférence [ɛ̃diferɑ̃:s]	(f) 무관심
587	individu [ɛ̃dividy]	(m) 개인, 인간
588	infinitif [ɛ̃finitif]	(m) 부정법
589	infirme [ɛ̃firm]	불구자(=invalide)
590	infirmité [ɛ̃firmite]	(f) 불구(=invalidité)

591	influence [ɛ̃flyɑ̃:s]	(f) 영향(*effet), 감화
592	information [ɛ̃fɔrmɑsjɔ̃]	(f) 정보, 문의
593	injure [ɛ̃ʒy:r]	(f) 부정, 모욕(=invective)
594	injustice [ɛ̃ʒystis]	(f) 부정, 불공평
595	inondation [inɔ̃dɑsjɔ̃]	(f) 홍수(=déluge)
596	inquiétude [ɛ̃kjetyd]	(f) 불안, 근심(=souci)
597	inscription [ɛ̃skripsjɔ̃]	(f) 등록, 기입, 기재
598	inspection [ɛ̃spɛksjɔ̃]	(f) 감독, 검사, 시찰
599	installation [ɛ̃stalɑsjɔ̃]	(f) 설치, 설비, 이사, 정착
600	instant [ɛ̃stɑ̃]	(m) 잠간, 순간(=moment)

601	instinct [ɛ̃stɛ̃]	(m) 본능 (*raison 이성)
602	instituteur(-trice) [ɛ̃stitytœːr]	(m) 초등학교 교사
603	instruction [ɛ̃stryksjɔ̃]	(f) 교육, 지시, 명령
604	instrument [ɛ̃strymɑ̃]	(m) 도구(=appareil), 기계
605	intelligence [ɛ̃teliʒɑ̃ːs]	(f) 지능, 이해
606	intention [ɛ̃tɑ̃sjɔ̃]	(f) 의도(=objectif), 의사
607	intérêt [ɛ̃terɛ]	(m) 흥미, 이해관계
608	interprète [ɛ̃tɛrprɛt]	통역, 배우
609	intervalle [ɛ̃tɛrval]	(m) 간격, 거리(=écart)
610	intervention [ɛ̃tɛrvɑ̃sjɔ̃]	(f) 개입, 간섭, 조정
611	introduction [ɛ̃trɔdyksjɔ̃]	(f) 도입, 소개, 서론
612	inventeur [ɛ̃vɑ̃tœːr]	(m) 발명가
613	invention [ɛ̃vɑ̃sjɔ̃]	(f) 발명, 발명품
614	invitation [ɛ̃vitɑsjɔ̃]	(f) 초대, 안내
615	itinéraire [itinerɛːr]	(m) 여정(=trajet)
616	jalousie [ʒaluzi]	(f) 질투, 시기, 덧문
617	jambon [ʒɑ̃bɔ̃]	(m) 햄
618	jeunesse [ʒœnɛs]	(f) 젊음, 젊은이들
619	joie [ʒwa]	(f) 기쁨, 즐거움
620	journaliste [ʒurnalist]	기자
621	jugement [ʒyʒmɑ̃]	(m) 재판, 판단
622	jus [ʒy]	(m) 쥬스
623	kiosque [kjɔsk]	(m) 가판점, 정자
624	laboratoire [labɔratwaːr]	(m) 실험실, 시험소
625	langage [lɑ̃gaːʒ]	(m) 언어, 말
626	lapin [lapɛ̃]	(m) 집토끼 (*lièvre 산토끼)
627	largeur [larʒœːr]	(f) 넓이, 폭 (*longueur 길이)
628	larme [larm]	(f) 눈물 (*sueur 땀)
629	leçon [ləsɔ̃]	(f) 수업, 학과, 교훈
630	lecteur(-trice) [lɛktœːr, -tris]	독자 (*abonné 정기구독자)

631	lecture [lɛkty:r]	(f) 독서, 읽을거리
632	légume [legym]	(m) 야채, 채소
633	lendemain [lɑ̃dmɛ̃]	(m) 이튿날, 다음날
634	liaison [ljɛzɔ̃]	(f) 연결, 관계, 연음
635	librairie [librɛ(e)ri]	(f) 서점 (*bibliothèque 도서관)
636	libre-service [librəsɛrvis]	(m) 셀프서비스
637	lieutenant [ljøtnɑ̃]	(m) 육군중위
638	lièvre [ljɛ:vr]	(m) 산토끼
639	limite [limit]	(f) 한계, 경계
640	lion(ne) [ljɔ̃, -ɔn]	사자

641	liquide [likid]	(m) 액체, 주류
642	liste [list]	(f) 명부, 목록
643	littérature [literaty:r]	(f) 문학 (=lettres)
644	livraison [livrɛzɔ̃]	(f) 배달
645	locataire [lɔkatɛ:r]	세입자 (≠propriétaire)
646	locomotive [lɔkɔmɔti:v]	(f) 기관차
647	logement [lɔʒmɑ̃]	(m) 숙소, 방 (=logis, hébergement)
648	loisir [lwazi:r]	(m) 한가, 여가활동 (=passe-temps)
649	longueur [lɔ̃gœ:r]	(f) 길이 (*hauteur 높이)
650	loup (-ve) [lu, lu:v]	늑대 (*renard 여우)

651	loupe [lup]	(f) 돋보기 (*lentille 렌즈)
652	loyer [lwaje]	(m) 집세 (*caution 보증금)
653	lueur [lɥœ:r]	(f) 엷은 빛, 서광
654	lutte [lyt]	(f) 싸움, 전투 (=conflit), 논쟁
655	luxe [lyks]	(m) 사치, 호화로움
656	lycée [lise]	(m) 고등학교 (*collège)
657	lycéen(ne) [liseɛ̃, -ɛn]	고등학생 (*collégien 중학생)
658	maillot [majo]	(m) 운동셔츠, 수영복
659	maire [mɛ:r]	(m) 시장 (*préfet 도지사)
660	maïs [mais]	(m) 옥수수

661	majorité [maʒɔrite]	(f) 대다수, 성년(=adulte)
662	malice [malis]	(f) 악의, 심술
663	malle [mal]	(f) 트렁크, 여행백
664	manière [manjɛːr]	(f) 방법, 나름, 태도
665	manifestation [manifɛstasjɔ̃]	(f) 표명, 표시, 데모
666	manœuvre [manœːvr]	(m) 인부
667	manœuvre [manœːvr]	(f) 조작, 조종, 책략
668	marais [marɛ]	(m) 늪
669	marbre [marbr]	(m) 대리석
670	marchandise [marʃɑ̃diːz]	(f) 상품 (=produit)

671	marche [marʃ]	(f) 걸음, 진행, 발판
672	marée [mare]	(f) 조수, 밀물썰물
673	mariage [marjaːʒ]	(m) 결혼(=noce), 결혼식
674	marin [marɛ̃]	(m) 선원, 수부(=matelot)
675	marine [marin]	(f) 해군, 선단
676	marque [mark]	(f) 흔적, 마크, 특징
677	marron [marɔ̃]	(m) 밤, 밤색
678	masse [mas]	(f) 대중, 전체
679	mât [mɑ]	(m) 돛 (*aviron, rame 노)
680	match [matʃ]	(m) 경기, 시합(=partie)

681	matelot [matlo]	(m) 수부, 선원
682	matériaux [materjo]	(m) 건축재료, 자료
683	matériel [materjɛl]	(m) 시설, 설비, 용구
684	matière [matjɛːr]	(f) 재료, 물질, 내용
685	matinée [matine]	(f) 아침나절, 오전
686	maximum [maksimɔm]	(m) 최대한, 최고도
687	mécanisme [mekanism]	(m) 기계장치, 구조
688	médaille [medaj]	(f) 메달
689	médecine [medsin]	(f) 약, 의학(*médecin 의사)
690	mélancolie [melɑ̃kɔli]	(f) 우울, 우수

691	mélange [melã:ʒ]	(m) 혼합, 혼합물
692	membre [mã:br]	(m) 팔다리, 회원
693	mémoire [memwa:r]	(f) 기억, 기억력
694	menace [mənas]	(f) 위협, 협박 (*violence)
695	ménagère [menaʒɛ:r]	(f) 주부, 가정부
696	menteur(-euse) [mãtœ:r, -ø:z]	거짓말쟁이
697	menton [mãtɔ̃]	(m) 턱
698	menu [məny]	(m) 메뉴, 식단
699	mercerie [mɛrsəri]	(f) 잡화상
700	mercier(-ère) [mɛrsje, -ɛ:r]	잡화상인

701	mérite [merit]	(f) 재주, 재능, 장점
702	merveille [mɛrvɛj]	(f) 경이, 비범
703	message [mesa:ʒ]	(m) 메세지, 전언
704	messe [mɛs]	(f) 미사, 미사곡
705	méthode [metɔd]	(f) 방법 (=emploi), 체계
706	métro [metro]	(m) 지하철(=métropolitain)
707	microscope [mikrɔskɔp]	(m) 현미경
708	miel [mjɛl]	(m) 꿀
709	mine [min]	(f) 얼굴, 안색, 광산
710	minimum [minimɔm]	(m) 최소, 최저

711	ministre [ministr]	(m) 장관, 기관
712	minorité [minɔrite]	(f) 미성년, 소수
713	miracle [mirɑ:kl]	(m) 기적, 경이
714	miroir [mirwa:r]	(m) 거울(=glace)
715	misère [mizɛ:r]	(f) 비참, 고뇌, 재난
716	mode [mɔd]	(f) 유행, 패션
717	mode [mɔd]	(m) 방법(=façon), 상태
718	modèle [mɔdɛl]	(m) 모델, 모범, 견본
719	modestie [mɔdɛsti]	(f) 겸손, 검소
720	mont [mɔ̃]	(m) 산, 산맥(pl)

721	monument [mɔnymã]	(m) 기념물
722	moral [mɔral]	(m) 정신, 정신상태
723	morale [mɔral]	(f) 도덕, 윤리, 교훈
724	moule [mul]	(m) 거푸집, 본
725	moulin [mulɛ̃]	(m) 방앗간
726	mousse [mus]	(f) 거품, 이끼
727	moustache [mustaʃ]	(f) 콧수염 (*barbe 턱수염)
728	moutarde [mutard]	(f) 겨자
729	moyenne [mwajen]	(f) 평균 (*moyen 중간)
730	multiplication [myltiplikɑsjɔ̃]	(f) 증가, 번식, 곱셈
731	multitude [myltityd]	(f) 다수, 대중
732	murmure [myrmyːr]	(m) 속삭임, 불평소리
733	muscle [myskl]	(m) 근육 (*os 뼈)
734	musée [myze]	(m) 박물관
735	musicien(ne) [myzisjɛ̃, -ɛn]	음악가
736	mystère [mistɛːr]	(m) 신비, 불가사의
737	mythe [mit]	(m) 신화
738	nage [naːʒ]	(f) 수영
739	natation [natɑsjɔ̃]	(f) 수영, 헤엄
740	nain(e) [nɛ̃, -ɛn]	난쟁이 (≠géant)
741	naissance [nɛsɑ̃ːs]	(f) 출생, 탄생
742	nappe [nap]	(f) 식탁보 (*tablier 앞치마)
743	nation [na(ɑ)sjɔ̃]	(f) 민족, 국가
744	nature [natyːr]	(f) 자연, 성질, 성격
745	naufrage [nɔ(o)fraːʒ]	(m) 난파, 파선, 실패
746	navire [naviːr]	(m) 배, 선박(=bâtiment)
747	nécessité [nesesite]	(f) 필요, 필수품
748	négation [negɑsjɔ̃]	(f) 부정, 거절, 반대
749	négligence [negliʒɑ̃ːs]	(f) 소홀, 무관심
750	négociation [negɔsiɑsjɔ̃]	(f) 협상, 상담, 거래

751	nerf [nɛːr]	(m) 신경, 힘줄, 기력
752	nettoyage [nɛtwaja:ʒ]	(m) 청소, 소제
753	nid [ni]	(m) 둥지, 집
754	niveau [nivo]	(m) 수준, 높이, 정도
755	noble [nɔbl]	귀족
756	noblesse [nɔblɛs]	(f) 귀족신분, 고결
757	nœud [nø]	(m) 매듭, 관계(=lien, rapport)
758	noix [nwa(ɑ)]	(f) 호도
759	note [nɔt]	(f) 노트, 점수, 악보
760	nourriture [nutyːr]	(f) 식사, 식량, 양식

761	objectif [ɔbʒɛktif]	(m) 목적(=fin), 객관성
762	objection [ɔbʒɛksjɔ̃]	(f) 이의, 반대의견(=contestation)
763	objet [ɔbʒɛ]	(m) 사물, 대상, 목적
764	obligation [ɔbligɑsjɔ̃]	(f) 의무, 책무, 부담(=charge)
765	obscurité [ɔpskyrite]	(f) 암흑, 모호(=ambiguïté), 난해
766	observation [ɔpsɛrvɑsjɔ̃]	(f) 관찰, 준수, 충고
767	obstacle [ɔpstakl]	(m) 방해, 장애(물)(=barrage)
768	obus [ɔby]	(m) 포탄(=bombe)
769	occasion [ɔka(ɑ)zjɔ̃]	(f) 기회, 동기(=raison)
770	occident [ɔksidɑ̃]	(m) 서양, 서양문명(≠orient)

771	occupation [ɔkypɑsjɔ̃]	(f) 일, 직업, 점령
772	océan [ɔseɑ̃]	(m) 바다, 대해
773	octobre [ɔktɔbr]	(m) 10월
774	odeur [ɔdœːr]	(f) 냄새, 향기(=parfum)
775	odorat [ɔdɔra]	(m) 후각(*goût 미각)
776	officier [ɔfisje]	(m) 장교, 공무원, 직원
777	oignon [ɔɲɔ̃]	(m) 양파 (*poireau 파)
778	olive [ɔliv]	(f) 올리브
779	olivier [ɔlivje]	(m) 올리브 나무
780	omnibus [ɔmnibys]	(m) 완행열차

781	oncle [ɔ̃ːkl]	(m) 삼촌, 아저씨
782	opéra [ɔpera]	(m) 오페라
783	opinion [ɔpinjɔ̃]	(f) 의견, 견해, 여론
784	opposition [ɔpozisjɔ̃]	(f) 대립, 반대
785	orange [ɔrɑ̃ːʒ]	(f) 오렌지
786	orchestre [ɔrkɛstr]	(m) 오케스트라
787	ordonnance [ɔrdɔnɑ̃ːs]	(f) 처방, 명령, 배치
788	oreiller [ɔrɛ(e)je]	(m) 베개 (*traversin 긴 베게)
789	organe [ɔrgan]	(m) 기관, 장치
790	organisation [ɔrganizɑsjɔ̃]	(f) 조직, 구성, 기구
791	orgueil [ɔrgœj]	(m) 거만, 오만(=insolence)
792	orient [ɔrjɑ̃]	(m) 동양, 동방
793	original [ɔriʒinal]	(m) 원본 (≠photocopie)
794	origine [ɔriʒin]	(f) 기원, 국적, 산지
795	ornement [ɔrnəmɑ̃]	(m) 장식(=décoration)
796	orphelin(e) [ɔrfəlɛ̃, -in]	고아
797	orthographe [ɔrtɔgraf]	(f) 철자법
798	oubli [ubli]	(m) 망각
799	ouïe [wi]	(f) 청각 (*goût 미각)
800	ours(e) [urs]	곰 (*nounours 곰인형)
801	ouverture [uvɛrtyːr]	(f) 열기, 개시, 구멍
802	ouvrage [uvraːʒ]	(m) 작품, 책, 작업
803	oxygène [ɔksiʒɛn]	(m) 산소 (*hydrogène 수소)
804	ozone [ozɔn]	(m) 오존
805	paire [pɛːr]	(f) 쌍, 켤레
806	palais [palɛ]	(m) 궁전, 저택, 구개
807	panne [pan]	(f) 고장 (≠réparation)
808	pape [pap]	(m) 로마 교황
809	papeterie [papt(ə)ri]	(f) 문방구점
810	papetier (-ère) [paptje, -ɛːr]	문방구 상인

811	papillon [papijɔ̃]	(m) 나비 (*abeille 벌)
812	paquebot [pakbo]	(m) 여객선, 상선
813	pâques [pɑːk]	(m) 부활절
814	parachute [paraʃyt]	(m) 낙하산
815	paradis [paradi]	(m) 낙원, 천국(≠enfer)
816	parallèle [paralɛl]	(f) 평행선
817	parapluie [paraplyi]	(m) 우산 (*parasol 양산)
818	parc [park]	(m) 공원, 정원(=jardin)
819	parcours [parkuːr]	(m) 운행거리, 코스
820	pardessus [pardəsy]	(m) 외투(=manteau)

821	parenthèse [parɑ̃tɛːz]	(f) 괄호, 삽입구
822	paresse [parɛs]	(f) 게으름, 나태
823	parfum [parfœ̃]	(m) 향기, 향수
824	parfumerie [parfymri]	(f) 화장품 가게
825	parlement [parləmɑ̃]	(m) 의회, 국회
826	parole [parɔl]	(f) 말, 말투, 약속
827	partage [partaːʒ]	(m) 분배, 분할, 몫
828	parti [parti]	(m) 당, 당파
829	participation [partisipɑsjɔ̃]	(f) 참가, 가담
830	participe [partisip]	(m) 분사

831	parure [paryːr]	(f) 장신구, 의상
832	passage [pɑsaːʒ]	(m) 통행, 통로, 귀절
833	passager (-ère) [pɑsaʒe, -ɛːr]	승객, 통행인
834	passant(e) [pɑsɑ̃, -ɑ̃ːt]	통행인(*piéton 보행자)
835	passion [pa(ɑ)sjɔ̃]	(f) 정열, 격정, 열광
836	pasteur [pastœːr]	(m) 목동, 목사
837	pâté [pɑte]	(m) 고기파이, 사료
838	patience [pasjɑ̃ːs]	(f) 인내, 끈기
839	pâtisserie [pɑ(ɑ)tisri]	(f) 케이크 가게
840	patrie [patri]	(f) 조국

841	patriote [patrijɔt]	애국자
842	pâturage [patyraːʒ]	(m) 목장(=pré, prairie)
843	pauvreté [povrəte]	(f) 빈곤, 빈약, 부족
844	pavillon [pavijɔ̃]	(m) 정자(=kiosque), 깃발
845	payement [pɛjmɑ̃]	(m) 지불, 상환, 지불액
846	paysage [pe(j)izaːʒ]	(m) 풍경, 경치
847	pêche [pɛʃ]	(f) 복숭아, 낚시
848	péché [peʃe]	(m) 죄, 죄악, 잘못(=délit)
849	pédale [pedal]	(f) 페달
850	peintre [pɛ̃ːtr]	(m) 화가
851	pelouse [pəluːz]	(f) 초원, 잔디밭(=gazon)
852	pendule [pɑ̃dyl]	(f) 괘종시계, 추
853	pensée [pɑ̃se]	(f) 생각, 사상, 의견(=idée)
854	pension [pɑ̃sjɔ̃]	(f) 하숙(비), 연금(*allocation)
855	pente [pɑ̃ːt]	(f) 비탈(길)
856	pentecôte [pɑ̃tkoːt]	(f) 오순절, 성령강림절
857	péril [peril]	(m) 위험(=risque)
858	période [perjɔd]	(f) 시기, 시대, 주기
859	permis [pɛrmi]	(m) 면허증, 허가증
860	permission [pɛrmisjɔ̃]	(f) 허가, 승인(=accord)
861	perroquet [perɔkɛ]	(m) 앵무새
862	personnage [pɛrsɔnaːʒ]	(m) 인물, 등장인물
863	personnalité [pɛrsɔnalite]	(f) 인격, 개성, 인물
864	perte [pɛrt]	(f) 파괴, 멸망, 손실(=dégats)
865	peuple [pœpl]	(m) 국민, 민족, 서민
866	phare [faːr]	(m) 등대, 헤드라이트
867	phénomène [fenɔmɛn]	(m) 현상
868	philosophe [filɔzɔf]	(m) 철학자
869	philosophie [filɔzɔfi]	(f) 철학
870	phrase [frɑːz]	(f) 문장

871	physique [fizik]	(f) 물리학
872	piano [pjano]	(m) 피아노
873	piège [pjɛːʒ]	(m) 함정, 올가미
874	piété [pjete]	(f) 신앙심, 효성
875	piéton [pjetɔ̃]	(m) 보행자, 통행인
876	pigeon [piʒɔ̃]	(m) 비둘기(=colombe)
877	pilote [pilɔt]	(m) 조종사
878	piment [pimɑ̃]	(m) 피망, 고추
879	pin [pɛ̃]	(m) 소나무
880	pince [pɛ̃ːs]	(f) 펜치, 집게

881	pincettes [pɛ̃sɛt]	(f) 핀셋, 불집게
882	pinceau [pɛ̃so]	(m) 붓, 화필
883	piquet [pikɛ]	(m) 피켓, 말뚝
884	pistolet [pistɔlɛ]	(m) 권총 (*fusil 총)
885	pitié [pitje]	(f) 동정, 연민
886	placard [plakaːr]	(m) 벽장, 플래카드
887	plage [plaːʒ]	(f) 해변(*côte 해안)
888	plaie [plɛ]	(f) 상처(=blessure)
889	plainte [plɛ̃ːt]	(f) 불평, 탄식, 고소
890	plan [plɑ̃]	(m) 계획(=projet), 지도

891	plaque [plak]	(f) 판, 금속판, 석판, 나무판
892	plateau [plato]	(m) 쟁반, 고원
893	plâtre [plɑːtr]	(m) 석고, 석고상 (*statue)
894	pli [pli]	(m) 주름(=ride), 버릇
895	plomb [plɔ̃]	(m) 납, 탄환
896	(la) plupart [laplypaːr]	(f) 대부분
897	pluriel [plyrjɛl]	(m) 복수(≠singulier)
898	pneu [pnø]	(m) 타이어, 속달우편
899	poêle [pwa(ɑː)l]	(f) 프라이팬, (m) 난로
900	poème [pɔɛm]	(m) 시 (*poésie 장르의 시)

901	poignée [pwaɲe]	(f) 손잡이, 한줌
902	poignet [pwaɲɛ]	(m) 손목
903	pointe [pwɛ̃t]	(f) 뾰족한 끝
904	poire [pwaːr]	(f) 배 (*pêche 복숭아)
905	poireau [pwaro]	(m) 파 (*oignon 양파)
906	pois [pwa]	(m) 완두콩 (*haricot 강낭콩)
907	poivre [pwaːvr]	(f) 후추
908	politesse [pɔlitɛs]	(f) 예의, 예절
909	politique [pɔlitik]	(f) 정치, 정치학
910	pomme [pɔm]	(f) 사과
911	pommier [pɔmje]	(m) 사과나무
912	pompier [pɔ̃pje]	(m) 소방수(*plombier 배관공)
913	population [pɔpylasjɔ̃]	(f) 인구, 주민, 국민
914	porc [pɔːr]	(m) 돼지, 돼지고기
915	porteur(-euse) [pɔrtœːr, -øːz]	짐꾼, 운반인
916	portier(-ère) [pɔrtje, -ɛːr]	문지기, 수위(=concierge)
917	portion [pɔrsjɔ̃]	(f) 부분, 몫, 배당
918	portrait [pɔrtrɛ]	(m) 초상화
919	position [pozisjɔ̃]	(f) 위치, 지위, 직업
920	possession [pɔsesjɔ̃]	(f) 소유, 취득(*récupération)
921	possibilité [pɔsibilite]	(f) 가능성 (*probabilité)
922	potage [pɔtaːʒ]	(m) 수프 (=soupe)
923	pouce [pus]	(m) 엄지손가락
924	poudre [pudr]	(f) 가루 (*poussière 먼지)
925	poumon [pumɔ̃]	(m) 폐, 허파
926	poupée [pupe]	(f) 인형
927	pourboire [purbwaːr]	(m) 팁 (*service 봉사료)
928	pour cent [pursɑ̃]	(m) 퍼센트
929	pourcentage [pursɑ̃taːʒ]	(m) 퍼센티지, 백분율
930	poursuite [pursɥit]	(f) 추구, 탐구

931	poussin [pusɛ̃]	(m) 병아리
932	pouvoir [puvwa:r]	(m) 힘, 능력, 권력
933	pratique [pratik]	(m) 실무, 숙련, 손님
934	pré [pre]	(m) 작은 목장
935	précaution [prekosjɔ̃]	(f) 조심, 예방, 대비
936	précipice [presipis]	(m) 낭떠러지, 파멸
937	précision [presizjɔ̃]	(f) 정확, 정밀
938	préfet [prefɛ]	(m) 지사 (*maire 시장)
939	préjugé [preʒyʒe]	(m) 선입관, 편견(*préjudice 손해)
940	prélude [prelyd]	(m) 전주곡, 전조

941	préparation [preparɑsjɔ̃]	(f) 준비, 예습
942	préposition [prepozisjɔ̃]	(f) 전치사
943	présence [prezɑ̃:s]	(f) 출석, 참석, 존재
944	président [prezidɑ̃]	(m) 대통령, 회장
945	presse [prɛs]	(f) 출판물, 다리미
946	pression [prɛsjɔ̃]	(f) 압력, 억압
947	prétexte [pretɛkst]	(m) 핑계, 구실
948	prêtre [prɛtr]	(m) 사제, 신부
949	preuve [prœ:v]	(f) 증거(=témoignage)
950	prévision [previzjɔ̃]	(f) 예상, 예측, 예견

951	prière [pri(j)ɛ:r]	(f) 기도, 간청(=supplication)
952	prince [prɛ̃:s]	(m) 왕자 (공주:princesse)
953	principe [prɛ̃sip]	(m) 원칙, 근원
954	prison [prizɔ̃]	(f) 감옥, 징역 (=emprisonnement)
955	privilège [privilɛ:ʒ]	(m) 특권, 특전
956	problème [prɔblɛm]	(m) 문제, 힘든 일
957	procédé [prɔsede]	(m) 방법(=méthode), 태도
958	procès [prɔsɛ]	(m) 소송 (=cause)
959	producteur [prɔdyktœ:r]	(m) 생산자(≠consommateur)
960	production [prɔdyksjɔ̃]	(f) 생산, 산물 (*produit 제품)

961	professeur [prɔfɛsœːr]	(m) 교수, 교사(=maître)
962	profil [prɔfil]	(m) 옆얼굴, 윤곽
963	profit [prɔfi]	(m) 이익, 이득(=bénéfice)
964	programme [prɔgram]	(m) 프로그램, 계획
965	projet [prɔʒɛ]	(m) 계획(=plan), 설계도
966	promesse [prɔmɛs]	(f) 약속(=parole), 보증
967	pronom [prɔnɔ̃]	(m) 대명사
968	prononciation [prɔnɔ̃sjɑsjɔ̃]	(f) 발음
969	propagande [prɔpagɑ̃ːd]	(f) 선전 (*publicité 광고)
970	proportion [prɔpɔrsjɔ̃]	(f) 비율, 비례
971	propos [prɔpo]	(m) 이야기, 주제(=sujet)
972	proposition [prɔpozisjɔ̃]	(f) 제안, 추천, 절
973	propreté [prɔprəte]	(f) 청결, 결백(=innocence)
974	propriétaire [prɔpri(j)etɛːr]	소유자, 집주인(≠locataire)
975	propriété [prɔpri(j)ete]	(f) 소유물, 소유지
976	prospérité [prɔsperite]	(f) 번영(=euphorie)
977	protection [prɔtɛksjɔ̃]	(f) 보호, 후원(=soutien)
978	protestant [prɔtɛstɑ̃]	(m) 신교도
979	protestation [prɔtɛstɑsjɔ̃]	(f) 항의, 이의(=contestation)
980	proverbe [prɔvɛrb]	(m) 속담, 격언(=maxime)
981	province [prɔvɛ̃ːs]	(f) 시골, 지방 (*région 지역)
982	prudence [prydɑ̃ːs]	(f) 신중, 조심(=discrétion)
983	prune [pryn]	(f) 자두
984	psychologie [psikɔlɔʒi]	(f) 심리, 심리학
985	public [pyblik]	(m) 관중, 공중
986	publicité [pyblisite]	(f) 광고, 공개
987	puissance [pɥisɑ̃ːs]	(f) 권력, 힘, 열강
988	punition [pynisjɔ̃]	(f) 벌, 처벌, 형벌(=peine)
989	purée [pyre]	(f) 퓌레
990	pureté [pyrte]	(f) 결백, 순도

991	qualité [kalite]	(f) 질, 품질, 자격
992	quantité [kɑ̃tite]	(f) 양, 수량, 다량
993	querelle [kərɛl]	(f) 싸움, 논쟁, 소송
994	quotidien [kɔtidjɛ̃]	(m) 일간신문 (*hebdomadaire)
995	race [ras]	(f) 혈통, 족속
996	racine [rasin]	(f) 뿌리, 근원, 어근
997	radiateur [radjatœ:r]	(m) 난방기, 냉각기
998	rage [ra:ʒ]	(f) 광견병, 분노
999	raie [rɛ]	(f) 선, 무늬
000	rail [rɑ:j]	(m) 레일, 선로
001	raisin [rɛzɛ̃]	(m) 포도(*grappe 송이)
002	rang [rɑ̃]	(m) 열, 줄, 지위
003	rapidité [rapidite]	(f) 급속, 속도(=vitesse)
004	rappel [rapɛl]	(m) 호출, 회상, 상기
005	rapport [rapɔ:r]	(m) 보고, 관계(pl)
006	rat [ra]	(m) 쥐(*souris 새앙쥐)
007	rayon [rɛjɔ̃]	(m) 광선, 선반, 매점
008	réaction [reaksjɔ̃]	(f) 반응, 반발, 반동
009	réalisation [realizɑsjɔ̃]	(f) 실현, 실행, 감독
010	réalité [realite]	(f) 현실, 실제, 실물
011	réception [resɛpsjɔ̃]	(f) 수령, 접대, 수신
012	recette [rəsɛt]	(f) 수입, 요리법
013	recherche [rəʃɛrʃ]	(f) 찾기, 추구, 탐구
014	récipient [resipjɑ̃]	(m) 그릇, 용기
015	récit [resi]	(m) 이야기(=conte)
016	récitation [resitɑsjɔ̃]	(f) 암송, 낭송
017	réclamation [reklamɑsjɔ̃]	(f) 요구, 청구, 이의
018	réclame [rekla(ɑ:)m]	(f) 광고, 간판
019	récompense [rekɔ̃pɑ̃:s]	(f) 보상, 보답
020	record [rəkɔ:r]	(m) 기록

021	récréation [rekreɑsjɔ̃]	(f) 오락, 휴식시간
022	rectangle [rɛktɑ̃:gl]	(m) 장방형
023	rédaction [redaksjɔ̃]	(f) 글짓기, 편집, 작성문서
024	réduction [redyksjɔ̃]	(f) 할인, 감소, 축소
025	reflet [rəflɛ]	(m) 반사, 반영
026	réflexion [reflɛksjɔ̃]	(f) 반사, 숙고, 생각
027	réforme [refɔrm]	(f) 개혁, 개선
028	refrain [rəfrɛ̃]	(m) 후렴, 되풀이 말
029	réfrigérateur [refriʒeratœ:r]	(m) 냉장고(=frigidaire)
030	refuge [rəfy:ʒ]	(m) 은신처, 피난처(=abri)
031	refus [rəfy]	(m) 거절, 거부(=rejet)
032	régime [reʒim]	(m) 제도, 정체, 다이어트
033	régiment [reʒimɑ̃]	(m) 연대, 다수
034	règle [rɛgl]	(f) 자, 규칙 (*loi 법)
035	règlement [rɛgləmɑ̃]	(m) 규정, 법규, 결산
036	règne [rɛɲ]	(m) 통치, 지배(≠soumission)
037	regret [rəgrɛ]	(m) 후회, 유감
038	rein [rɛ̃]	(m) 신장, 콩팥, 허리
039	reine [rɛn]	(f) 왕비, 여왕(≠roi), 자전거
040	relation [rəlɑsjɔ̃]	(f) 관계, 교제(=rapport)
041	relief [rəljɛf]	(m) 요철, 기복, 강조
042	remarque [rəmark]	(f) 주목, 주의, 비고
043	remède [rəmɛd]	(m) 약, 치료(*pansement)
044	remerciement [rəmɛrsimɑ̃]	(m) 감사, 사의, 치사
045	renard [rəna:r]	(m) 여우 (*loup 늑대)
046	rencontre [rɑ̃kɔ̃:tr]	(f) 만남, 충돌, 전투
047	rendez-vous [rɑ̃devu]	(m) 만날 약속
048	renommée [rənɔme]	(f) 소문, 명성(=célébrité)
049	rente [rɑ̃:t]	(f) 연금, 소득
050	rentrée [rɑ̃tre]	(f) 귀가, 귀국

051	renvoi [rãvwa]	(m) 반송, 해고, 면직
052	repos [rəpo]	(m) 휴식, 휴게소
053	représentation [rəpresãtasjɔ̃]	(f) 제시, 묘사, 상연
054	reproche [rəprɔʃ]	(m) 비난(blâme, critique)
055	réputation [repytasjɔ̃]	(f) 명성, 평판(=célébrité)
056	réseau [rezo]	(m) 망, 그물
057	réserve [rezɛrv]	(f) 저장, 저축, 예비
058	résidence [rezidã:s]	(f) 거주, 거주지
059	résistance [rezistã:s]	(f) 저항, 반항, 항쟁
060	résolution [rezɔlysjɔ̃]	(f) 해결, 용해, 결심

061	respect [rɛspɛ]	(m) 존경, 존중, 경의
062	respiration [rɛspirasjɔ̃]	(f) 호흡, 숨(=haleine)
063	responsabilité [rɛspɔ̃sabilite]	(f) 책임(=charge)
064	ressemblance [rəsãblã:s]	(f) 유사, 비슷함
065	ressources [rəsurs]	(f) 자원, 돈(=moyens)
066	retour [rətu:r]	(m) 귀환, 복귀, 교환
067	retraite [rətrɛt]	(f) 후퇴, 퇴직, 은퇴
068	réunion [reynjɔ̃]	(f) 모임, 일치, 화합
069	revanche [rəvã:ʃ]	(f) 보복, 복수, 설욕
070	réveil [revɛj]	(m) 기상, 잠을 깸

071	revenu [rəvny]	(m) 소득(*rentabilité수익성)
072	révision [revizjɔ̃]	(f) 재검토, 수정
073	révolte [revɔlt]	(f) 폭동, 반란(=rébellion)
074	révolution [revɔlysjɔ̃]	(f) 혁명
075	revue [rəvy]	(f) 잡지, 검열, 조사
076	rhume [rym]	(m) 감기(=grippe)
077	richesse [riʃɛs]	(f) 부, 부유, 풍부함
078	rideau [rido]	(m) 커튼, 막
079	risque [risk]	(m) 위험(*danger)
080	rivage [riva:ʒ]	(m) 기슭, 해안

081	rival [rival]	(m) 경쟁자, 적수(=adversaire)
082	rive [riːv]	(f) 강안, 강둑
083	rocher [rɔʃe]	(m) 바위, 암벽
084	rôle [roːl]	(m) 역할, 배역
085	roman [rɔmɑ̃]	(m) 소설 (*romantisme)
086	roseau [rozo]	(m) 갈대
087	rossignol [rɔsiɲol]	(m) 꾀꼬리
088	ruine [rɥin]	(f) 파산, 멸망, 폐허
089	ruisseau [rɥiso]	(m) 시내, 개울(*rivière)
090	rural(e) [ryral]	시골사람(=campagnard)
091	ruse [ryːz]	(f) 꾀, 술책, 속임수
092	rythme [ritm]	(m) 리듬, 박자(=mesure)
093	sagesse [saʒɛs]	(f) 지혜, 슬기
094	salade [salad]	(f) 샐러드
095	saleté [salte]	(f) 더러움 (=ordure 쓰레기)
096	salon [salɔ̃]	(m) 거실
097	salut [saly]	(m) 인사, 구조, 구원
098	salutation [salytɑsjɔ̃]	(f) 경례, 인사
099	sanglot [sɑ̃glo]	(m) 오열, 흐느낌
100	sapin [sapɛ̃]	(m) 전나무
101	sauce [soːs]	(f) 소스
102	saut [so]	(m) 도약, 뛰어오르기
103	scène [sɛn]	(f) 무대, 장면 (*paysage 풍경)
104	science [sjɑ̃ːs]	(f) 과학, 학문, 지식
105	sculpteur [skyltœːr]	(m) 조각가 (*sculpture 조각)
106	séance [seɑ̃ːs]	(f) 개회 기간, 출석
107	seconde [s(ə)gɔ̃ːd]	(f) 초
108	secours [s(ə)kuːr]	(m) 구조(대), 도움
109	secret [s(ə)krɛ]	(m) 비밀
110	secrétaire [s(ə)kretɛːr]	비서

111	secteur [sɛktœːr]	(m) 구역, 지구, 분야
112	section [sɛksjɔ̃]	(f) 부서, 과, 구절
113	sécurité [sekyrite]	(f) 안전, 보장
114	séduction [sedyksjɔ̃]	(f) 유혹(=tentation)
115	seigneur [sɛɲœːr]	(m) 영주, 귀족
116	sein [sɛ̃]	(m) 젖가슴, 내부, 내면
117	séjour [seʒuːr]	(m) 체류, 체류지
118	semailles [s(ə)maːj]	(f) 파종
119	semelle [s(ə)mɛl]	(f) 구두창, 안창
120	semence [s(ə)mɑ̃ːs]	(f) 씨앗, 정자, 못

121	sénat [sena]	(m) 상원
122	sénateur [senatœːr]	(m) 상원의원
123	sensation [sɑ̃sɑsjɔ̃]	(f) 감각, 감동
124	sensibilité [sɑ̃sibilite]	(f) 감수성, 인정
125	sentier [sɑ̃tje]	(m) 오솔길(=allée)
126	séparation [separɑsjɔ̃]	(f) 분리(=division), 이별
127	série [seri]	(f) 연속(극), 시리즈
128	serrure [sɛryːr]	(f) 자물쇠 (*clé 열쇠)
129	serveur (-euse) [sɛrvœːr, -øːz]	종업원 (*vendeur 점원)
130	sésame [sezam]	(m) 깨

131	shampooing [ʃɑ̃pwɛ̃]	(m) 머리감기, 샴푸
132	siècle [sjɛkl]	(m) 세기
133	siège [sjɛːʒ]	(m) 포위공격
134	sifflet [siflɛ]	(m) 호각
135	signal [siɲal]	(m) 신호 (pl: signaux)
136	signe [siɲ]	(m) 몸짓, 표시, 기호
137	signification [siɲifikɑsjɔ̃]	(f) 의미(=sens)
138	simplicité [sɛ̃plisite]	(f) 단순, 솔직, 간소
139	simultanéité [simyltaneite]	(f) 동시성
140	singe [sɛ̃ːʒ]	(m) 원숭이

141	singulier [sɛ̃gylje]	(m) 단수(≠pluriel)
142	sirène [sirɛn]	(f) 사이렌 (*alarme 경보)
143	sirop [siro]	(m) 시럽
144	situation [situɑsjɔ̃]	(f) 상황, 위치, 지위(=place)
145	société [sɔsjete]	(f) 사회, 회사(=compagnie)
146	soie [swa]	(f) 명주, 비단, 실크 (*laine 울)
147	soirée [sware]	(f) 저녁나절, 야회
148	solde [sɔld]	(f) 바겐세일 (*promotion 판촉)
149	solennité [sɔlanite]	(f) 장엄, 엄숙, 의식
150	solidarité [sɔlidarite]	(f) 연대의식, 유대감
151	solitude [sɔlityd]	(f) 고독, 외로움
152	solution [sɔlysjɔ̃]	(f) 해결, 용해, 용액
153	sommaire [sɔmɛːr]	(m) 개요, 요약
154	sommet [sɔmɛ]	(m) 꼭대기, 정상
155	son [sɔ̃]	(m) 소리, 음향 (*bruit 소음)
156	songe [sɔ̃ːʒ]	(m) 꿈, 몽상 (=rêve)
157	sort [sɔːr]	(m) 운명(=destin, fatalité)
158	sortie [sɔrti]	(f) 출구(≠entrée), 외출
159	sot(te) [so, sɔt]	바보(=idiot, imbécile, bête)
160	sou [su]	(m) 옛 화폐단위, 푼돈
161	souci [susi]	(m) 근심, 걱정(=inquiétude)
162	soucoupe [sukup]	(f) 잔 받침
163	souffle [sufl]	(m) 입김, 숨결
164	souffrance [sufrɑ̃ːs]	(f) 고통, 번민(=agonie)
165	souhait [swɛ]	(m) 소원, 기원, 축복
166	soupçon [supsɔ̃]	(m) 의심, 짐작
167	sourcil [sursi]	(m) 눈썹 (*cil 속눈썹)
168	souris [suri]	(f) 생쥐 (*rat 쥐)
169	sous-sol [susɔl]	(m) 지하, 지하실 (*cave 저장고)
170	souvenir [suvniːr]	(m) 기억, 선물(=cadeau)

171	spécialiste [spesjalist]	전문가(=expert), 전문의
172	spécialité [spesjalite]	(f) 특색, 전문, 전공
173	spectacle [spɛktakl]	(m) 관람, 광경(*paysage)
174	spectateur [spɛktatœːr]	(m) 구경꾼, 관객
175	stade [stad]	(m) 스타디움, 단계
176	stage [staːʒ]	(m) 실습, 강습
177	station [sta(ɑ)sjɔ̃]	(f) 정류장, 시설(*gare 기차역)
178	statue [staty]	(f) 조각상
179	structure [stryktyːr]	(f) 구조, 구성, 조직
180	style [stil]	(m) 문체, 양식
181	subjonctif [sybʒɔ̃ktif]	(m) 접속법
182	substance [sypstɑ̃ːs]	(f) 물질, 본질, 내용
183	succès [syksɛ]	(m) 성공, 히트(≠échec)
184	succession [syksesjɔ̃]	(f) 연속, 상속
185	sueur [sɥœːr]	(f) 땀 (*sang 피, larme 눈물)
186	suicide [sɥisid]	(m) 자살
187	sujet [syʒɛ]	(m) 주제, 소재, 원인(=cause)
188	superficie [sypɛrfisi]	(f) 표면, 면적
189	supplément [syplemɑ̃]	(m) 보충, 추가, 부록
190	supposition [sypozisjɔ̃]	(f) 가정, 추측
191	sûreté [syrte]	(f) 확실성, 안전
192	surface [syrfas]	(f) 표면(*apparence)
193	surprise [syrpriːz]	(f) 놀라움, 깜짝 선물
194	surveillance [syrvɛjɑ̃ːs]	(f) 감시, 감독(*sauvegarde 보호)
195	symbole [sɛ̃bɔl]	(m) 상징
196	sympathie [sɛ̃pati]	(f) 공감, 호감, 동정
197	syndicat [sɛ̃dika]	(m) 조합, 노동조합
198	système [sistɛm]	(m) 체계, 조직, 계통
199	tablier [tabli(j)e]	(m) 앞치마
200	tache [taʃ]	(f) 얼룩, 결점, 오명

201	tâche [tɑːʃ]	(f) 노력, 일, 임무
202	taille [tɑːj]	(f) 키, 크기, 재단
203	talent [talɑ̃]	(m) 재능(=habileté), 솜씨
204	talon [talɔ̃]	(m) 발뒤축
205	tambour [tɑ̃buːr]	(m) 북 (*trompe 나팔)
206	tapis [tapi]	(m) 양탄자, 융단
207	tarif [tarif]	(m) 요금(표), 정가표
208	tarte [tart]	(f) 과일 파이
209	taureau [tɔro]	(m) 황소 (*bœuf 숫소)
210	taxe [taks]	(f) 세금(=impôt)

211	technicien [tɛknisjɛ̃]	(m) 기술자, 전문가
212	technique [tɛknik]	(f) 기술
213	teint [tɛ̃]	(m) 안색, 염색
214	teinturerie [tɛ̃tyrri]	(f) 세탁소(=pressing)
215	témoignage [temwaɲaːʒ]	(m) 증언, 표시 (*preuve)
216	témoin [temwɛ̃]	(m) 증인, 목격자
217	température [tɑ̃peratyːr]	(f) 온도, 기온, 기후
218	tempête [tɑ̃pɛt]	(f) 폭풍우, 소요
219	temple [tɑ̃ːpl]	(m) 사원, 신전
220	tendance [tɑ̃dɑ̃ːs]	(f) 경향, 추세

221	tendresse [tɑ̃drɛs]	(f) 애정, 정다움
222	tennis [tenis]	(m) 테니스
223	tension [tɑ̃sjɔ̃]	(f) 긴장, 팽창
224	tentative [tɑ̃tatiːv]	(f) 시도, 기도
225	tenue [tɔny]	(f) 손질, 태도, 자세, 옷차림
226	terme [tɛrm]	(m) 끝, 기한, 언어
227	terminaison [tɛrminɛzɔ̃]	(f) 결말, 결과, 어미
228	terminus [tɛrminys]	(m) 종점, 종착역
229	terrasse [tɛras]	(f) 발코니, 테라스
230	terreur [tɛrœːr]	(f) 공포, 테러

231	territoire [tɛritwaːr]	(m) 영토, 국토, 영지
232	testament [tɛstamɑ̃]	(m) 유언, 성경, 성서
233	texte [tɛkst]	(m) 원문, 본문
234	thème [tɛm]	(m) 제목, 주제, 테마
235	théorie [teɔri]	(f) 이론, 학설
236	thermomètre [tɛrmɔmɛtr]	(m) 온도계
237	ticket [tikɛ]	(m) 표, 차표, 입장권
238	tigre(sse) [tigr, -ɛs]	호랑이
239	timidité [timidite]	(f) 소심, 수줍음
240	tire-bouchon [tirbuʃɔ̃]	(ⅲ) 병따개
241	tiroir [tirwaːr]	(m) 서랍 (*commode 서랍장)
242	titre [titr]	(m) 제목, 권리, 자격
243	toilette [twalɛt]	(f) 치장, 화장실(pl)
244	tolérance [tɔlerɑ̃ːs]	(f) 관용(=générosité)
245	tombe [tɔ̃ːb]	(f) 무덤, 비석
246	tombeau [tɔ̃bo]	(m) 무덤, 묘비, 종말
247	ton [tɔ̃]	(m) 음조, 어조, 태도
248	tonne [tɔn]	(f) 큰 통, 톤(무게단위)
249	tonneau [tɔno]	(m) 통
250	torrent [tɔrɑ̃]	(m) 급류
251	torture [tɔrtyːr]	(f) 고문, 고통
252	total [tɔtal]	(m) 전체, 총계
253	tourisme [turism]	(m) 관광 (*voyage 여행)
254	touriste [turist]	관광객
255	tourment [turmɑ̃]	(m) 고뇌, 고통(=peine)
256	tournoi [turnwa]	(m) 시합(=partie), 경쟁
257	trace [tras]	(f) 흔적, 발자국(=pas)
258	tradition [tradisjɔ̃]	(f) 전통, 관례
259	traduction [tradyksjɔ̃]	(f) 번역, 번역물
260	trafic [trafik]	(m) 교통(량), 암거래

261	tragédie [traʒedi]	(f) 비극 (≠comédie)
262	trahison [traizɔ̃]	(f) 배반, 배신
263	trait [trɛ]	(m) 선, 특징, 윤곽
264	traité [trɛte]	(m) 조약, 협정, 개론
265	traitement [trɛtmɑ̃]	(m) 치료, 처리, 대우
266	traître [trɛtr]	반역자, 배신자
267	trajet [traʒɛ]	(m) 도정, 여정(=itinéraire)
268	tramway [tramwɛ]	(m) 궤도, 전차
269	tranche [trɑ̃:ʃ]	(f) (썰어 놓은) 조각
270	tranquillité [trɑ̃kilite]	(f) 안정, 평온, 침착
271	transformation [trɑ̃sfɔrmasjɔ̃]	(f) 변형,변화(=changement)
272	transport [trɑ̃spɔːr]	(m) 운송, 양도, 열광
273	trésor [trezɔːr]	(m) 보물, 보배
274	triangle [tri(j)ɑ̃:gl]	(m) 삼각형
275	tribu [triby]	(f) 부족, 종족
276	tribune [tribyn]	(f) 연단, 관람석
277	tricot [triko]	(m) 스웨터
278	triomphe [tri(j)ɔ̃f]	(f) 승리, 개선
279	tristesse [tristɛs]	(f) 슬픔, 비애(=chagrin)
280	trompette [trɔ̃pɛt]	(f) 트럼펫, 나팔
281	trouble [trubl]	(m) 분규, 근심, 혼란
282	troupe [trup]	(f) 무리, 떼(=foule)
283	troupeau [trupo]	(m) 무리, 떼
284	truc [tryk]	(m) 수단, 그 무엇
285	tube [tyb]	(m) 튜브, 관, 히트곡
286	tuile [tɥil]	(f) 기와 (*toit 지붕)
287	tumulte [tymylt]	(f) 혼란, 동요, 활기
288	tunnel [tynɛl]	(m) 터널, 지하도
289	tuyau [tɥijo]	(m) 관, 통
290	type [tip]	(m) 타입, 전형, 녀석

291	tyran [tirã]	(m) 폭군, 전제군주
292	tyrannie [tirani]	(f) 폭정, 포악
293	uniforme [ynifɔrm]	(m) 제복, 유니폼 (*maillot)
294	union [ynjɔ̃]	(f) 일치, 단결, 결혼
295	unité [ynite]	(f) 단위, 통일성
296	univers [ynivɛːr]	(m) 우주, 세계
297	université [ynivɛrsite]	(f) 대학교
298	usage [yzaːʒ]	(m) 습관, 사용, 효용
299	ustensile [ystãsil]	(m) 가정의 기구
300	utilisation [ytilizɑsjɔ̃]	(f) 이용, 활용, 사용
301	utilité [ytilite]	(f) 유익, 효용, 이용
302	vagabond [vagabɔ̃]	(m) 방랑자
303	la vague [vag]	(f) 파도, 파동(=flot)
304	le vague [vag]	(m) 애매, 막연, 모호
305	vainqueur [vɛ̃kœːr]	(m) 정복자, 승리자
306	vaisseau [vɛso]	(m) 큰 배, 선박(=bâtiment)
307	vaisselle [vɛsɛl]	(f) 식기, 설거지
308	valeur [valœːr]	(f) 가치, 가격, 의미(=sens)
309	vallon [valɔ̃]	(m) 작은 골짜기(<vallée)
310	vanité [vanite]	(f) 허영, 공허
311	variation [varjɑsjɔ̃]	(f) 변화, 변동
312	variété [varjete]	(f) 변화, 다양성
313	le vase [vɑːz]	(m) 꽃병, 항아리, 그릇
314	la vase [vɑːz]	(f) 진흙, 수렁
315	vedette [v(ə)dɛt]	(f) 인기 배우, 스타(=étoile)
316	véhicule [veikyl]	(m) 탈것 (*voiture 자동차)
317	veille [vɛj]	(f) 전 날(≠lendemain), 밤샘
318	veine [vɛn]	(f) 혈관 (*pouls 맥박)
319	vélo [velo]	(m) 자전거(=bicyclette)
320	vélodrome [velɔdrɔ(oː)m]	(m) 경륜장

321	vélomoteur [velɔmɔtœːr]	(m) 소형오토바이
322	vendanges [vɑ̃dɑ̃ːʒ]	(f) 포도수확(=moisson)
323	vendeur [vɑ̃dœːr]	점원 (f: vendeuse)
324	vengeance [vɑ̃ʒɑ̃ːs]	(f) 복수, 보복(=revanche)
325	vente [vɑ̃t]	(f) 판매, 매각(≠achat)
326	ver [vɛːr]	(m) 벌레 (*insecte 곤충)
327	verbe [vɛrb]	(m) 동사
328	vernis [vɛrni]	(m) 메니큐어, 니스
329	vers [vɛːr]	(m) (시의) 행, 시(pl)
330	version [vɛrsjɔ̃]	(f) 번역, 설명

331	vertu [vɛrty]	(f) 미덕(≠vice)
332	vestibule [vɛstibyl]	(m) 현관, 입구(=entrée)
333	veston [vɛstɔ̃]	(m) 상의(=veste)
334	veuf [vœf]	(m) 홀아비 (≠veuve:과부)
335	vice [vis]	(m) 악덕, 결점(=défaut)
336	victime [viktim]	(f) 희생자, 피해자
337	victoire [viktwaːr]	(f) 승리(=succès≠défaite)
338	vieillard [vjɛjaːr]	(m) 노인(=le vieux)
339	vieillesse [vjɛjɛs]	(f) 노년, 노년층
340	vierge [vjɛrʒ]	(f) 처녀

341	vigueur [vigœːr]	(f) 원기, 활기, 효력
342	villa [villa]	(f) 별장(*pavillon 정자)
343	vinaigre [vinɛgr]	(m) 식초
344	violation [vjɔlɑsjɔ̃]	(f) 위반, 불이행
345	violence [vjɔlɑ̃ːs]	(f) 폭력, 난폭(=brutalité)
346	violette [vjɔlɛt]	(f) 제비꽃
347	violon [vjɔlɔ̃]	(m) 바이올린
348	virage [viraːʒ]	(m) 커브, 선회, 전환
349	visite [vizit]	(f) 방문, 왕진
350	vitrine [vitrin]	(f) 진열장 (*étalage 진열)

351	vivacité [vivasite]	(f) 민첩, 활발, 격렬
352	vocabulaire [vɔkabylɛːr]	(m) 용어, 어휘(*lexique)
353	vocation [vɔkɑsjɔ̃]	(f) 사명, 천직, 성향
354	vœu [vø]	(m) 맹세, 소원(pl:vœux)
355	vogue [vɔg]	(f) 유행(=mode), 인기
356	voie [vwa]	(f) 길(=chemin), 도로
357	le voile [vwal]	(m) 장막, 베일
358	la voile [vwal]	(f) 돛, 배, 범선
359	voilier [vwalje]	(m) 범선, 돛단배, 요트
360	voisinage [vwazinaːʒ]	(m) 이웃사람, 근처, 접근
361	voix [vwa]	(f) 목소리, 여론, 투표
362	vol [vɔl]	(m) 비행, 날기, 절도
363	volant [vɔlɑ̃]	(m) 자동차의 핸들
364	volcan [vɔlkɑ̃]	(m) 화산
365	volet [vɔlɛ]	(m) 덧문 (*fenêtre 창문)
366	volonté [vɔlɔ̃te]	(f) 의지, 의향(=intention)
367	volume [vɔlym]	(m) 용량, 크기, 책의 권
368	voyageur [vwajaʒœːr]	(m) 여행자, 승객(=passageur)
369	voyelle [vwajɛl]	(f) 모음(≠consonne 자음)
370	wagon [vagɔ̃]	(m) 기차의 차량, 객차
371	zèbre [zɛbr]	(m) 얼룩말, 괴짜
372	zèle [zɛl]	(m) 열성, 열광, 열중(=ardeur)
373	zodiaque [zɔdjak]	(m) 황도대, 12궁도
374	zone [zoːn]	(f) 지대, 지역
375	zoo [zɔɔ]	(m) 동물원(=parc zoologique)

2. 2차 기본단어 명사 기본예문

Mon frère a été piqué par une **abeille**.
(내 동생이 **벌에** 쏘였다.)
Elle est venue pendant mon **absence**.
(그녀는 내가 **없을** 때 왔다.)
Je ne crois pas un mot de ses **affirmations**.
(나는 그의 **단언을** 한 마디도 믿지 않는다.)
On appelle quelquefois **l'aigle** le roi des oiseaux.
(사람들은 종종 **독수리를** 새들의 왕이라고 부른다.)
Nous avons appelé une **ambulance** pour conduire
le malade à l'hôpital.
(우리는 환자를 병원에 데리고 가기 위해 **앰뷸런스를** 불렀다.)
L'ampoule s'est cassée en tombant.
(**전구가** 떨어져 깨어졌다.)
C'est aujourd'hui mon vingtième **anniversaire**.
(오늘이 내 스무 번째 **생일**이다.)
Il a mis une **annonce** pour demander du travail.
(그는 구직**광고를** 냈다.)
Le chien n'a pas répondu à **l'appel** de son maître.
(그 개는 주인의 **부름에** 답하지 않았다.)
Cet enfant a beaucoup **d'aptitude** pour le dessin.
(이 아이는 그림에 무척 **소질이** 있다.)
Ne descendez pas avant **l'arrêt** du train.
(기차가 **멈추기** 전에 내리지 마시오.)
J'ai étudié cette affaire sous ses différents **aspects**.
(나는 그 일을 여러 **면에서** 검토했다.)
Ce soldat a eu une belle **attitude** devant l'ennemi.
(그 군인은 적 앞에서 훌륭한 **태도를** 보였다.)
Vous avez beaucoup **d'audace** quand vous me réclamez
une somme d'argent que je vous ai déjà payée.
(내가 이미 지불한 돈을 내게 요구하다니, 정말 **뻔뻔스럽군요**.)
Les **auditeurs** ont écouté ce qu'il a dit avec beaucoup
d'intérêt. (**청중들은** 그가 한 말을 매우 재미있게 들었다.)

Il faut obéir à **l'autorité** des lois.
(법의 **권위에** 복종해야 한다.)
Je me suis mis sous une porte pendant **l'averse**.
(나는 **소나기가** 오는 동안 문 아래로 피했다.)
Les soirs d'été nous prenons l'air sur notre **balcon**.
(여름날 저녁에 우리는 **발코니에서** 바람을 쐰다.)
L'infirmière a mis une **bande** de toile autour de la blessure.
(간호사는 상처에 **붕대를** 감아주었다.)
Beaucoup de personnes travaillent à Paris, mais habitent
dans la **banlieue**.
(많은 사람들이 빠리에서 일하지만 **교외에** 산다.)
Je suis étonné de la **beauté** de cette région.
(나는 이 고장의 **아름다움에** 놀란다.)
Il fait plus de bruit que de **besogne**.
(그는 말만 많지 **일은** 안 한다.)
Nous trouverons ce livre à la **bibliothèque** nationale.
(우리는 그 책을 **국립도서관에서** 찾아볼 수 있을 것이다.)
Après l'accident on a soigné les **blessés**.
(사고가 난 후, 사람들은 **부상자들을** 치료해 주었다.)
Il n'a pas de **but** dans la vie.
(그의 인생에는 **목적이** 없다.)
On fait des **cadeaux** aux enfants à leur fête.
(사람들은 아이들에게 그들의 생일날에 **선물을** 준다.)
Ces jeunes gens vont passer un mois dans un **camps**
de vacances.
(이 청년들은 방학 **야영지에서** 한 달을 보낼 것이다.)
Tous les **candidats** n'ont pas été reçus.
(**지원자가** 다 합격하지는 않았다.)
Cet enfant a tous les jours de nouveaux **caprices**.
(이 아이는 날마다 새로운 **변덕을** 부린다.)
Ces deux sœurs n'ont pas les mêmes **caractères**.
(이 두 자매는 같은 **성격이** 아니다.)
Le maître a écrit le nom des élèves sur son **carnet**.
(선생님은 자신의 **수첩에** 학생들 이름을 적었다.)

Le médecin m'a donné un **certificat** de maladie.
(의사는 나에게 **진단서**를 주었다.)
Certains **champignons** sont bons à manger, d'autres sont
très dangereux.
(어떤 **버섯은** 먹기에 좋으나 어떤 것들은 매우 위험하다.)
L'opération a été faite par un **chirurgien** très adroit.
(수술은 매우 노련한 **외과의사에** 의해 행해졌다.)
Il y a beaucoup de **circulations** dans les grandes rues.
(큰길에는 많은 **교통의 흐름이** 있다.)
On sert un morceau de **citron** avec le poisson, avec le thé.
(사람들은 생선이나 차와 함께 **레몬** 한 쪽을 차려낸다.)
La **civilisation** de l'Asie est différente de celle de l'Europe.
(아시아 **문명은** 유럽 문명과 다르다.)
Pour qui sonne la **cloche**? (누구를 위하여 **종은** 울리는가?)
Il est allé chez le **coiffeur** se faire couper les cheveux.
(그는 이발을 하러 **이발소에** 갔다.)
Il m'a montré sa **collection** de monnaies anciennes.
(그는 옛날 돈 **모은 것을** 나에게 보여주었다.)
On voit toute la plaine du haut de cette **colline**.
(이 **언덕** 위에서 들 전체가 보인다.)
Il est au **comble** du bonheur. (그는 행복의 **절정에** 있다.)
J'ai parlé avec mes **compagnons** de route.
(나는 내 **길동무들과** 이야기를 나누었다.)
Il s'occupe de la **composition** d'un air de musique.
(그는 한 곡의 음악 **작곡에** 몰두하고 있다.)
J'ai entendu de la très belle musique à ce **concert**.
(나는 그 **음악회에서** 매우 아름다운 음악을 들었다.)
On n'entre dans certaines écoles qu'après avoir passé
un **concours**.
(**경쟁시험을** 치른 이후에야 단지 몇몇 학교에 입학하게 된다.)
J'ai eu une longue **conversation** avec votre frère.
(나는 당신 형과 오랜 **대화를** 가졌다.)
Il a poussé son voisin du **coude**.
(그는 옆 사람을 **팔꿈치로** 밀었다.)

Il a **coutume** de boire une tasse de café après son déjeuner.
(그는 점심식사 후에 커피 한 잔을 마시는 **습관이** 있다.)
La **crainte** l'empêche de parler. (그는 **두려워** 말도 못한다.)
On voit des **cignes** nager sur le lac.
(**백조들이** 호수에서 헤엄치는 것이 보인다.)
Mettez la **date** au haut de votre lettre.
(당신 편지 위쪽에 **날짜**를 써넣으세요.)
Il a un grand **désir** de revoir ses parents.
(그는 부모님을 다시 뵙는다는 커다란 **희망**을 가지고 있다.)
Il a laissé sa chambre en **désordre**.
(그는 자기 방을 **너저분한** 채로 놔두었다.)
Il se rappelle tous les **détails** de son accident.
(그는 자기가 당한 사고의 모든 **상세한 내용**을 기억하고 있다.)
Le mauvais état de la route m'a obligé à faire un **détour**.
(도로의 나쁜 상태로 인하여 **우회할** 수밖에 없었다.)
Mes amis ont mis cette maison à ma **disposition**.
(내 친구들은 이 집을 내 **뜻대로** 하도록 맡겼다.)
Nous avons changé trois fois de **domicile** depuis cinq ans.
(우리는 5년 동안에 **주소를** 세 번이나 옮겼다.)
L'orage a causé de grands **dommages** aux cultivateurs.
(소나기는 경작자에게 커다란 **손해를** 끼쳤다.)
Connaissez-vous les grands **écrivains** français?
(프랑스의 위대한 **작가들**을 아십니까?)
Les pays modernes s'occupent beaucoup de **l'éducation**
des enfants.
(현대국가는 어린이들의 **교육에** 많은 신경을 쓴다.)
Nous avons entendu une **émission** intéressante.
(우리는 재미있는 **방송프로**를 들었다.)
Cette mort a causé une grande **émotion** dans la ville.
(그 죽음은 그 도시에 커다란 **감동**을 불러 일으켰다.)
Cette vieille personne est tombée en **enfance**.
(이 노인은 **노망**들었다.)
On a mis cet homme à **l'épreuve** avant de l'employer.
(그 사람을 채용하기 전에 **시험을** 부과했다.)

Il a cultivé son **esprit** en lisant et en écoutant.
(그는 읽고 들음으로써 자신의 **재능을** 길렀다.)

Il est arrivé beaucoup **d'événements** depuis que je suis parti.
(내가 떠난 후에 많은 **사건이** 일어났다.)

Je ne peux accepter ses **exigences**.
(나는 그의 **요구를** 받아들일 수 없다.)

Les médecins font des **expériences** sur des animaux.
(의사들은 동물들에 대하여 **실험을** 한다.)

On a fait venir un **expert** pour dire si ce tableau est bien
de Cézanne.
(이 그림이 진짜 세잔의 것인지 알아보기 위해 **전문가를** 불렀다.)

L'exportation de certaines marchandises n'est pas permise.
(어떤 상품들의 **수출은** 금지되어 있다.)

Ne vous laissez pas tromper par la **facilité** de ce travail.
(이 일이 **쉽다고** 깔보지 마세요.)

C'est un homme sans **foi** ni loi.
(그는 **도의심이** 전혀 없는 사람이다.)

La **fonction** du cœur est de faire aller le sang dans
tout le corps. (심장의 **기능은** 피를 몸 전체에 보내는 것이다.)

Il lui faudrait beaucoup de **fonds** pour établir son commerce.
(그가 장사를 시작하기 위해서 많은 **돈이** 필요할 것이다.)

Pour demander un passeport, il faut remplir une **formule**.
(여권을 신청하기 위해서는 **서식을** 작성해야 한다.)

J'ai fait de grands **gestes** pour vous appeler.
(나는 당신을 부르려고 크게 **손짓을** 했다.)

Un petit os lui est resté dans la **gorge**.
(작은 가시 하나가 그의 **목에** 걸렸다.)

L'honneur te commande de tenir ce que tu as promis.
(**명예는** 네가 약속한 것을 지킬 것을 너에게 요구한다.)

Le temps est couvert, je vais mettre mon **imperméable**
pour sortir. (날씨가 흐려서 **비옷을** 걸치고 외출해야겠다.)

Un accident a empêché la fête de finir de bonne **heure**.
(사고가 나서 축제가 **일찍** 끝나지 못했다.)

Depuis que son enfant est malade, cette mère vit dans **l'inquiétude**.
(아이가 병든 후부터 이 어머니는 **근심** 속에서 산다.)

L'invention de la machine à vapeur a fait faire de grands progrès.
(증기기관의 **발명은** 커다란 발전을 이룩하게 했다.)

Cette nouvelle m'a causé une grande **joie**.
(이 소식은 내게 큰 **즐거움을** 주었다.)

La **leçon** de ce maître m'intéressent beaucoup.
(이 선생님의 **수업은** 무척 나의 흥미를 끈다.)

Je cherche un **logement** dans cette ville.
(나는 이 도시에서 **방을** 구하고 있다.)

L'hiver des **marchands** vendent des marrons chauds dans les rues de Paris.
(겨울에 **상인들이** 빠리의 거리에서 군밤을 판다.)

Il a fait entrer le clou dans le mur en frappant avec un **marteau**.
(그는 **망치로** 두들겨서 벽에 못을 박았다.)

Il a reçu un coup de poing sous le **menton**.
(그는 **턱에** 주먹으로 한 대 얻어맞았다.)

Il est toujours habillé à la dernière **mode**.
(그는 항상 최신 **유행을** 따라 옷을 입는다.)

Le **musée** du Louvre, à Paris, est un des plus beaux du **monde**.   (빠리에 있는 루브르 **박물관은** 세계에서 가장 아름다운 박물관들 중의 하나이다.)

Mon frère a fait deux **objections** à mon voyage.
(형은 내 여행에 대해 두 가지의 **반대의견을** 내 세웠다.)

J'ai senti une mauvaise **odeur** en traversant ce chemin.
(이 길을 횡단하면서 나는 고약한 **냄새를** 맡았다.)

Il serait parti sans **l'opposition** de ses parents.
(그는 자기 부모의 **반대만** 없었더라면 떠났을 것인데...)

Pendant **l'orage** les bateaux ont été en grand péril.
(**폭풍우가** 이는 동안 배들은 커다란 위험에 처했었다.)

Cet homme est un grand **personnage** dans son pays.
(이 사람은 자기 나라에서는 위대한 **인물이다**.)
Les enfants s'amusent beaucoup sur les **plages** de sable.
(아이들은 **모래사장에서** 잘 논다.)
Il m'a dessiné le **plan** de sa maison.
(그는 자기 집으로 가는 **약도를** 나에게 그려주었다.)
Il m'a salué avec beaucoup de **politesse**.
(그는 무척 **공손하게** 나에게 인사했다.)
La **préparation** de son voyage lui a pris beaucoup de temps.
(그는 여행 **준비에** 많은 시간이 걸렸다.)
On n'a pas fait attention à sa **présence**.
(사람들은 그의 **존재에** 대해서 아무런 주의도 기울이지 않았다.)
Il a apporté la **preuve** de ce qu'il disait.
(그는 자기가 말한 것에 대한 **증거를** 가져왔다.)
Il a pour **principe** de se lever de bonne heure.
(그는 일찍 일어나는 것을 **원칙으로** 하고 있다.)
Le **problème** qu'il nous a donné n'est pas facile.
(그가 우리에게 내준 **문제는** 쉽지 않다.)
Il m'a promis de venir, mais il n'a pas tenu sa **promesse**.
(그는 오겠다고 **약속**했지만 지키지 않았다.)
On l'a arrêté sans écouter ses **protestations**.
(사람들은 그의 **항의도** 듣지 않고 그를 체포했다.)
Il a longtemps habité la **province**.
(그는 오랫동안 **시골에** 살았다.)
Il s'est conduit avec beaucoup de **prudence**.
(그는 매우 **조심스럽게** 행동했다.)
On a peint une **raie** jaune au milieu de la route.
(길 한 가운데에 노란 **줄이** 그어져 있다.)
C'est un homme d'un **rang** élevé.
(이 사람은 높은 **지위에** 있는 사람이다.)
J'ai fait un **rapport** sur mon voyage.
(나는 내가 다녀온 여행에 대해서 **보고를** 했다.)
En été les **rayons** du soleil sont très chauds.
(여름에는 태양**광선이** 매우 뜨겁다.)

Il n'a pas eu de **réaction** quand je lui ai parlé de toi.
(내가 그에게 너에 대한 이야기했을 때 그는 아무 **반응이** 없었다.)
La **réalité** est souvent moins belle que le **rêve**.
(**현실**은 대개 **꿈**보다 아름답지 못하다.)
Je suis à la **recherche** d'un appartement.
(나는 아파트를 **찾고** 있다.)
Cette chambre a la forme d'un **rectangle**.   (이 방은 **장방형이다**.)
Le marchand m'a fait une **réduction**.
(상인은 나에게 물건 값을 **할인해** 줬다.)
Pour tout **remerciement** il m'a fermé sa porte.
(**감사**하기는커녕 그는 나를 문에서 쫓아냈다.)
Le paysan a tué le **renard** qui avait mangé ses poules.
(그 농부는 자기 닭을 잡아먹은 **여우**를 죽였다.)
Pourriez-vous me donner quelques **renseignements**
sur la ville où je vais?
(제가 가는 도시에 대해 몇 가지 **정보를** 말씀해 주시겠습니까?)
Les **réparations** de sa maison ont coûté très cher.
(그의 집을 **수리하는** 데에 많은 돈이 들었다.)
Cette belle maison n'est plus que **ruines**.
(그 아름다운 집은 이제 **폐허에** 지나지 않는다.)
Le train est arrivé trente **secondes** avant l'heure.
(그 기차는 정시 30**초** 전에 도착했다.)
La maman donne le **sein** à son bébé.
(엄마가 아기에게 **젖꼭지**를 물려준다.)
Nous avons fait un long **séjour** à la campagne.
(우리는 시골에 오래 **머물렀다**.)
Cette clé n'entre pas dans la **serrure**.
(이 열쇠는 **자물쇠에** 맞지 않는다.)
Le médecin lui a dit de prendre du **sirop**.
(의사는 그에게 **시럽을** 복용하라고 말했다.)
J'ai passé une bonne **soirée** chez mes amis.
(나는 친구네 집에서 즐거운 **저녁시간을** 보냈다.)
Le **sommet** du Mont Blanc est le plus haut d'Europe.
(몽블랑 산 **정상은** 유럽에서 가장 높다.)

Il y a des avions qui vont plus vite que le **son**.
(**음속보다** 더 빠른 비행기들이 있다.)

Il s'est fait beaucoup de **soucis** pour ses enfants.
(그는 아이들 때문에 **걱정을** 많이 했다.)

Beaucoup de monde est venu au **stade** voir la course
de bicyclettes.
(많은 사람들이 자전거 경기를 보러 **경기장에** 왔다.)

Il a fait un **stage** de trois semaines dans une usine.
(그는 공장에서 3주간의 **실습을** 했다.)

Il a une **tache** de graisse sur son pantalon.
(그는 바지에 기름으로 **얼룩이** 졌다.)

Le **technique** occupe une place importante dans
le monde moderne.
(**기술은** 현 세계에서 중요한 위치를 차지하고 있다.)

Cette jeune fille a un **teint** très clair.
(그 소녀는 대단히 밝은 **안색을** 하고 있다.)

Les bateaux restent dans le port quand il y a de la **tempête**.
(**폭풍우가** 칠 동안에는 배들은 항구에 머무른다.)

Nous allons bientôt arriver au **terminus**.
(우리는 곧 **종점에** 도착할 것이다.)

Il connaît la **théorie** de son art, mais n'en a pas encore
la pratique.   (그는 자기 기술의 **이론은** 알고 있으나
아직 그에 대한 실제 경험은 없다.)

Je n'ai lu que le **titre** de ce livre.
(나는 이 책의 **제목밖에** 읽지 않았다.)

Un homme est tombé dans le **torrent** et son corps
a été emporté. (한 남자가 **급류에** 빠져서 휩쓸려 갔다.)

Le dimanche il y a un grand **trafic** sur l'autoroute.
(일요일마다 고속도로에는 **교통량이** 많다.)

Il fait tous les jours à pied le **trajet** de sa maison
à son bureau. (그는 매일 집에서 사무실까지 걸어서 **다닌다**.)

Il lui a donné une **tranche** de pain.
(그는 그에게 식빵 한 **조각을** 주었다.)

Elle est dans la **tristesse** depuis la mort de son père.
(그녀는 아버지가 돌아가신 후 **슬픔에** 잠겨있다.)
L'union de ces deux frères fait plaisir à voir.
(이 두 형제의 **화합은** 보기에 즐겁다.)
Il fait ses études à **l'université** pour devenir médecin.
(그는 의사가 되기 위해 **대학교에서** 공부한다.)
L'utilisation de certains médicaments n'est pas sans danger.
(어떤 약의 **사용은** 위험이 없지 않다.)
Je ne vois pas **l'utilité** de ce voyage.
(나는 이번 여행이 **유익하다고** 생각지 않는다.)
On ne peut pas se baigner quand les **vagues** sont trop fortes.
(**파도가** 너무 세면 해수욕을 할 수 없다.)
Elle a mis les fleurs dans un **vase**.
(그녀는 **꽃병에** 꽃을 꽂았다.)
Notre **voisin** est parti pour la campagne après la **vente**
de sa maison.
(우리 **이웃은** 집을 **팔고** 시골로 내려갔다.)
Comme il faisait chaud, il a enlevé son **veston**.
(날씨가 더워서 그는 **상의를** 벗었다.)
Elle est restée **veuve** avec deux enfants.
(그녀는 두 아이들과 함께 **과부로** 지냈다.)
On a peur de cet homme à cause de sa **violence**.
(사람들은 그의 **폭력** 때문에 그를 무서워한다.)
Je ne lui donnerai pas ma **voix**.
(나는 그에게 내 **의견을** 말하지 않겠다.)
Il faut beaucoup de **volonté** pour arriver à un bon résultat.
(좋은 결과를 얻으려면 많은 **의지가** 필요하다.)
Autour des villes on ne doit pas construire de maisons
dans certaines **zones**.
(도시들 주위의 어떤 **지역에서는** 집을 지어서는 안 된다.)

3. 2차 기본단어 - 형용사 548개

형용사란

 명사의 성질, 속성 등을
나타내는 것으로,
관계하는 명사 혹은 대명사의
성과 수에 따라 일치한다.
특이하게 변하는 형용사는
괄호 안에 별도로 표기하였다.
섬세한 명사의 성질과 속성을 드러낼
수준있는 형용사들을 다루었다.

1	abondant [abɔ̃dɑ̃]	넉넉한, 풍부한
2	absent [apsɑ̃]	부재의, 결석한(≠présent)
3	absolu [apsɔly]	절대적인(≠relatif)
4	acide [asid]	신, 신랄한(=amer)
5	actif (-ve) [aktif, -iːv]	활동적인(≠passif)
6	actuel(le) [aktɥɛl]	현재의, 시사의
7	admirable [admirabl]	감탄할, 놀라운(=merveilleux)
8	adolescent [adɔlɛsɑ̃]	젊은(=jeune), 청소년의
9	aérien(ne) [aerjɛ̃, -ɛn]	공중의, 공기의
10	affectueux (-se) [afɛktɥø, -øːz]	애정 깊은(=amoureux)
11	affirmatif (-ve) [afirmatif, -iːv]	긍정적인(≠négatif)
12	affreux (-se) [a(ɑ)frø, -øːz]	끔찍한(=terrible)
13	âgé [ɑ(a)ʒe]	나이 먹은(≠jeune)
14	aigre [ɛgr]	신(≠doux), 까다로운
15	aigu (-guë) [e(ɛ)gy]	날카로운(=acéré, strident)
16	aimable [ɛmabl]	친절한(=affable), 귀여운
17	aîné [ɛ(e)ne]	형의, 맏이의(≠cadet)
18	aise [ɛːz]	반가운, 기쁜(≠mécontent)
19	alimentaire [alimɑ̃tɛːr]	식품의
20	ambitieux (-se) [ɑ̃bisjø, -øːz]	야심 있는
21	amer (-ère) [amɛːr]	쓴, 신랄한(=douloureux, pénible)
22	américain [amerikɛ̃]	미국의
23	amical [amikal]	다정한, 친근한(=cordial)
24	amoureux (-se) [amurø, -øːz]	반한, 사랑하는(=épris)
25	ample [ɑ̃ːpl]	풍덩한, 푸짐한(=large)
26	amusant [amyzɑ̃]	재미있는(=plaisant)
27	analogue [analɔg]	비슷한(=semblable)
28	anglais [ɑ̃glɛ]	영국의, 영어의(=britannique)
29	animé [anime]	생기 있는(=vivant, vif)
30	annuel(le) [anɥɛl]	해마다 있는

31	antique [ɑ̃tik]	옛날의(=ancien), 고대의
32	appliqué [aplike]	적용된, 열심인(=assidu)
33	apte [apt]	알맞은, 소질 있는(=capable)
34	arabe [arab]	아랍의
35	assis [asi]	앉은(≠debout)
36	atomique [atɔmik]	원자의(*particulaire 미립자의)
37	authentique [ɔ(o)tɑ̃tik]	진정한, 진짜인(=vrai, exact)
38	automatique [ɔ(o)tɔmatik]	자동의
39	autre [o:tr]	다른(=nouveau, différent)
40	auxiliaire [ɔ(o)ksiljɛ:r]	돕는, 보조의
41	avare [ava:r]	구두쇠의, 인색한(≠dépensier)
42	banal [banal]	평범한(=vulgaire), 시시한
43	barbare [barba:r]	미개한(=sauvage), 거친
44	bavard [bava:r]	말이 많은
45	belge [bɛlʒ]	벨기에의
46	bien-aimé [bjɛ̃nɛ(e)me]	사랑하는(=cher)
47	bizarre [biza:ʀ]	이상한(=singulier, insolite)
48	blessé [blɛ(e)se]	다친, 마음이 상한(=offensé)
49	brave [brɑ:v]	용감한, 정직한(=honnête)
50	bref, brève [brɛf, -ɛ:v]	짧은, 간략한(=simple)
51	brillant [brijɑ̃]	빛나는(=éblouissant)
52	brusque [brysk]	갑작스런(=soudain), 거친
53	brutal [brytal]	난폭한(=violent)
54	bruyant [brɥijɑ̃]	시끄러운(≠calme)
55	cadet(te) [kadɛ, -ɛt]	손아래의(≠ainé)
56	calme [kalm]	고요한(=tranquille), 침착한
57	candide [kɑ̃did]	천진스러운(=naïf)
58	capable [kapabl]	유능한, 할 수 있는
59	capital [kapital]	중요한(=majeur), 으뜸의
60	catholique [katɔlik]	카톨릭의

61	célèbre [selɛbr]	유명한, 이름난(=connu)
62	célibataire [selibatɛːr]	독신의(≠mairé)
63	central [sɑ̃tral]	중앙의, 중요한(=capital)
64	chargé [ʃarge]	짐 실은, 꽉 찬(=plein)
65	charmant [ʃarmɑ̃]	귀여운, 매력적인
66	chauve [ʃoːv]	대머리의
67	chic [ʃik]	멋있는(=élégant), 상냥한
68	chimique [ʃimik]	화학의(*physique 물리학의)
69	chinois [ʃinwa]	중국의
70	chrétien(ne) [kretjɛ̃, -ɛn]	기독교의
71	civil [sivil]	시민의, 법적인
72	classique [klasik]	고전주의의
73	clouté [klute]	못 박은
74	collectif [kɔlɛktif]	단체의, 공동의(=commun)
75	comique [kɔmik]	희극의, 웃기는(=drôle)
76	commercial [kɔmɛrsjal]	장사의, 상업의(*lucratif)
77	commun [kɔmɶ̃]	공동의, 보통의
78	communiste [kɔmynist]	공산주의의
79	complémentaire [kɔ̃plemɑ̃tɛːr]	보충하는(=supplémentaire)
80	complet (-ète) [kɔ̃plɛ, -ɛt]	완전한(=intégral), 만원의
81	compliqué [kɔ̃plike]	복잡한, 까다로운(≠simple)
82	concret (-ète) [kɔ̃krɛ, -ɛt]	구체적인(≠abstrait)
83	condamné [kɔ̃dɑ(a)ne]	유죄선고 받은
84	connu [kɔny]	유명한, 알려진(=célèbre)
85	conséquent [kɔ̃sekɑ̃]	중요한, 일치되는(=conforme à)
86	considérable [kɔ̃siderabl]	중요한, 상당한(=éminent)
87	considéré [kɔ̃sidere]	존경받는(=respecté), 간주된
88	constant [kɔ̃stɑ̃]	한결같은(=durable), 확실한
89	contenu [kɔ̃tny]	포함된, 억제된(≠exprimé)
90	continuel(le) [kɔ̃tinɥɛl]	끊임없는(=continu, constant)

91	coquet(te) [kɔkɛ, -ɛt]	멋 부리는
92	correct [kɔrɛkt]	정확한, 단정한(=décent)
93	correspondant [kɔrɛspɔ̃dɑ̃]	상응하는, 상대의
94	coupable [kupabl]	유죄의(≠innocent)
95	courageux (-se) [kuraʒ]	용감한(=brave,vaillant≠lâche)
96	courbe [kurb]	굽은(≠droit)
97	courant [kurɑ̃]	흐르는, 지금의(=actuel)
98	coûteux (-se) [kutø, -øːz]	비싼(=cher)
99	critique [kritik]	비판하는
100	croisé [krwaze]	엇갈린
101	cruel(le) [kryɛl]	잔인한, 사정없는(=féroce)
102	décidé [deside]	단호한, 확정된(=résolu)
103	décisif (-ve) [desizif, -iːv]	결정적인(=définitif)
104	défini [defini]	정해진, 일정한(=déterminé)
105	définitif (-ve) [definitif, -iːv]	결정적인, 종국의
106	dégoûtant [degutɑ̃]	불쾌한(=mécontent), 역겨운
107	délicat [delika]	섬세한, 조심하는
108	délicieux (-se) [delisjø, -øːz]	맛있는, 즐거운
109	démocratique [demɔkratik]	민주적인
110	désagréable [dezagreabl]	불쾌한(≠aimable)
111	désert [dezɛːr]	인적 없는(=vide), 쓸쓸한
112	désespéré [dezɛspere]	절망적인
113	désolé [dezɔle]	미안한, 유감의
114	direct [dirɛkt]	직접의, 곧은
115	discret (-ète) [diskrɛ, -ɛt]	신중한(=réservé), 분별 있는
116	disponible [dispɔnibl]	사용할 수 있는, 한가한
117	distrait [distrɛ]	부주의한, 소홀한
118	divers [divɛːr]	여러가지의(=différents), 각종의
119	divin [divɛ̃]	신의(≠humain), 숭고한
120	domestique [dɔmɛstik]	가정의, 가축의

121	doré [dɔre]	도금한, 금빛 나는
122	dormant [dɔrmɑ̃]	잔잔한(=calme)
123	double [dubl]	두 배의
124	douloureux (-se) [dulurø, -ø:z]	괴로운, 비통한
125	douteux (-se) [dutø, -ø:z]	의심스러운
126	dramatique [dramatik]	극적인
127	durable [dyrabl]	오래가는(≠éphémère)
128	éclairé [eklɛre]	밝은, 밝혀진(≠sombre)
129	éclatant [eklatɑ̃]	눈부신(=étincelant), 우렁찬
130	économique [ekɔnɔmik]	경제적인

131	écrit [ekri]	쓰여진
132	effectif (-ve) [efɛktif, -i:v]	유효한(=valable)
133	efficace [efikas]	효과적인
134	effrayant [efrɛjɑ̃]	무서운, 어마어마한
135	égal [egal]	같은, 평등한
136	égoïste [egɔist]	이기주의의
137	électoral [elɛktɔral]	선거의
138	élégant [elegɑ̃]	우아한, 고상한(=grâcieux)
139	élémentaire [elemɑ̃tɛ:r]	기초의, 간단한
140	élevé [ɛ(e)lve]	양육된, 키워진, 높은

141	embêtant [ɑ̃bɛtɑ̃]	귀찮은, 싫은
142	enchanté [ɑ̃ʃɑte]	매우 기쁜(=ravi)
143	énergique [enɛrʒik]	정력적인, 힘찬
144	enfantin [ɑ̃fɑ̃tɛ̃]	유치한, 쉬운
145	ennuyeux (-se) [ɑ̃nɥijø, -ø:z]	지루한, 섭섭한
146	énorme [enɔrm]	거대한, 막대한
147	entier (-ère) [ɑ̃tje, -ɛ:r]	전적인, 온전한
148	épuisé [epɥize]	피곤한, 고갈된(=fatigué)
149	équivalent [ekivalɑ̃]	똑같은, 등가의
150	érudit [erydi]	박식한(=savant, instruit)

151	essentiel(le) [esãsjɛl]	근본적인, 중요한
152	esthétique [ɛstetik]	미학의
153	éteint [etɛ̃]	꺼진, 색이 바랜
154	éternel(le) [etɛrnɛl]	영원한(=infini)
155	étouffant [etufã]	숨 막히는(=suffocant)
156	étourdi [eturdi]	경솔한(=distrait≠prudent)
157	étrange [etrãːʒ]	이상한, 기묘한(=bizarre)
158	étranger (-ère) [etrãʒe, -ɛːr]	외국의, 외부의
159	éventuel(le) [evãtɥɛl]	우연한, 우발적인
160	évident [evidã]	명백한, 확실한(=certain)
161	exact [ɛgzakt]	정확한, 옳은(=juste)
162	excellent [ɛksɛlã]	뛰어난, 훌륭한
163	exceptionnel(le) [ɛksɛpsjɔnɛl]	예외적인, 특별한
164	excessif (-ve) [ɛksɛ(e)sif, -iːv]	과도한, 심한
165	exclusif (-ve) [ɛksklyzif, -iːv]	배타적인(≠généreux)
166	expérimental [ɛksperimãtal]	실험의, 경험상의
167	expressif (-ve) [ɛksprɛ(e)sif]	표현력이 풍부한
168	exquis [ɛkski]	맛있는, 그윽한
169	extraordinaire [ɛkstraɔrdinɛːr]	뜻밖의, 비범한
170	extrême [ɛkstrɛm]	끝의, 극도의
171	fâché [faʃe]	화난, 유감스러운
172	fameux (-se) [famø, -øːz]	유명한, 썩 좋은
173	familial [familjal]	가족적인, 다정한
174	familier (-ère) [familje, -ɛːr]	친근한, 허물없는
175	fantastique [fãtastik]	환상적인(=fabuleux)
176	fatal [fatal]	숙명적인, 불길한
177	fatigant [fatigã]	지치게 하는
178	favorable [favɔrabl]	..에 좋은, 유리한
179	favori(te) [favɔri, -it]	좋아하는(=préféré)
180	fécond [fekɔ̃]	다산의, 기름진

181	féminin [feminɛ̃]	여성의 (≠masculin)
182	ferme [fɛrm]	단단한, 굳건한(=solide)
183	féroce [ferɔs]	사나운(=violent), 지독한
184	fertile [fɛrtil]	기름진, 풍성한(≠stéril)
185	fidèle [fidɛl]	충실한, 성실한
186	fier (-ère) [fjɛːr]	자랑하는, 교만한
187	fin [fɛ̃]	얇은, 고운
188	final [final]	끝의, 마지막의
189	financier (-ère) [finɑ̃sje, -ɛːr]	재정의
190	fixe [fiks]	고정된, 일정한(=immobile)
191	flexible [flɛksibl]	유연한, 유순한
192	fluide [flɥid]	유동하는
193	fondamental [fɔ̃damɑ̃tal]	기본 되는(=essentiel)
194	forcé [fɔrse]	강요당한(=obligé)
195	formidable [fɔrmidabl]	훌륭한, 무서운
196	fragile [fraʒil]	깨지기 쉬운(≠solide)
197	franc(he) [frɑ̃, -ɑ̃ːʃ]	솔직한(=sincère≠caché)
198	fraternel [fratɛrnɛl]	형제의, 우애 있는
199	fréquent [frekɑ̃]	빈번한, 잦은
200	frivole [frivɔl]	경박한, 시시한(=vulgaire)
201	fugitif (-ve) [fyʒitif, -iːv]	달아나는, 덧없는(=éphémère)
202	furieux (-se) [fyrjø, -øːz]	격분한, 맹렬한
203	futur [fytyːr]	미래의
204	géant [ʒeɑ̃]	거대한(=gros)
205	général [ʒeneral]	일반(총괄)적인
206	généreux (-se) [ʒenerø, -øːz]	후한, 너그러운(≠difficile)
207	génial [ʒenjal]	타고난, 천재적인, 훌륭한
208	géographique [ʒeɔgrafik]	지리학의
209	glacial [glasjal]	얼음 같은, 차가운
210	glorieux (-se) [glɔrjø, -øːz]	영광스러운

211	gouvernant [guvɛrnɑ̃]	다스리는
212	gracieux (-se) [grasjø, -ø:z]	맵시 있는
213	grandiose [grɑ̃djo:z]	웅대한(=gros)
214	gratuit [gratɥi]	공짜의, 무료의
215	grave [gra(ɑ):v]	대단한, 점잖은, 무거운
216	habile [abil]	솜씨 좋은(≠maladroit)
217	habituel(le) [abitɥɛl]	관례의, 습관적인
218	habitué [abitɥe]	익숙한, 습관이 된
219	† hardi [ardi]	대담한(=audacieux), 과감한
220	harmonieux [armɔnjø]	잘 조화된
221	hebdomadaire [ɛbdɔmadɛ:r]	주간의, 매주의
222	héroïque [erɔik]	영웅적인, 장렬한
223	historique [istɔrik]	역사적인
224	honnête [ɔnɛt]	정직한, 청렴한(=brave)
225	honorable [ɔnɔrabl]	명예로운, 고귀한
226	horrible [ɔribl]	무서운, 끔찍한(=affreux)
227	hostile [ɔstil]	반대하는(≠favorable)
228	humain [ymɛ̃]	인간의(≠divin), 인도적인
229	humble [œ̃:bl]	겸손한, 수수한(≠orgueilleux)
230	idéal [ideal]	이상적인, 훌륭한
231	idiot [idjo]	어리석은(=sot, imbécile)
232	ignorant [iɲɔrɑ̃]	무식한, 모르는(≠intelligent)
233	illustre [ilystr]	유명한, 저명한(=célèbre)
234	imaginaire [imaʒinɛ:r]	상상의, 가공의(≠réel)
235	imbécile [ɛ̃besil]	어리석은(=sot, idiot)
236	immédiat [imedja]	직접적인(=direct)
237	immense [imɑ̃:s]	매우 넓은(=vaste)
238	immobile [imɔbil]	움직이지 않는
239	immoral [imɔral]	부도덕적인
240	immortel(le) [imɔrtɛl]	죽지 않는

241	impair [ɛ̃pɛːr]	홀수의
242	imparfait [ɛ̃parfɛ]	미완성의, 미완료의
243	impatient [ɛ̃pasjɑ̃]	참을성 없는
244	impersonnel(le) [ɛ̃pɛrsɔnɛl]	비인칭의
245	incapable [ɛ̃kapabl]	할 수 없는, 무능한
246	inconnu [ɛ̃kɔny]	알려지지 않은
247	incroyable [ɛ̃krwajabl]	믿을 수 없는
248	indéfini [ɛ̃defini]	무한한, 막연한
249	indépendant [ɛ̃depɑ̃dɑ̃]	독립된, 자립된
250	indifférent [ɛ̃difɛrɑ̃]	무관심한, 냉담한
251	indirect [ɛ̃dirɛkt]	간접적인
252	indispensable [ɛ̃dispɑ̃sabl]	필수불가결의
253	individuel(le) [ɛ̃dividɥɛl]	개인의, 각각의
254	inférieur [ɛ̃ferjœːr]	보다 낮은(≠supérieur)
255	infini [ɛ̃fini]	끝없는, 무한한(=éternel)
256	infirme [ɛ̃firm]	불구의, 병든(=invalide)
257	ingrat [ɛ̃gra]	배은망덕한
258	injuste [ɛ̃ʒyst]	부당한, 부정한
259	innocent [inɔsɑ̃]	결백한, 순진한
260	inquiet (-ète) [ɛ̃kjɛ, -ɛt]	불안한, 초조한
261	intact [ɛ̃takt]	손닿지 않은(=tel quel)
262	intellectuel(le) [ɛ̃te(ɛ)lɛktɥɛl]	지적인
263	intense [ɛ̃tɑ̃ːs]	강한, 심한
264	intéressé [ɛ̃terɛ(e)se]	이해관계가 있는
265	inutile [inytil]	무익한, 헛된
266	invariable [ɛ̃varjabl]	변하지 않는
267	invisible [ɛ̃vizibl]	보이지 않는
268	irrégulier (-ère) [iregylje, -ɛːr]	불규칙적인
269	ivre [iːvr]	취한(=gris)
270	jaloux (-se) [ʒalu, -uːz]	질투하는

271	joyeux (-se) [ʒwajø, -øːz]	즐거운, 유쾌한
272	juif (-ve) [ʒɥif, iːv]	유태의
273	jumeau (-elle) [ʒymo, -ɛl]	쌍둥이의
274	laborieux (-se) [labɔrjø, -øːz]	근면한, 힘 드는
275	lâche [lɑːʃ]	비겁한(≠brave)
276	libéral [liberal]	자유주의의
277	liquide [likid]	액체의
278	lisse [lis]	매끈한, 윤나는
279	local [lɔkal]	지방의
280	logique [lɔʒik]	논리적인
281	lointain [lwɛ̃tɛ̃]	먼, 옛날의
282	loyal [lwajal]	성실한, 충실한(=fidèle)
283	lumineux (-se) [lyminø, -øːz]	빛나는(=éclatant), 빛의
284	luxueux (-se) [lyksɥø, -øːz]	호화로운
285	magique [maʒik]	마술의
286	magnifique [maɲifik]	화려한, 훌륭한
287	majeur [maʒœːr]	더 큰, 중요한(≠mineur)
288	maladroit [maladrwa]	서툰(≠habile)
289	mâle [mɑːl]	수컷의(≠femâle)
290	malin, maligne [malɛ̃, -iɲ]	짓궂은, 꾀바른(=rusé)
291	maritime [maritim]	해상의 (*naval 해군의)
292	masculin [maskylɛ̃]	남성의(≠féminin)
293	matériel(le) [materjɛl]	물질적인, 저속한(=vulgaire)
294	maternel(le) [matɛrnɛl]	어머니의, 모국의
295	mauve [moːv]	자색의(*pourpre 자주색의)
296	mécanique [mekanik]	기계적인
297	mécontent [mekɔ̃tɑ̃]	불만스러운
298	médical [medikal]	의학의, 약의
299	médiocre [medjɔkr]	보통의, 평범한(=ordinaire)
300	ménager (-ère) [menaʒe, -ɛːr]	가사에 관한

301	mensuel(le) [mɑ̃sɥɛl]	월간의
302	mental [mɑ̃tal]	정신의
303	menteur (-euse) [mɑ̃tœːr, -øːz]	거짓말쟁이의
304	merveilleux (-se) [mɛrvɛjø, -øːz]	경이적인, 놀라운
305	meublé [mœble]	가구가 딸린
306	mignon(ne) [miɲɔ̃]	귀여운, 상냥한
307	militaire [militɛːr]	군대의, 군인의
308	minéral [mineral]	광물질의
309	mineur [minœːr]	더 작은, 하찮은
310	misérable [mizerabl]	비참한, 가난한

311	modeste [mɔdɛst]	겸손한, 검소한
312	moindre [mwɛ̃ːdr]	더 작은 (<petit)
313	mondain [mɔ̃dɛ̃]	세속적인, 사교계의
314	mondial [mɔ̃djal]	세계의
315	monotone [mɔnɔtɔn]	단조로운
316	moral [mɔral]	도덕(교훈)적인
317	mortel(le) [mɔrtɛl]	반드시 죽는
318	motif (-ve) [mɔtif, -iːv]	동기의, 이유의
319	moyen(ne) [mwajɛ̃, -ɛn]	중간의, 보통의
320	municipal [mynisipal]	시의, 시립의

321	mystérieux (-se) [misterjø, -øːz]	신비로운
322	naïf (-ve) [naif, -iːv]	순진한, 천진한
323	natal [natal]	출생한
324	national [nasjɔnal]	민족의, 국가의
325	naval [naval]	해군의, 군함의
326	négatif (-ve) [negatif, -iːv]	부정의, 소극적인
327	négligent [negliʒɑ̃]	소홀한, 태만한(=distrait)
328	nerveux (-se) [nɛrvø, -øːz]	신경질적인
329	net(te) [nɛt]	깨끗, 분명한
330	neutre [nøːtr]	중립의, 중성의

341	noble [nɔbl]	귀족의, 고상한
342	normal [nɔrmal]	정상적인
343	nuisible [nɥizibl]	해로운(≠bienfaisant)
344	objectif (-ve) [ɔbʒɛktif, -iːv]	객관적인
345	obligatoire [ɔbligatwaːr]	의무적인(=inévitable)
346	obscur [ɔpskyr]	어두운, 모호한
347	occidental [ɔksidɑ̃tal]	서구의, 서양의
348	officiel(le) [ɔfisjɛl]	공식적인, 당국의
349	oisif (-ve) [wazif, -iːv]	한가한(≠occupé)
350	opposé [ɔpoze]	반대의(=défavorable)
351	ordinaire [ɔrdinɛːr]	보통의, 평범한
352	ordinal [ɔrdinal]	순서의, 서수의
353	organique [ɔrganik]	기관의, 유기체의
354	orgueilleux (-se) [ɔrgœjø, -øːz]	교만한, 거만한(=audacieux)
355	oriental [ɔrjɑ̃tal]	동양의, 동방의
356	original [ɔriʒinal]	원본의, 독창적인
357	pacifique [pasifik]	평화적인, 평온한
358	pair [pɛːr]	짝수의(≠impair)
359	paisible [pɛ(e)zibl]	평화로운, 조용한
360	pâle [pɑːl]	창백한, 희미한
361	paresseux (-se) [parɛsø, -øːz]	게으른, 느린
362	parfait [parfɛ]	완전한
363	particulier (-ère) [partikylje, -ɛːr]	특별한(=spécial)
364	passager (-ère) [pɑ(a)saʒe, -ɛːr]	일시적인(=temporaire)
365	paternel(le) [patɛrnɛl]	아버지의(≠maternel)
366	pathétique [patetik]	비장한, 감동적인
367	patient [pasjɑ̃]	끈기 있는
368	pénible [penibl]	힘드는, 괴로운(=douloureux)
369	permanent [pɛrmanɑ̃]	영구적인(=durable)
370	perpétuel(le) [pɛrpetɥɛl]	영구적인, 종신의

371	personnel(le) [pɛrsɔnɛl]	개인적인(=individuel)
372	philosophique [filɔzɔfik]	철학적인
373	physique [fizik]	신체의, 물질의
374	pieux (-se) [pjø, -øːz]	경건한, 독실한(=fidèle)
375	piquant [pikã]	매운, 자극적인
376	pire [piːr]	더 나쁜(>mauvais)
377	pittoresque [pitɔrɛsk]	그림 같은
378	plaisant [plɛzã]	유쾌한, 즐거운
379	poétique [pɔetik]	시의, 시적인
380	politique [pɔlitik]	정치적인

381	populaire [pɔpylɛːr]	대중의, 인기 있는
382	portable [pɔrtabl]	휴대(운반)할 수 있는
383	positif (-ve) [pɔzitif, -iːv]	적극적인(≠négatif)
384	possessif (-ve) [pɔsesif]	소유의
385	postal [pɔstal]	우편의
386	potable [pɔtabl]	마실 수 있는
387	pratique [pratik]	실용(실제)적인
388	préalable [prealabl]	선결해야 할
389	précédent [presedã]	이전의, 앞의
390	précieux (-se) [presjø, -øːz]	값진, 귀중한(=cher)

391	précis [presi]	정확한, 간명한(=clair)
392	préférable [preferabl]	더 좋은, 더 나은
393	préliminaire [preliminɛːr]	전제의, 예비의
394	préoccupé [preɔkype]	전념한, 몰두한
395	présent [prezã]	출석한, 참석한(≠absent)
396	pressant [prɛsã]	절박한, 긴급한(=urgent)
397	primaire [primɛːr]	초보의, 초등의
398	principal [prɛ̃sipal]	중요한, 주된(=majeur)
399	privé [prive]	사적인, 개인의(≠publique)
400	probable [prɔbabl]	그럴듯한, 가능한

401	prodigue [prɔdig]	방탕(낭비)하는
402	professionnel(le) [prɔfɛsjɔnɛl]	직업적인
403	progressif [prɔgrɛ(e)sif, -iːv]	진보(전진)적인
404	prompt(e) [prɔ̃, -ɔ̃ːt]	재빠른, 갑작스런
405	protestant [prɔtɛstɑ̃]	신교의
406	provincial [prɔvɛ̃sjal]	시골의, 지방의
407	provisoire [prɔvizwaːr]	일시적인, 임시의
408	provocant [prɔvɔkɑ̃]	도전(도발)적인
409	prudent [prydɑ̃]	신중한(=réservé, discret)
410	psychologique [psikɔlɔʒik]	심리학의, 심리적인
411	puissant [pɥisɑ̃]	강력한, 세력 있는
412	pur [pyːr]	순수한, 맑은(*transparent)
413	quelque [kɛlk]	어떤, 얼마간의(=certain)
414	quelques [kɛlk]	몇 개의(=certains)
415	quotidien(ne) [kɔtidjɛ̃, -ɛn]	매일의, 일상의
416	radical [radikal]	뿌리의, 근원의
417	raffiné [rafine]	세련된, 정제된
418	raide [rɛd]	억센, 가파른
419	raisonnable [rɛzɔnabl]	이성(합리)적인
430	ravissant [ravisɑ̃]	호리는, 황홀한
431	récent [resɑ̃]	최근의, 새로운
432	reconnaissant [rəkɔnɛsɑ̃]	감사히 여기는
433	rectangulaire [rɛktɑ̃gylɛːr]	장방형의 (*carré)
434	redoutable [rədutabl]	무서운(=affreux)
435	réel(le) [reɛl]	실제의, 현실의(=actuel)
436	regrettable [rəgrɛtabl]	유감스러운(=désolé)
437	régulier (-ère) [regylje, -ɛːr]	규칙적인
438	relatif (-ve) [rəlatif, -iːv]	관계있는
439	relevé [rəlve]	높은, 고상한(=noble)
440	religieux (-se) [rəliʒjø, -øːz]	종교의, 경건한(=pieux,dévot)

441	remarquable [rəmarkabl]	현저한, 뚜렷한
442	réparable [reparabl]	고칠 수 있는
443	résistant [rezistɑ̃]	불굴의, 저항하는
444	résolu [rezɔly]	단호한, 해결된
445	respectueux [rɛspɛktɥø]	존경하는, 정중한
446	responsable [rɛspɔ̃sabl]	책임 있는
447	ressemblant [rəsɑ̃blɑ̃]	닮은(=semblable), 유사한
448	ridicule [ridikyl]	우스운, 어리석은(=absurde)
449	rigoureux (-se) [rigurø, -øːz]	엄격한, 엄밀한(=rigide)
450	robuste [rɔbyst]	강인한, 확고한(≠souple)

451	romanesque [rɔmanɛsk]	소설(공상)적인(=fictif)
452	romantique [rɔmɑ̃tik]	낭만파의
453	roux, rousse [ru, rus]	다갈색의
454	royal [rwajal]	국왕의, 장엄한(=majestueux)
455	rude [ryd]	거친, 완고한(=raide)
456	rural [ryral]	농촌의(≠urbain)
457	rusé [ryze]	교활한(=perfide, subtile)
458	sacré [sakre]	신성한, 빌어먹을
459	sage [saːʒ]	현명한(=intelligent), 얌전한
460	saignant [seɲɑ̃]	피 흐르는

461	sain [sɛ̃]	건전(건강)한
462	saint [sɛ̃]	신성한, 거룩한(=inviolable)
463	salutaire [salytɛːr]	유익한, 몸에 좋은(=salubre)
464	satisfait [satisfɛ]	만족한(=content, comblé)
465	sauvage [sovaːʒ]	야생의(=barbare)
466	savant [savɑ̃]	학자의, 유식한(=instruit)
467	scientifique [sjɑ̃tifik]	과학적인
468	scolaire [skɔlɛːr]	학교의
469	second [s(ə)gɔ̃]	둘째의(=deuxième)
470	secondaire [s(ə)gɔ̃dɛːr]	중등의, 부차적인

471	secret (-ète) [s(ə)krɛ, -ɛt]	비밀의(=confidentiel)
472	séduisant [sedɥizã]	유혹하는(=charmant)
473	sensible [sãsibl]	다감한, 뚜렷한
474	sensuel [sãsɥɛl]	관능적인
475	sentimental [sãtimãtal]	감상적인
476	sévère [sevɛːr]	엄격한, 준엄한(=rigide)
477	silencieux (-se) [silãsjø, -øːz]	조용한, 말없는
478	sincère [sɛ̃sɛːr]	솔직한(=franc), 성실한
479	singulier (-ère) [sɛ̃gylje, -ɛːr]	기이한, 특이한(=étrange)
480	sinistre [sinistr]	불길한, 흉한
481	social [sɔsjal]	사회의
482	solennel(le) [sɔlanɛl]	장중한, 엄숙한
483	solitaire [sɔlitɛːr]	외로운, 혼자 사는
484	sonore [sɔnɔːr]	소리 나는, 울리는
485	sot(te) [so, sɔt]	바보인, 어리석은(=idiot)
486	soudain [sudɛ̃]	갑작스런, 갑자기(=subit)
487	souffrant [sufrã]	괴로운, 편찮은, 참는
488	souple [supl]	부드러운, 순한(=doux)
489	souriant [surjã]	미소 짓는
490	souterrain [sutɛrɛ̃]	지하의, 숨겨진
491	souverain [suvrɛ̃]	최고의, 주권가진
492	spécial [spesjal]	특별한, 전문적인
493	spirituel(le) [spirityɛl]	정신적인, 재치 있는
494	splendide [splãdid]	빛나는, 찬란한(=lumineux)
495	spontané [spɔ̃tane]	자발적인, 자연발생의
496	sportif (-ve) [spɔrtif, -iːv]	운동의
497	stérile [steril]	불모의, 메마른(≠fertile)
498	strict [strikt]	엄격한, 엄밀한(=rigide)
499	subit [sybi]	갑작스러운(=soudain)
500	sublime [syblim]	숭고한, 고귀한

501	subtil [syptil]	섬세한, 예민한
502	successif (-ve) [syksesif, -iːv]	연속되는(=continu)
503	suffisant [syfizɑ̃]	충분한, 넉넉한(=abondant)
504	sujet(te) [syʒɛ]	..하기 쉬운(=apte)
505	supérieur [syperjœːr]	나은, 뛰어난(≠inférieur)
506	supplémentaire [syplemɑ̃tɛːr]	보충하는, 추가된
507	suprême [syprɛm]	가장 높은
508	surnaturel(le) [syrnatyrɛl]	초자연의
509	surprenant [syrprənɑ̃]	뜻하지 않은, 놀라운
510	sympathique [sɛ̃patik]	공감이 가는
511	technique [tɛknik]	기술의, 기술적인
512	tel(le) [tɛl]	그러한, 그와 같은
513	téléphonique [telefɔnik]	전화의
514	tendre [tɑ̃ːdr]	부드러운, 다정한(=amical)
515	têtu [tɛ(e)ty]	완고한, 고집 센
516	textile [tɛkstil]	직물의
517	tiède [tjɛd]	미지근한(=doux, refroidi)
518	timide [timid]	소심한, 수줍은(=humble)
519	total [tɔtal]	전체의
520	touffu [tufy]	무성한, 울창한(=fourni)
521	tournant [turnɑ̃]	회전하는, 우회하는
522	traditionnel [tradisjɔnɛl]	전통적인
523	tragique [traʒik]	비극의, 비극적인
524	transparent [trɑ̃sparɑ̃]	투명한, 맑은(=pur)
525	trouble [trubl]	혼잡한, 흐린, 모호한
526	unique [ynik]	유일한(=seul)
527	universel(le) [ynivɛrsɛl]	보편적인(=commun)
528	universitaire [ynivɛrsiteːr]	대학의
529	urgent [urʒɑ̃]	급한, 절박한(=pressant)
530	usuel(le) [ysɥɛl]	상용의, 일상의

531	vague [vag]	애매한, 막연한, 희미한
532	vaillant [vajɑ̃]	용감한(=brave)
533	vain [vɛ̃]	헛된(=inutile), 공허한
534	vaniteux (-se) [vanitø, -øːz]	자만심이 강한(≠modeste)
535	variable [varjabl]	변하기 쉬운(≠instable)
536	vaste [vast]	대단히 넓은
537	végétal [veʒetal]	식물의
538	véritable [veritabl]	참된, 진실한, 진짜의
539	vêtu [vɛ(e)ty]	옷을 입은(=habillé)
540	vif (-ve) [vif, -iːv]	발랄한, 격한, 강렬한

541	vigoureux (-se) [vigurø, -øːz]	든든한, 맹렬한
542	vilain [vilɛ̃]	못생긴, 흉한(=laid), 천한
543	violent [vjɔlɑ̃]	난폭한(=brutal), 격렬한
544	visible [vizibl]	보이는, 명백한(=évident)
545	vivant [vivɑ̃]	살아있는, 생기 있는
546	volontaire [vɔlɔ̃tɛːr]	자발적인, 확고한
547	vraisemblable [vrɛsɑ̃blabl]	그럴법한, 정말인 듯한
548	vulgaire [vylgɛːr]	저속한, 통속적인(=banal)

4. 2차 기본단어 형용사 기본예문

J'étais **absent** de chez moi quand vous êtes venu.
(당신이 왔을 때 나는 집에 **없었다**.)
Les habitants **actuels** ne sont plus ceux de nos parents.
(**현재의** 주민들은 더 이상 우리 부모님 때의 주민들은 아니다.)
Il m'a écrit une lettre **amicale**.
(그는 나에게 **우정어린** 편지를 썼다.)
Il est très **amoureux** de cette jeune fille.
(그는 이 소녀에게 **사랑에 빠져** 있다.)
Cet homme est **brutal** quand il a trop bu.
(그 남자는 과음하면 **난폭해진다**.)
On a installé le chauffage **central** dans cette maison.
(이 집에 **중앙**난방이 설치되었다.)
Il est devenu **chauve** de bonne heure.
(그는 일찍 **대머리가** 되었다.)
Il a perdu une somme **considérable**.
(그는 **상당한** 금액을 잃어버렸다.)
Il dit qu'elle n'est pas **coupable**.
(그녀는 **잘못이 없다**고 그는 말한다.)
Ne soyez pas **cruel** avec les animaux.
(짐승들을 **심하게** 대하지 마세요.)
Les rues de cette ville sont **désertes** le soir.
(이 도시의 거리들은 저녁이 되면 **인적이 없다**.)
Il est **digne** d'être aimé. (그는 사랑 **받을만하다**.)
C'est le chemin le plus **direct** pour aller à la poste.
(이 길은 우체국으로 가는 가장 **곧은** 길이다.)
Vous avez à porter une grosse somme d'argent,
ne soyez pas **distrait**.
(당신은 많은 금액의 돈을 가져가야 하는데, **방심하지** 마시오.)
Les questions **économiques** tiennent aujourd'hui
une grande place dans le monde.
(오늘날 **경제적인** 문제들은 세계에서 커다란 위치를 차지한다.)
Ce médicament est très **efficace**. (이 약은 매우 **효과적이다**.)

Un homme **énergique** peut arriver à un résultat.
(**정력적인** 남자는 성공을 거둘 수 있다.)
Il a mangé un gâteau tout **entier**.
(그는 케이크를 **완전히** 한 개 다 먹었다.)
J'ai entendu un bruit **étrange**.
(나는 **이상한** 소리를 들었다.)
Vous m'annoncez une nouvelle **extraordinaire**.
(당신은 **뜻밖의** 소식을 내게 알려 줬소.)
Il est assis à **l'extrême** bord du bateau.
(그는 배의 **맨** 가장자리에 앉았다.)
Ce roi est très **fameux** dans l'histoire.
(그 왕은 역사상 아주 **유명하다**.)
Il m'a reçu d'une façon **familiale**.
(그는 나를 **반가이** 맞아주었다.)
Nous attendons un temps **favorable** pour faire un voyage
sur mer.
(우리는 해상여행을 하기에 **좋은** 날씨를 기다리고 있다.)
En sortant du bateau nous avons mis le pied sur
la terre **ferme**.   (우리는 배에서 나와 **육지에** 내려섰다.)
Elle a été toujours très **franche** avec vous.
(그녀는 늘 당신에게 매우 **솔직했다**.)
Les accidents sont **fréquents** sur cette route.
(이 길에서는 사고가 **잦다**.)
Il est **furieux** d'avoir manqué son train.
(그는 기차를 놓쳐 **화가 나** 있다.)
Cette dame est très **généreuse** pour les pauvres.
(그 부인은 가난한 사람들에게 대단히 **너그럽다**.)
Cet ouvrier est très **habile** pour réparer les montres.
(그 직공은 시계 고치는 데 대단히 **솜씨가 좋다**.)
Elle n'est pas encore **habituée** à sa nouvelle maison.
(그녀는 아직도 자신의 새 집에 **익숙해지지** 않았다.)
Il est **honteux** d'avoir trop bu.
(그는 술을 너무 많이 마신 데 대해 **부끄러워한다**.)

Même à la guerre on doit rester **humain**.
(심지어 전쟁에서조차도 **인간성은** 지켜져야 한다.)
Il est **incapable** de faire du mal.
(그는 나쁜 일을 할 사람이 **아니다**.)
Tout ce qu'il dit m'est **indifférent**.
(그가 하는 모든 말은 나에게는 **관심이 없다**.)
Il m'a fait prendre un chemin **indirect**.
(그는 내게 **먼** 길을 가게 했다.)
Ces lunettes me sont **indispensables** pour voir de loin.
(이 안경은 멀리 보기 위해서 나에게 **꼭 필요하다**.)
Ces enfants ont une chambre **individuelle**.
(이 아이들은 **각각의** 방을 하나씩 가지고 있다.)
Il a été **ingrat** pour ses parents et ses maîtres.
(그는 부모와 은사의 **은덕을 저버렸다**.)
Le juge a reconnu que cet homme était **innocent**.
(재판관은 이 남자가 **결백하다는** 것을 인정했다.)
Les mères sont souvent **inquiètes** pour leurs enfants.
(어머니는 자기 아이들 때문에 종종 **불안해한다**.)
Il était **ivre** à la fin du dîner.
(저녁식사 끝 무렵쯤 그는 **취해있었다**.)
Il n'est pas **logique** de répondre tantôt non, tantôt oui
à la même question.
(같은 질문에 때로는 '아니라'하고 또 때로는 '그렇다'라고
대답하는 것은 **논리적이** 아니다.)
Il a une auto aussi **luxueuse** que son appartement.
(그는 자신의 아파트 만큼이나 **호화로운** 자동차를 가지고 있다.)
Il ne s'intéresse qu'aux choses **matérielles**.
(그는 **물질적인** 것에만 관심이 있다.)
Le ciel est quelquefois **mauve** quand le soleil s'est couché.
(해가 졌을 때 하늘은 가끔 **연보라색이** 된다.)
Il ne laisse pas voir tout ce qu'il sait parce qu'il est **modeste**.
(그는 **겸손하기** 때문에 자기가 아는 모든 것을 겉으로 드러내지 않는다.)
Il est **mystérieux** de la tête aux pieds.
(그는 머리부터 발끝까지 **신비로운** 사람이다.)

Il est très **nerveux** depuis la mort de son meilleur ami.
(그는 가장 친한 친구가 죽은 후부터 대단히 **신경질적이** 되었다.)
Le service militaire est **obligatoire**.
(병역은 **의무적이다**.)
Il est **probable** que nous irons à la mer cet été.
(우리는 올 여름에 바다로 갈 수 **있을 것 같다**.)
Nous sommes allés à la campagne pour respirer de l'air **pur**.
(우리는 **신선한** 공기를 마시러 시골로 내려갔다.)
Je vous suis **reconnaissant** de m'avoir prévenu.
(미리 알려주셔서 당신께 **감사드립니다**.)
Le chauffeur de cette voiture est **responsable** de l'accident.
(이 자동차의 운전사에게 사고의 **책임이 있다**.)
Les enfants ont été **sages** ahjourd'hui.
(아이들이 오늘은 **얌전했다**.)
L'habitude est une **seconde** nature.
(습관은 **제2의** 천성이다.)
Il a caché son argent dans un endroit **secret**.
(그는 **비밀** 장소에 돈을 감추었다.)
Ce maître est très **sévère** pour ses élèves.
(그 선생님은 자기 학생들에게 대단히 **엄격하시다**.)
Ce petit appartement n'est pas **suffisant** pour une famille
de cinq enfants.
(이 작은 아파트는 아이가 다섯인 가족에게는 **충분치** 못하다.)
L'homme est **sujet** à toute sorte de maladies.
(인간은 온갖 종류의 병에 **걸리기 쉽다**.)
Vos idées me sont très **sympathiques**.
(당신 생각에 무척 **공감이 갑니다**.)
Il est **tel** que je l'ai connu.
(그는 내가 과거에 사귀었던 그 때 **그대로이다**.)
Il est **têtu** comme un âne.
(그는 매우 **고집이 세다**.)

5. 2차 기본단어 - 부사 175개

부사란

형용사나 다른 부사를 수식하거나
동사의 세부적인 의미를
결정하는 요소이다.
문장 속에서는 주어나 동사보다도
더 강하게 의미를 전달한다.
특히 이 부분은
방법을 나타내는 부사가
주류를 이룬다.

1	absolument [apsɔlymɑ̃]	절대로, 전혀
2	actuellement [aktɥɛlmɑ̃]	지금, 현재(=maintenant)
3	adroitement [adrwa(ɑ)tmɑ̃]	솜씨 좋게, 교묘하게
4	ailleurs [ajœːr]	다른 곳에
5	d'ailleurs [dajœːr]	게다가(=voire), 더구나
6	alternativement [altɛrnativmɑ̃]	번갈아, 차례로
7	amicalement [amikalmɑ̃]	우정 있게, 정답게
8	ardemment [ardamɑ̃]	열심히, 열렬히
9	assurément [asyremɑ̃]	확실히, 반드시
10	attentivement [atɑ̃tivmɑ̃]	주의 깊게, 조심스레
11	auprès [oprɛ]	곁에, 옆에
12	auprès de [oprɛdə]	… 곁에, ..에 대하여
13	aussitôt [osito]	곧, 즉각, 곧장
14	aussitôt que [ositokə]	… 하자마자(=dès que)
15	avant-hier [avɑ̃tjɛːr]	그저께(≠après-demain)
16	bien sûr [bjɛ̃syːr]	물론(=certes), 반드시
17	bravement [bravmɑ̃]	용감하게, 대담하게
18	brusquement [bryskəmɑ̃]	갑자기, 뜻밖에
19	brutalement [brytalmɑ̃]	난폭하게(=violemment)
20	cependant [s(ə)pɑ̃dɑ̃]	그러나, 그런데도
21	c'est-à-dire [sɛtadiːr]	말하자면, 즉
22	c'est pourquoi [sɛpurkwa]	그래서, 그 때문에
23	complètement [kɔ̃plɛtmɑ̃]	완전히(=parfaitement)
24	continuellement [kɔ̃tinɥɛlmɑ̃]	계속적으로, 끊임 없이
25	contrairement [kɔ̃trɛrmɑ̃]	… 와 반대로
26	cordialement [kɔrdialmɑ̃]	진심으로, 다정하게
27	correctement [kɔrɛktəmɑ̃]	정확히, 단정히
28	courageusement [kuraʒøzmɑ̃]	용감히, 꿋꿋하게
29	cruellement [kryɛlmɑ̃]	잔인하게, 심하게
30	décidément [desidemɑ̃]	단호히, 확실하게

31	définitivement [definitivmɑ̃]	결정적으로, 결국
32	désormais [dezɔrmɛ]	지금부터, 그 후
33	difficilement [difisilmɑ̃]	겨우, 간신히(=à peine)
34	directement [dirɛktəmɑ̃]	곧바로, 직접적으로
35	discrètement [diskrɛtmɑ̃]	신중하게, 삼가서
36	distraitement [distrɛtmɑ̃]	멍하니, 건성으로
37	docilement [dɔsilmɑ̃]	온순하게, 순하게
38	doucement [dusmɑ̃]	부드럽게, 천천히
39	douloureusement [dulurøzmɑ̃]	고통스럽게, 비통하게
40	durement [dyrmɑ̃]	과격히게, 엄하게
41	effectivement [efɛktivmɑ̃]	실제로, 확실히
42	également [egalmɑ̃]	동등하게, 마찬가지로
43	énergiquement [enɛrʒikmɑ̃]	힘차게, 정력적으로
44	énormément [enɔrmemɑ̃]	엄청나게, 대단히
45	entièrement [ɑ̃tjɛrmɑ̃]	전적으로, 완전히
46	environ [ɑ̃virɔ̃]	대략, 약(=à peu près)
47	essentiellement [esɑ̃sjɛlmɑ̃]	본질적으로, 주로
48	éternellement [etɛrnɛlmɑ̃]	영원히, 끊임없이
49	étroitement [etrwatmɑ̃]	좁게, 밀접하게
50	évidemment [evidamɑ̃]	분명히, 물론
51	exactement [ɛgzaktəmɑ̃]	정확히, 완전히
52	excessivement [ɛksesivmɑ̃]	과도하게, 지나치게
53	exclusivement [ɛksklyzivmɑ̃]	배타적으로, 오로지
54	exprès [ɛksprɛ]	고의로, 일부러
55	extrêmement [ɛkstrɛmmɑ̃]	극도로, 매우
56	faiblement [fɛbləmɑ̃]	약하게, 희미하게
57	familièrement [familjɛrmɑ̃]	친숙하게, 친근하게
58	fatalement [fatalmɑ̃]	숙명적으로
59	férocement [ferɔsmɑ̃]	사납게, 잔인하게
60	fidèlement [fidɛlmɑ̃]	충실히, 정확히

61	finalement [finalmɑ̃]	결국, 마침내, 최후로
62	finement [finmɑ̃]	가늘게, 섬세하게
63	fixement [fiksəmɑ̃]	고정시켜서, 뚫어지게
64	forcément [fɔrsemɑ̃]	강제로, 필연코
65	fortement [fɔrtəmɑ̃]	세게, 억세게
66	fraîchement [frɛʃmɑ̃]	시원하게, 차게
67	franchement [frɑ̃ʃmɑ̃]	솔직하게
68	fréquemment [frekɑmɑ̃]	자주, 빈번하게
69	froidement [frwadmɑ̃]	쌀쌀하게, 차게
70	gaiement [gemɑ̃]	즐겁게(=joyeusement)

71	généralement [ʒeneralmɑ̃]	일반적으로, 보통
72	gentiment [ʒɑ̃timɑ̃]	귀엽게, 얌전하게
73	grandement [grɑ̃dmɑ̃]	크게, 넉넉히
74	gratuitement [gratɥitmɑ̃]	공짜로, 근거 없이
75	gravement [gravmɑ̃]	중대하게, 위독하게
76	grièvement [gri(j)ɛvmɑ̃]	심하게, 대단하게
77	guère [gɛːr]	거의 .. 않다 (부정)
78	habilement [abilmɑ̃]	솜씨 좋게, 재치 있게
79	habituellement [abitɥɛlmɑ̃]	통상, 보통, 평소에
80	hardiment [ardimɑ̃]	대담하게, 과감하게

81	hautement [otmɑ̃]	높게, 큰소리로
82	horriblement [ɔribləmɑ̃]	무시무시하게, 몹시
83	humblement [œ̃bləmɑ̃]	겸손하게, 검소하게
84	immédiatement [imedjatmɑ̃]	직접적으로, 곧
85	infiniment [ɛ̃finimɑ̃]	무한히, 매우
86	inutilement [inytilmɑ̃]	무익하게, 헛되이
87	jadis [ʒa(ɑ)dis]	옛날에(=autrefois)
88	joliment [ʒɔlimɑ̃]	귀엽게, 예쁘게
89	joyeusement [ʒwajøzmɑ̃]	즐겁게, 기쁘게
90	légèrement [leʒɛrmɑ̃]	가볍게, 경솔하게

91	lentement [lɑ̃tmɑ̃]	느리게, 천천히
92	magnifiquement [maɲifikmɑ̃]	화려하게, 훌륭하게
93	malheureusement [malœrøzmɑ̃]	불행하게도
94	mortellement [mɔrtɛlmɑ̃]	치명적으로, 극도로
95	négativement [negativmɑ̃]	부정적으로
96	nettement [nɛtmɑ̃]	명확히, 분명히
97	n'importe où [nɛ̃pɔrt u]	어디든지, 아무데나
98	n'importe quand [nɛ̃pɔrt kɑ̃]	언제든지
99	noblement [nɔbləmɑ̃]	고상하게, 당당히
100	notamment [nɔtamɑ̃]	특히(=surtout)
101	officiellement [ɔfisjɛlmɑ̃]	공식적으로
102	ordinairement [ɔrdinɛrmɑ̃]	보통, 대개
103	parfaitement [parfɛtmɑ̃]	완전히, 온통
104	parfois [parfwa]	가끔, 때때로
105	particulièrement [partikyljɛrmɑ̃]	특히(=surtout)
106	passionnément [pa(ɑ)sjɔnemɑ̃]	정열적으로
107	pêle-mêle [pɛlmɛl]	뒤죽박죽으로
108	péniblement [penibləmɑ̃]	애써서, 간신히, 겨우
109	peu à peu [pø a pø]	조금씩, 차차
110	à peu près [apøprɛ]	거의(=environ)
111	pis [pi]	더 나쁘게(>mal)
112	pleinement [plɛnmɑ̃]	온통, 전적으로
113	ne ... point [n(ə) pwɛ̃]	... 않다(>ne ... pas)
114	poliment [pɔlimɑ̃]	공손하게
115	pratiquement [pratikmɑ̃]	실제적으로, 사실상
116	précisément [presizemɑ̃]	정확하게, 바로
117	à présent [a prezɑ̃]	지금(=maintenant)
118	principalement [prɛ̃sipalmɑ̃]	주로, 특히
119	en principe [ɑ̃ prɛ̃sip]	일반적으로
120	probablement [prɔbabləmɑ̃]	아마(=peut-être)

121	profondément [prɔfɔ̃demɑ̃]	깊게, 극도로
122	promptement [prɔ̃tmɑ̃]	재빨리, 신속하게
123	proprement [prɔprəmɑ̃]	깨끗하게, 정확하게
124	prudemment [prydamɑ̃]	신중하게
125	purement [pyrmɑ̃]	맑게, 정확하게
126	quasi [kazi]	거의(*presque)
127	quotidiennement [kɔtidjɛnmɑ̃]	매일, 날마다
128	raisonnablement [rɛzɔnabləmɑ̃]	합리적으로
129	rapidement [rapidmɑ̃]	빨리, 급히(=vite)
130	rarement [ra(ɑ)rmɑ̃]	드물게
131	récemment [resamɑ̃]	최근에
132	réellement [reɛlmɑ̃]	실제로, 현실적으로
133	régulièrement [regyljɛrmɑ̃]	규칙적으로
134	relativement [rəlativmɑ̃]	비교적, 관련하여
135	résolument [rezɔlymɑ̃]	단호하게, 대담하게
136	en résumé [ɑ̃ rezyme]	요컨대(=enfin)
137	en revanche [ɑ̃ rəvɑ̃ːʃ]	반면에(=par contre)
138	rigoureusement [rigurøzmɑ̃]	엄격하게, 엄밀하게
139	rudement [rydmɑ̃]	거칠게, 난폭하게
140	sans doute [sɑ̃ dut]	아마도(=peut-être)
141	secrètement [s(ə)krɛtmɑ̃]	비밀히, 남몰래
142	sensiblement [sɑ̃sibləmɑ̃]	눈에 띄게, 상당히
143	sérieusement [serjøzmɑ̃]	진지하게, 중대하게
144	sévèrement [sevɛrmɑ̃]	엄격하게, 엄하게
145	silencieusement [silɑ̃sjøzmɑ̃]	말없이, 조용히
146	simplement [sɛ̃pləmɑ̃]	단순하게, 간소하게
147	sitôt [sito]	곧 (aussitôt의 부정)
148	soigneusement [swaɲøzmɑ̃]	조심스레, 정성들여
149	solennellement [sɔlanɛlmɑ̃]	엄숙하게
150	solidement [sɔlidmɑ̃]	튼튼하게, 굳게

151	sottement [sɔtmɑ̃]	어리석게
152	soudain [sudɛ̃]	갑자기(=brusquement)
153	spécialement [spesjalmɑ̃]	특별히, 전문적으로
154	subitement [sybitmɑ̃]	갑자기(=brusquement)
155	suffisamment [syfizamɑ̃]	충분히, 넉넉히
156	sûrement [syrmɑ̃]	안전하게, 틀림없이
157	sur-le-champ [syrləʃɑ̃]	당장에, 즉시, 즉석에서
158	tendrement [tɑ̃drəmɑ̃]	다정하게, 상냥하게
159	terriblement [tɛribləmɑ̃]	무시무시하게, 몹시
160	timidement [timidmɑ̃]	소심하게, 수줍어서
161	toutefois [tutfwa]	그러나, 그렇지만
162	tranquillement [trɑ̃kilmɑ̃]	조용하게, 침착하게
163	tristement [tristmɑ̃]	슬프게, 비참하게
164	uniquement [ynikmɑ̃]	단지, 오로지
165	utilement [ytilmɑ̃]	유용하게, 유효하게
166	vaguement [vagmɑ̃]	막연하게, 애매하게
167	en vain [ɑ̃ vɛ̃]	보람 없이, 헛되이
168	vainement [vɛnmɑ̃]	보람 없이, 헛되이
169	véritablement [veritabləmɑ̃]	진실로, 확실히
170	à la vérité [a la verite]	사실인즉
171	vigoureusement [vigurøzmɑ̃]	힘차게, 든든하게
172	violemment [vjɔlamɑ̃]	난폭하게
173	vis-à-vis [vizavi]	마주 대하여
174	vivement [vivmɑ̃]	활발히, 기운차게
175	volontairement [vɔlɔ̃tɛrmɑ̃]	스스로, 제멋대로

6. 2차 기본단어 - 동사 608개

동사란

문장에서 뼈대를 이루는 중요한 요소이다.
불어에서 동사만 잡으면 어려울 것이 없다.
coucher, asseoir, dépêcher 보다는
se coucher, s'asseoir, se dépêcher 가 훨씬 자주 쓰이므로
대명동사를 1차 기본어휘에 포함시키고,
일반동사는 2차 기본어휘에 포함시켰다.
이 부분은 세미한 동작과 묘사를 나타내는 동사들이
주류를 이룬다.
동사 표제어 뒤에 별표(*)가 있는 것은 ≪동사구문≫
에서 별도로
구문 정리해 두었다.

1	abaisser [abɛ(e)se]	내리다, 낮추다
2	abandonner [abɑ̃dɔne]	포기하다, 양도하다
3	abattre [abatr]	쓰러뜨리다
4	abîmer [abime]	해치다, 부수다(=casser)
5	aboutir [abutiːr]	이르다, 도달하다(=arriver)
6	aboyer [abwaje]	개가 짖다
7	abriter [abrite]	보호하다, 막아주다
8	absorber [apsɔrbe]	삼키다, 열중시키다
9	s'abstenir [sapstəniːr]	삼가다, 그만두다
10	abuser [abyze]	남용하다, 속이디
11	accepter [aksepte]	(*) 받아들이다
12	accompagner [akɔ̃paɲe]	동행하다, 반주하다
13	accomplir [akɔ̃pliːr]	완수하다(=achever)
14	accorder [akɔrde]	허락하다, 동의하다
15	s'accorder [sakɔrde]	일치하다
16	accourir [akuriːr]	달려오다
17	accueillir [akœjiːr]	환영하다, 반겨 맞다
18	accuser [akyze]	비난하다, 고발하다
19	achever [aʃve]	끝마치다(=terminer), 죽이다
20	acquérir [akeriːr]	획득하다(=obtenir), 사들이다
21	adapter [adapte]	적응시키다(=accoutumer)
22	s'adapter [sadapte]	적응하다(=s'habituer à)
23	admettre [admetr]	허락하다(=permettre)
24	administrer [administre]	관리하다(=s'occuper de)
25	admirer [admire]	감탄하다(=s'extasier)
26	adopter [adɔpte]	양자삼다, 채택하다
27	adresser [adrɛse]	보내다, 말을 걸다
28	affirmer [afirme]	단언하다, 긍정하다
29	agir [aʒiːr]	행동하다, 효력이 있다
30	il s'agit de [il saʒi də]	..이 문제다, 중요하다

31	agiter [aʒite]	흔들다, 토의하다
32	agréer [agree]	기꺼이 받아들이다
33	alimenter [alimɑ̃te]	음식을 주다, 공급하다
34	allier [alje]	합치다, 섞다(=mêler)
35	améliorer [ameljɔre]	개선하다, 좋게 하다
36	animer [anime]	생기를 주다
37	annoncer [anɔ̃se]	(*) 알리다(=prévenir)
38	apparaître [aparɛtr]	나타나다, 눈에 띄다
39	appartenir [apartəniːr]	(*) ..의 소유다, 딸려있다
40	appliquer [aplike]	적용하다, 갖다 붙이다

41	apprécier [apresje]	평가하다(=estimer)
42	approcher [aprɔʃe]	접근시키다, 접근하다
43	approuver [apruve]	(*) 찬성하다, 칭찬하다
44	appuyer [apɥije]	(*) 기대다, 얹다, 돕다
45	s'appuyer [sapɥije]	기대다, 매달리다
46	armer [arme]	무장시키다
47	arracher [araʃe]	뽑다, 캐다, 빼앗다
48	arroser [arɔze]	물주다
49	assassiner [asasine]	암살하다(=tuer)
50	assembler [asɑ̃ble]	모으다(<rassembler)

51	asseoir [aswaːr]	앉히다(≠lever)
52	assiéger [asjeʒe]	포위하다(=investir)
53	assister [asiste]	(*) 참석하다(*participer)
54	associer [asɔsje]	합치다, 관여시키다
55	s'associer [sasɔsje]	협력하다, 결합하다
56	assurer [asyre]	(*) 믿게 하다, 확언하다
57	attaquer [atake]	습격하다, 시작하다
58	s'attaquer à [satake a]	덤벼들다, 시작하다
59	atteindre [atɛ̃ːdr]	닿다, 이르다, 쏘다
60	attirer [atire]	끌다, 가져오다

61	attribuer [atribye]	할당하다, 탓으로 돌리다
62	augmenter [ɔ(o)gmɑ̃te]	올리다, 늘이다
63	autoriser [ɔ(o)tɔrize]	허가하다(=permettre)
64	avertir [avɛrtiːr]	미리 알리다, 경고하다
65	avouer [avwe]	자백하다, 고백하다
66	baigner [bɛ(e)ɲe]	목욕시키다(*doucher)
67	barrer [bare]	차단하다, 줄을 긋다
68	bâtir [batiːr]	건축하다, 건설하다
69	battre [batr]	때리다, 무찌르다
70	bavarder [bavarde]	수다를 떨다(≠se taire)

71	bénéficier [benefisje]	이익을 얻다
72	blâmer [blɑme]	비난하다, 나무라다
73	blanchir [blɑ̃ʃiːr]	희게 하다, 빨래하다
74	bondir [bɔ̃diːr]	뛰다, 튀다(=sauter)
75	bouger [buʒe]	움직이다(=mouvoir)
76	bouleverser [bulvɛrse]	뒤집어 엎다
77	boutonner [butɔne]	단추를 잠그다
78	briser [brize]	깨뜨리다, 꺽다
79	brosser [brɔse]	솔질하다
80	brouiller [bruje]	뒤섞다, 이간시키다

81	se brouiller [sə bruje]	사이가 나빠지다
82	brouter [brute]	풀을 뜯어먹다
83	calculer [kalkyle]	셈하다, 계산하다
84	camper [kɑ̃pe]	야영하다, 캠핑하다
85	caractériser [karakterize]	특징짓다
86	caresser [karɛ(e)se]	쓰다듬다, 애무하다
87	céder [sede]	양보하다, 양도하다
88	certifier [sɛrtifje]	증명하다, 보증하다
89	cesser [sese]	중지하다, 그만두다
90	charmer [ʃarme]	매혹하다, 호리다

91	chômer [ʃome]	휴업하다, 실업하다
92	circuler [sirkyle]	순환하다, 통행하다
93	citer [site]	인용하다
94	classer [klase]	분류하다, 정리하다
95	coiffer [kwafe]	머리 손질하다
96	coller [kɔle]	붙이다
97	combattre [kɔ̃batr]	(*) ..와 싸우다
98	combiner [kɔ̃bine]	배합하다, 고안하다
99	combler [kɔ̃ble]	채우다, 메우다
100	commettre [kɔmɛtr]	저지르다, 범하다
101	communiquer [kɔmynike]	알리다, 옮기다
102	comparer [kɔ̃pare]	비교하다
103	compliquer [kɔ̃plike]	복잡하게 만들다
104	comporter [kɔ̃pɔrte]	포함하다, 행동하다
105	composer [kɔ̃pɔze]	구성하다, 창작하다
106	comprimer [kɔ̃prime]	압축하다, 억누르다
107	concerner [kɔ̃sɛrne]	관계되다(=intéresser)
108	concevoir [kɔ̃svwaːr]	마음에 품다, 생각하다
109	conclure [kɔ̃klyːr]	결말짓다, 조약을 맺다
110	condamner [kɔ̃dɑ(a)ne]	선고하다, 언도하다
111	confesser [kɔ̃fɛ(e)se]	고백하다(=avouer), 자백하다
112	confier [kɔ̃fje]	맡기다, 의지하다
113	confirmer [kɔ̃firme]	확인하다, 굳히다
114	confondre [kɔ̃fɔ̃ːdr]	섞다, 혼동하다
115	conjuguer [kɔ̃ʒyge]	(동사를) 변화시키다
116	conquérir [kɔ̃keriːr]	정복하다
117	consacrer [kɔ̃sakre]	바치다, 거룩하게 하다
118	conseiller [kɔ̃sɛ(e)je]	(*) 충고하다, 조언하다
119	consentir [kɔ̃sɑ̃tiːr]	동의하다(=accorder)
120	conserver [kɔ̃sɛrve]	간직하다, 보존하다

121	considérer [kɔ̃sidere]	숙고하다, 간주하다
122	consister [kɔ̃siste]	이루어지다, ..에 있다
123	consoler [kɔ̃sɔle]	위로하다, 위안하다
124	consommer [kɔ̃sɔme]	소비하다(=prodiguer)
125	constater [kɔ̃state]	확인하다(=confirmer)
126	constituer [kɔ̃stitɥe]	구성하다, 이루다
127	consulter [kɔ̃sylte]	상의하다, 참조하다
128	consumer [kɔ̃syme]	소비하다(≠économiser)
129	contenir [kɔ̃tniːr]	담고 있다, 포함하다
130	contenter [kɔ̃tɑ̃te]	만족시키다

131	conter [kɔ̃te]	이야기하다(<raconter)
132	contraindre [kɔ̃trɛ̃ːdr]	강제하다(=forcer)
133	contrôler [kɔ̃trɔle]	검사하다, 단속하다
134	convaincre [kɔ̃vɛ̃ːkr]	설득하다, 납득시키다
135	convenir [kɔ̃vniːr]	알맞다, 동의하다
136	correspondre [kɔrɛspɔ̃ːdr]	일치되다, 통하다
137	corriger [kɔriʒe]	고치다, 수정하다
138	craindre [krɛ̃ːdr]	겁내다, 염려하다
139	créer [kree]	창조하다(*fabriquer)
140	crever [krəve]	터뜨리다, 찢다

141	croiser [krwaze]	포개다, 엇걸다
142	cueillir [kœjiːr]	따다, 꺾다
143	danser [dɑ̃se]	춤추다
144	débarrasser [debarase]	장애물을 치우다
145	débrouiller [debruje]	풀다, 해결하다
146	débuter [debyte]	시작하다, 데뷔하다
147	déclarer [deklare]	신고하다, 공표하다
148	découper [dekupe]	자르다, 오려내다
149	décourager [dekuraʒe]	용기를 꺾다(≠encourager)
150	découvrir [dekuvriːr]	발견하다, 돌아다니다

151	décrire [dekriːr]	묘사하다, 표현하다
152	décrocher [dekrɔʃe]	벗기다, 손에 넣다
153	défaire [defɛːr]	해체하다, 풀다
154	définir [definiːr]	정의하다, 명확히 하다
155	dégoûter [degute]	싫증나게 하다
156	délivrer [delivre]	해방하다, 석방하다
157	déménager [demenaʒe]	이사하다(≠emménager)
158	demeurer [dəmœre]	거주하다(=habiter), 남다
159	démontrer [demɔ̃tre]	증명하다, 명시하다
160	dépasser [depase]	앞지르다, 능가하다
161	dépendre [depɑ̃ːdr] (1)	(*) 따르다, 의존하다
162	dépendre [depɑ̃ːdr] (2)	매달린 것을 내리다
163	déplacer [deplase]	위치를 바꾸다
164	déplaire à [deplɛːr a]	마음에 들지 않다(≠plaire)
165	déposer [depoze]	맡기다, 예금하다
166	dépouiller [depuje]	벗기다, 빼앗다
167	dérober [derɔbe]	훔치다(=voler), 숨기다
168	désespérer [dezɛspere]	실망시키다
169	désigner [deziɲe]	지명하다, 가리키다
170	désirer [dezire]	(*) 희망하다, 원하다
171	désoler [dezɔle]	슬프게 하다(=affecter)
172	se désoler [sə dezɔle]	비탄에 잠기다
173	détacher [detaʃe]	떼어 놓다, 파견하다
174	déterminer [detɛrmine]	확정하다, 원인이 되다
175	détester [detɛste]	(*) 미워하다, 증오하다
176	détourner [deturne]	방향을 돌리다
177	détruire [detrɥiːr]	파괴하다(=ruiner)
178	développer [devlɔpe]	발전시키다, 현상하다
179	deviner [dəvine]	알아맞히다, 점치다
180	dévorer [devɔre]	게걸스럽게 먹다

181	dévouer [devwe]	헌신하다, 희생하다
182	digérer [diʒere]	소화시키다, 이해하다
183	diminuer [diminɥe]	줄이다, 내리다
184	diriger [diriʒe]	경영하다, 이끌다
185	se diriger vers [sə ~ vɛ:r]	..로 가다
186	discerner [disɛrne]	분별하다, 판별하다
187	disparaître [disparɛtr]	사라지다, 없어지다
188	disposer [dispoze]	진열하다, 처분하다
189	disputer [dispyte]	논쟁하다, 경쟁하다
190	distinguer [distɛ̃ge]	구별하다, 식별하다
191	distraire [distrɛ:r]	기분을 풀다, 즐기다
192	diviser [divize]	나누다, 구분하다
193	divorcer [divɔrse]	이혼하다(≠se marier)
194	dominer [dɔmine]	지배하다, 굽어보다
195	doubler [duble]	두배로 하다, 앞지르다
196	douter [dute]	의심하다(*soupçonner)
197	dresser [drɛse]	세우다, 작성하다(=remplir)
198	écarter [ekarte]	벌리다, 멀리하다(=éloigner)
199	s'écarter [sekarte]	벗어나다, 멀어지다
200	échanger [eʃɑ̃ʒe]	교환하다
201	échapper [eʃape]	도망하다, 모면하다
202	s'échapper de [seʃape də]	도망하다, 탈출하다
203	éclater [eklate]	터지다, 파열하다
204	s'écraser [sekrɑze]	짓눌려 부서지다
205	s'écrier [sekrje]	소리치다, 외치다(=crier)
206	effectuer [efɛktɥe]	실행하다(=exercer), 실현하다
207	s'efforcer de [seforse də]	노력하다, 애쓰다(=essayer)
208	effrayer [efr(e)je]	무섭게 하다
209	s'effrayer [sefr(e)je]	무서워하다
210	égarer [egare]	길을 잃다, 얼빠지다

211	s'élancer [selɑ̃se]	돌진하다, 달려들다
212	élire [eliːr]	선거하다, 선택하다
213	éloigner [elwaɲe]	멀리하다
214	s'éloigner [selwaɲe]	멀어지다, 멀리가다
215	embarrasser [ɑ̃barase]	방해하다, 막다
216	émettre [emɛtr]	표명하다, 방송하다
217	émouvoir [emuvwaːr]	감동시키다, 흔들다
218	s'emparer [sɑ̃pare]	빼앗다, 점령하다
219	emprunter [ɑ̃prœ̃te]	빌려오다, 빌려가다
220	encourager [ɑ̃kuraʒe]	격려하다, 장려하다
221	endormir [ɑ̃dɔrmiːr]	잠을 재우다
222	énerver [enɛrve]	신경질을 돋구다
223	enfermer [ɑ̃fɛrme]	가두다, 넣어두다
224	enfler [ɑ̃fle]	부풀게 하다(=gonfler)
225	enfoncer [ɑ̃fɔ̃se]	박다, 부수다(=casser)
226	s'enfuir [sɑ̃fɥiːr]	도망하다, 사라지다
227	engager [ɑ̃gaʒe]	채용하다, 권유하다
228	s'engager [sɑ̃gaʒe]	약속하다, 참여하다
229	ennuyer [ɑ̃nɥije]	지루하게 하다
230	s'ennuyer [sɑ̃nɥije]	지루하다, 싫어지다
231	enregistrer [ɑ̃rʒistre]	기록하다, 녹음하다
232	enrichir [ɑ̃riʃiːr]	부유하게 하다
233	enseigner [ɑ̃sɛ(e)ɲe]	(*) 가르치다, 가리키다
234	entraîner [ɑ̃trɛne]	끌어들이다, 훈련시키다
235	entretenir [ɑ̃trətniːr]	유지하다, 보존하다
236	s'entretenir [sɑ̃trətniːr]	이야기하다, 보존되다
237	envisager [ɑ̃vizaʒe]	주시하다, 고려하다
238	s'envoler [sɑ̃vɔle]	날아가다, 달아나다
239	épargner [eparɲe]	절약하다, 아끼다
240	épouser [epuze]	결혼하다(=se marier avec)

241	éprouver [epruve]	시험하다, 느끼다
242	épuiser [epɥize]	없애다, 피곤하게 하다
243	équiper [ekipe]	장비 갖추다, 설비하다
244	estimer [ɛstime]	평가하다, 존경하다
245	établir [etabliːr]	설립하다, 확립하다
246	étaler [etale]	진열하다, 과시하다
247	étendre [etɑ̃ːdr]	눕히다, 펼치다
248	s'étendre [setɑ̃ːdr]	눕다, 펼쳐지다
249	étouffer [etufe]	숨막히게 하다
250	s'évader [sevade]	도망하다(=s'enfuir)
251	évaluer [evalɥe]	평가하다(=apprécier)
252	s'évanouir [sevanwiːr]	기절하다, 사라지다
253	éviter [evite]	피하다, 모면하다(=échapper)
254	évoquer [evɔke]	회상하다, 상기하다
255	exagérer [ɛgzaʒere]	과장하다(=amplifier)
256	exalter [ɛgzalte]	찬양하다, 열광케 하다
257	examiner [ɛgzamine]	검사하다, 시험하다
258	excuser [ɛkskyze]	용서하다, 변명하다
259	s'excuser [sɛkskyze]	사죄하다, 변명하다
260	exécuter [ɛgzekyte]	실행하다, 집행하다
261	exercer [ɛgzɛrse]	훈련, 행사, 종사하다
262	exiger [ɛgziʒe]	요구하다, 필요하다
263	exister [ɛgziste]	존재하다, 생존하다
264	expédier [ɛkspedje]	발송하다, 해치우다
265	expirer [ɛkspire]	숨을 내쉬다(*respirer 호흡)
266	exploiter [ɛksplwate]	개발하다, 경작하다
267	exploser [ɛksplɔze]	폭발하다, 감정을 터뜨리다
268	exporter [ɛkspɔrte]	수출하다(≠importer)
269	exposer [ɛkspɔze]	전시하다, 발표하다
270	exprimer [ɛksprime]	표현하다, 나타내다(=représenter)

271	extraire [ɛkstrɛːr]	발췌하다, 뽑아내다
272	fabriquer [fabrike]	만들다, 제조하다
273	façonner [fasɔne]	만들어내다, 가공하다
274	faiblir [fɛbliːr]	약해지다, 쇠약해지다
275	faillir [fajiːr]	…할 뻔하다(=manquer de)
276	fatiguer [fatige]	지치게 하다
277	favoriser [favɔrize]	도와주다, 장려하다
278	fendre [fɑ̃ːdr]	쪼개다, 가르다
279	figurer [figyre]	그려내다
280	se figurer [sə figyre]	상상하다, 생각하다
281	fixer [fikse]	고정시키다, 결정하다
282	flatter [flate]	(*)아첨하다, 기쁘게 하다
283	se flatter [sə flate]	(*)은근히 믿다, 자만하다
284	fleurir [flœriːr]	꽃피다, 번창하다
285	flotter [flɔte]	물에 뜨다, 망설이다
286	fonctionner [fɔ̃ksjɔne]	움직이다, 돌아가다
287	fonder [fɔ̃de]	창설하다, 세우다
288	se fonder sur [sə fɔ̃de syːr]	…을 근거로 하다
289	former [fɔrme]	만들어 내다, 길러내다
290	fortifier [fɔrtifje]	굳게하다, 강해지다
291	fouiller [fuje]	뒤지다, 파헤치다
292	fournir [furniːr]	공급하다(=offrir)
293	franchir [frɑ̃ʃiːr]	건너다, 뛰어넘다
294	freiner [frɛ(e)ne]	브레이크를 밟다
295	frêmir [fremiːr]	무서워 떨다, 살랑거리다
296	fréquenter [frekɑ̃te]	자주 드나들다, 다니다
297	fuir [fɥiːr]	도망치다, 달아나다
298	garantir [garɑ̃tiːr]	보증하다, 약속하다
299	se garder [sə garde]	조심하다(=prendre garde)
300	garer [gare]	주차시키다(=stationner)

301	garnir [garni:r]	갖추다, 장식하다(=décorer)
302	gaspiller [gaspije]	낭비하다(=prodiguer)
303	gâter [gate]	망가뜨리다, 망치다
304	geler [ʒ(ə)le]	얼다, 몹시 춥다
305	gémir [ʒemi:r]	신음하다, 탄식하다
306	gêner [ʒene]	방해하다, 거북하게 하다
307	se gêner [sə ʒene]	거북해하다
308	glisser [glise]	미끄러지다
309	gonfler [gɔ̃fle]	부풀리다, 부풀다
310	goûter [gute]	맛보다, 즐기다

311	gouverner [guvɛrne]	다스리다, 조종하다
312	graisser [grɛse]	기름을 치다
313	grêler [grɛ(e)le]	우박이 오다
314	griffer [grife]	할퀴다
315	griller [grije]	석쇠로 굽다
316	grimper [grɛ̃pe]	기어오르다
317	gronder [grɔ̃de]	울부짖다, 꾸짖다
318	grossir [grɔsi:r]	굵어지다, 붙다
319	grouper [grupe]	한 떼로 만들다, 모으다
320	guider [gide]	안내하다, 이끌다

321	habituer [abitɥe]	익숙하게 하다(=accoutumer)
322	s'habituer à [sabitɥe a]	(*) 익숙해지다
323	haïr [ai:r]	증오하다, 미워하다
324	hâter [ate]	재촉하다, 서두르다
325	hériter [erite]	상속하다, 잇다(=succéder)
326	hésiter [ezite]	(*) 주저하다, 망설이다
327	heurter [œrte]	부딪치다, 상하게 하다
328	honorer [ɔnɔre]	존중하다, 공경하다
329	hurler [yrle]	아우성치다, 울부짖다
330	ignorer [iɲɔre]	모르다(≠connaître)

331	illustrer [ilystre]	이름 높이다, 삽화 넣다
332	imaginer [imaʒine]	상상하다, 생각하다
333	s'imaginer [simaʒine]	생각하다, 믿다
334	imiter [imite]	모방하다, 본을 받다
335	importer [ɛ̃pɔrte]	중요하다, 수입하다
336	imprimer [ɛ̃prime]	자국을 내다, 인쇄하다
337	incliner [ɛ̃kline]	숙이다, 마음이 기울다
338	s'incliner [sɛ̃kline]	몸을 굽히다, 따르다
339	indiquer [ɛ̃dike]	(*) 가리키다, 지시하다
340	informer [ɛ̃fɔrme]	알리다, 통지하다(=prévenir)
341	inonder [inɔ̃de]	홍수를 일으키다, 범람하다
342	inquiéter [ɛ̃kjete]	걱정하게 하다, 괴롭히다
343	inscrire [ɛ̃skri:r]	기입하다, 등록하다
344	s'inscrire [sɛ̃skri:r]	등록하다, 적다
345	insister [ɛ̃siste]	주장하다, 탄원하다
346	inspecter [ɛ̃spɛkte]	검사하다, 시찰하다
347	instruire [ɛ̃strɥi:r]	가르치다, 알리다
348	interdire [ɛ̃tɛrdi:r]	(*) 금하다, 막다(=défendre)
349	interroger [ɛ̃tɛrɔʒe]	질문하다, 심문하다
350	interrompre [ɛ̃tɛrɔ̃:pr]	중단하다, 방해하다
351	intervenir [ɛ̃tɛrvəni:r]	간섭하다, 조정하다
352	introduire [ɛ̃trɔdɥi:r]	(*) 안내하다, 도입하다
353	inventer [ɛ̃vɑ̃te]	발명하다, 고안하다
354	inviter [ɛ̃vite]	초대하다, 부탁하다
355	jaillir [ʒaji:r]	넘치다, 솟다(=surgir)
356	jaunir [ʒoni:r]	노랗게 되다
357	joindre [ʒwɛ̃:dr]	마음이 합치다(=unir, rencontrer)
358	jouir [ʒwi:r]	즐기다, 누리다
359	justifier [ʒystifje]	정당화하다, 변명하다
360	lâcher [lɑʃe]	풀다, 놓아주다

361	libérer [libere]	자유케 하다, 해방하다
362	lier [lje]	묶다, 매다
363	limiter [limite]	경계짓다, 제한하다
364	livrer [livre]	배달하다, 넘겨주다
365	loger [lɔʒe]	숙박하다, 살다(=habiter)
366	louer [lwe] (2)	칭찬하다, 찬양하다
367	luire [lɥiːr]	빛나다, 반짝이다
368	lutter [lyte]	싸우다, 레슬링하다
369	mâcher [mɑʃe]	씹다, 깨물다
370	maigrir [mɛɡriːr]	마르다, 여위다

371	maintenir [mɛ̃tniːr]	유지하다(=entretenir)
372	manier [manje]	조작하다, 취급하다
373	manifester [manifɛste]	표명하다, 데모하다
374	marquer [marke]	표를 하다, 지정하다
375	méditer [medite]	명상하다, 고찰하다
376	menacer [mənase]	위협하다, 협박하다
377	ménager [menaʒe]	절약하다, 돌봐주다
378	mener [məne]	인도하다, 데리고 가다
379	mépriser [meprize]	경멸하다, 얕보다
380	mériter [merite]	자격이 있다, 마땅하다

381	modérer [mɔdere]	절제하다, 억제하다
382	moderniser [mɔdɛrnize]	현대화하다
383	modifier [mɔdifje]	수정하다, 변경하다
384	moucher [muʃe]	코를 풀어주다
385	se moucher [sə muʃe]	코를 풀다
386	mouvoir [muvwaːr]	움직이다, 자극하다
387	multiplier [myltiplje]	곱하다, 늘리다
388	munir [myniːr]	준비해주다, 설비하다
389	murmurer [myrmyre]	속삭이다, 불평하다
390	naître [nɛtr]	출생하다, 태어나다

391	naturaliser [natyralize]	귀화하다
392	naviguer [navige]	항해하다
393	négliger [negliʒe]	소홀히 하다, 버려두다
394	nier [nje]	부인하다, 부정하다
395	noter [nɔte]	노트하다, 성적을 받다
396	nouer [nwe]	맺다, 묶다(=lier)
397	nourir [nuriːr]	키우다, 젖을 먹이다
398	noyer [nwaje]	물에 빠뜨리다
399	se noyer [sə nwaje]	익사하다
400	nuire à [nɥiːr a]	해치다, 손해를 주다

401	obéir à [ɔbeiːr a]	(*) 순종하다, 복종하다
402	observer [ɔpsɛrve]	관찰하다, 준수하다
403	obtenir [ɔptəniːr]	얻다, 획득하다
404	offenser [ɔfɑ̃se]	모욕하다, 거스르다
405	opérer [ɔpere]	수술하다, 효력이 있다
406	opposer [ɔpoze]	반대하다, 대조시키다
407	s'opposer [sɔpoze]	반대하다, 대항하다
408	ordonner [ɔrdɔne]	명령하다, 정돈하다
409	organiser [ɔrganize]	조직하다, 설립하다
410	orner [ɔrne]	장식하다, 꾸미다

411	ôter [ote]	제거하다(=supprimer), 벗다
412	panser [pɑ̃se]	붕대를 감다, 치료하다
413	parcourir [parkuriːr]	돌아다니다
414	participer [partisipe]	(*) 참가하다, 동참하다
415	pécher [peʃe]	죄를 짓다(=commettre)
416	pénétrer [penetre]	들어가다, 꿰뚫다
417	percer [pɛrse]	꿰뚫다, 찌르다
418	périr [periːr]	죽다, 파선하다, 멸망하다
419	persuader [pɛrsɥade]	납득시키다(=convaincre)
420	peupler [pœple]	정착하다, 살게 하다

421	pincer [pɛ̃se]	집다, 꼬집다, 붙들다
422	plaindre [plɛ̃:dr]	동정하다
423	se plaire [sə plɛ:r]	좋아하다, 즐기다
424	plaisanter [plɛzɑ̃te]	농담하다, 희롱하다
425	plonger [plɔ̃ʒe]	잠수하다, 찌르다
426	poser [poze]	놓다, 제출하다
427	posséder [pɔsede]	소유하다, 정통하다
428	pourrir [puri:r]	썩다, 부패하다
429	poursuivre [pursɥi:vr]	쫓다(=chasser), 계속하다
430	pratiquer [pratike]	실행하다, 종사하다

431	précéder [presede]	앞서가다, 우선하다
432	précipiter [presipite]	재촉하다, 서둘러하다
433	se précipiter [sə presipite]	뛰어들다, 서두르다
434	préciser [presize]	명확하게 하다
435	prédire [predi:r]	예언하다, 예보하다
436	préoccuper [preɔkype]	몰두시키다(=absorber)
437	présider [prezide]	의장이 되다, 주재하다
438	prétendre [pretɑ̃:dr]	주장하다, 희망하다
439	prévoir [prevwa:r]	(*) 예측하다, 예견하다
440	prier [prje]	기도하다, 간청하다

441	priver [prive]	빼앗다, 박탈하다
442	proclamer [prɔkla(ɑ)me]	선언하다, 공포하다
443	procurer [prɔkyre]	마련해 주다, 얻어주다
444	profiter [prɔfite]	이용하다, 유익하다
445	prolonger [prɔlɔ̃ʒe]	연장하다, 길어지다
446	prononcer [prɔnɔ̃se]	발음하다, 선언하다
447	proposer [prɔpoze]	(*) 제안하다, 추천하다
448	protéger [prɔteʒe]	보호하다, 후원하다
449	protester [prɔtɛste]	항의하다, 주장하다
450	prouver [pruve]	증명하다(=témoigner)

451	provenir [prɔvniːr]	생기다, 나오다, 유래하다
452	provoquer [prɔvɔke]	유발하다, 도전하다
453	publier [pyblje]	출판하다, 공개하다
454	qualifier [kalifje]	성질을 나타내다
455	raccommoder [rakɔmɔde]	수리하다, 조정하다
456	raccourcir [rakursiːr]	짧아지다, 축소하다
457	rafraîchir [rafrɛ(e)ʃiːr]	서늘하게 하다
458	railler [rɑje]	비웃다, 빈정거리다
459	raisonner [rɛzɔne]	추리하다, 논하다
460	ralentir [ralɑ̃tiːr]	속도를 줄이다
461	ramener [ramne]	도로 데려오다
462	ramer [rame]	노를 젓다
463	ramper [rɑ̃pe]	기다, 포복하다
464	rappeler [raple]	(*) 부르다, 회상시키다
465	rapporter [rapɔrte]	돌려주다, 보고하다
466	rapprocher [raprɔʃe]	접근시키다, 대조하다
467	raser [rɑze]	짧게 깎다, 스치다
468	rassembler [rasɑ̃ble]	모으다, 집합시키다
469	rassurer [rasyre]	안심시키다
470	rater [rate]	실패하다, 놓치다, 망치다
471	réaliser [realize]	실현하다, 성취하다
472	réchauffer [reʃofe]	다시 데우다
473	rechercher [rəʃɛrʃe]	수색하다, 추구하다
474	réclamer [rekla(ɑ)me]	항의하다, 요구하다
475	recommander [rəkɔmɑ̃de]	권고하다, 추천하다
476	récompenser [rekɔ̃pɑ̃se]	보상하다, 상을 주다
477	réconcilier [rekɔ̃silje]	화해하다, 조정하다
478	recouvrir [rəkuvriːr]	뒤덮다, 다시 덮다
479	recueillir [rəkœjiːr]	거둬들이다, 모으다
480	récupérer [rekypere]	회수하다, 회복하다

481	rédiger [rediʒe]	요약하다, 작성하다
482	redire [rədiːr]	다시 말하다, 트집 잡다
483	redouter [rədute]	겁내다, 두려워하다
484	réduire [redɥiːr]	줄이다, 감소하다(=diminuer)
485	refaire [rəfɛːr]	다시 만들다, 수선하다
486	réfléchir [refleʃiːr]	(*) 반사하다, 숙고하다
487	refléter [rəflete]	반사하다, 반영하다
488	réformer [refɔrme]	개혁하다, 퇴역시키다
489	refroidir [rəfrwa(ɑ)diːr]	추워지다, 식다
490	se réfugier [s(ə) refyʒje]	피하다, 피신하다
491	refuser [rəfyze]	(*) 거절하다, 거부하다
492	régler [regle]	해결하다, 값을 치르다
493	régner [reɲe]	통치하다, 지배하다
494	regretter [rəgrɛ(e)te]	후회하다, 애도하다
495	rejoindre [rəʒwɛ̃ːdr]	재회하다, 따라 가다
496	réjouir [reʒwiːr]	즐겁게 하다
497	relever [rəlve]	다시 세우다, 부흥하다
498	relier [rəlje]	연결시키다, 다시 묶다
499	relire [rəliːr]	다시 읽다
500	rembourser [rɑ̃burse]	상환하다, 변상하다
501	remercier [rəmɛrsje]	(*) 감사하다, 사례하다
502	rencontrer [rɑ̃kɔ̃tre]	(*) 만나다(=voir)
503	renfermer [rɑ̃fɛrme]	숨기다, 감춰주다(=cacher)
504	renforcer [rɑ̃fɔrse]	강화하다, 증강하다
505	renoncer [rənɔ̃se]	단념하다, 부인하다(=nier)
506	renouveler [rənuvle]	새롭게 하다, 다시 하다
507	renseigner [rɑ̃sɛ(e)ɲe]	(*) 알리다, 정보 제공하다
508	renverser [rɑ̃vɛrse]	뒤집어엎다, 떨어뜨리다
509	renvoyer [rɑ̃vwaje]	돌려보내다, 해고하다
510	répandre [repɑ̃ːdr]	퍼뜨리다(=étendre), 흘리다

511	repasser [rəpase]	다시 지나다, 다리다
512	se repentir [sə rəpɑ̃ti:r]	후회하다, 뉘우치다
513	répliquer [replike]	대답하다, 대꾸하다(>répondre)
514	reposer [rəpoze]	다시 놓다, 쉬게 하다
515	repousser [rəpuse]	물리치다, 거절하다(=refuser)
516	reprocher [rəprɔʃe]	비난하다, 나무라다(=accuser)
517	reproduire [rəprɔdɥi:r]	재생하다, 복사하다
518	réserver [rezɛrve]	남겨두다, 보류하다
519	résister [reziste]	저항하다, 참다(=supporter)
520	résoudre [rezudr]	해결하다, 결심하다(=décider)
521	respecter [rɛspɛkte]	존중하다, 존경하다(=admirer)
522	ressembler [rəsɑ̃ble]	(*) 닮다, 유사하다
523	résumer [rezyme]	요약하다(=abréger)
524	retenir [rətni:r]	(*) 예약하다, 붙잡다
525	retirer [rətire]	끌어당기다, 끄집어내다
526	retomber [r(ə)tɔ̃be]	다시 넘[떨]어지다
527	réunir [reyni:r]	모으다, 화합시키다
528	se réunir [sə reyni:r]	모이다, 집회하다, 단결하다
529	révéler [revele]	알리다, 나타내다(=dévoiler)
530	risquer [riske]	(*) ..할 위험성이 있다
531	se risquer [sə riske]	(*) 위험을 무릅쓰다
532	rompre [rɔ̃:pr]	끊다, 꺾다, 깨뜨리다
533	ronger [rɔ̃ʒe]	갉아먹다, 괴롭히다
534	rôtir [ro(ɔ)ti:r]	굽다(=griller), 구워지다(=cuire)
535	rougir [ruʒi:r]	붉게 하다, 부끄러워하다
536	ruiner [rɥine]	파산시키다, 망치다
537	saigner [sɛ(e)ɲe]	피 흘리다
538	saisir [sezi:r]	붙잡다, 이해하다(=comprendre)
539	saler [sale]	소금 치다
540	satisfaire [satisfɛ:r]	만족시키다(=contenter)

541	secouer [s(ə)kwe]	흔들다, 야단치다
542	secourir [s(ə)kuri:r]	돕다(=sauver, protéger)
543	séparer [separe]	가르다, 떼어놓다(=détacher)
544	siffler [sifle]	호각을 불다
545	signaler [siɲale]	알리다, 신호하다
546	signifier [siɲifje]	의미하다(=vouloir dire), 알리다
547	situer [sitɥe]	위치시키다(=placer)
548	se situer [sə sitɥe]	위치하다
549	songer [sɔ̃ʒe]	(*) 생각하다(=penser)
550	souffler [sufle]	숨을 내쉬다(−expirer)

551	souffrir [sufri:r]	괴로워하다, 앓다
552	souhaiter [swɛ(e)te]	(*) 바라다, 소원하다
553	soulever [sulve]	들어 올리다, 격분하다
554	souligner [suliɲe]	강조하다, 밑줄 치다
555	soumettre [sumɛtr]	굴복시키다(=dompter)
556	se soumettre à [sə ~ a]	굴복하다(*obéir 순종하다)
557	soupçonner [supsɔne]	의심하다, 짐작하다
558	soutenir [sutni:r]	받치다, 부양하다(=supporter)
559	se souvenir [sə suvni:r]	(*) 생각나다, 회상하다
560	subir [sybi:r]	감내하다, 참아내다

561	succéder [syksede]	뒤를 잇다
562	sucrer [sykre]	설탕을 치다
563	suer [sɥe]	땀 흘리다
564	suffire [syfi:r]	족하다, 충분하다
565	supplier [syplje]	간청하다, 사정하다
566	supporter [sypɔrte]	지탱하다, 참다(=endurer)
567	supposer [sypose]	가정하다, 상상하다
568	supprimer [syprime]	없애다(=enlever, ôter)
569	surgir [syrʒi:r]	솟아나다, 생기다
570	surmonter [syrmɔ̃te]	위에 있다, 극복하다(=dépasser)

176 들으면서 익히는 프랑스어 단어장

571	surprendre [syrprɑ̃:dr]	덮치다, 놀라게 하다, 단속하다
572	surveiller [syrvɛ(e)je]	감시하다, 감독하다
573	suspendre [suspɑ̃:dr]	매달다, 중지하다
574	tacher [taʃe]	더럽히다(=salir)
575	tâcher [tɑʃe]	노력하다, 애쓰다(=tenter)
576	taper [tape]	때리다, 타이프 치다
577	teindre [tɛ̃:dr]	물들이다, 염색하다
578	témoigner [temwaɲe]	증언하다, 표시하다
579	tenter [tɑ̃te]	시도하다, 유혹하다(=séduire)
580	terminer [tɛrmine]	끝마치다, 완료하다(=finir)

581	tonner [tɔne]	천둥치다
582	tordre [tɔrdr]	쥐어짜다, 비틀다, 곡해하다
583	traduire [tradɥi:r]	번역하다(=interpréter)
584	trahir [trai:r]	배신하다, 누설하다
585	traîner [trɛ(e)ne]	끌고 가다, 지연시키다
586	se traîner [sə trɛ(e)ne]	억지로 가다, 지연되다
587	traiter [trɛ(e)te]	다루다, 취급하다
588	trancher [trɑ̃ʃe]	자르다, 베다, 얇게 썰다
589	transformer [trɑ̃sfɔrme]	변화시키다, 바꾸다(=changer)
590	transmettre [trɑ̃smɛtr]	전하다, 옮기다, 물려주다

591	transporter [trɑ̃spɔrte]	운송하다, 나르다
592	trembler [trɑ̃ble]	떨다, 진동하다, 걱정하다
593	tremper [trɑ̃pe]	담그다, 단련하다
594	troubler [truble]	어지럽게 하다, 방해하다
595	trouer [true]	구멍을 뚫다, 꿰뚫다(=percer)
596	unir [yni:r]	일치시키다, 단결하다
597	user [yze]	사용하다(~de), 행사하다
598	utiliser [ytilize]	사용하다, 활용하다(=employer)
599	vaincre [vɛ̃:kr]	이기다(l'emporter sur), 쳐부수다
600	varier [varje]	변화시키다, 바꾸다

601	veiller [vɛ(e)je]	밤새우다, 조심하다
602	venger [vɑ̃ʒe]	복수하다, 보복하다
603	vérifier [verifje]	확인하다(=confirmer), 검토하다
604	verser [vɛrse]	붓다, 납입하다(=payer)
605	viser [vize]	겨냥하다, 노리다(=en vouloir à)
606	vomir [vɔ(o)miːr]	토하다 (*dégoûter 지긋지긋하다)
607	voter [vɔte]	투표하다, 의결하다
608	vouer [vwe]	맹세하다(=jurer), 바치다(=consacrer)

PARTIE III

"

기능어 ········

"

1. 중요 전치사 30

à (에게, 에)	après (후에)	avant (전에)
avec (함께)	chez (집에)	contre (반대로)
dans (안에)	de (의)	depuis (전부터)
derrière (뒤에)	dès (부터)	devant (앞에)
durant (동안)	en (에서)	entre (사이에)
envers (대하여)	hors (밖에)	malgré (불구하고)
outre (이외에)	par (의하여)	parmi (중에서)
pendant (동안)	pour (위하여)	sans (없이)
sauf (제외하고)	selon (에 따라)	sous (아래에)
suivant (에 따라)	sur (위에)	vers (향하여, 즈음)

2. 중요 전치사구 34

à cause de (때문에)	à côté de (..옆에)
à partir de (..부터)	à propos de (..에 대해서)
à travers (..너머, 통하여)	au bout de (..의 끝에)
au cours de (..하는 동안)	au-delà de (..의 저쪽으로)
au-dessus de (..위에)	au-dessous de (..아래에)
au lieu de (대신에)	au milieu de (의 한가운데)
auprès de (곁에, 대하여)	autour de (주위에)
avant de+inf (하기 전에)	d'après (..에 의하면)
de manière à (하도록)	de peur de (..을 두려워하여)
en bas de (..아래에)	en dehors de (..의 밖에)
en dépit de (불구하고)	en face de (..맞은편에)
en matière de (..에 관해서)	en vue de (..하기 위해)
face à (직면하여)	faute de (..이 없어서)
grâce à (덕분으로)	hors de (..의 밖에)
jusqu'à (..까지)	loin de (..에서 멀리)
par rapport à (..에 비하면)	près de (가까이, 대략)
quant à (..에 관해서는)	vis-à-vis de (..에 마주보고)

3. 중요 전치사 용법 정리

à ...에게, ...에 (축약관사 : à+le=au, à+les=aux)	
장소	Il habite à Paris. (그는 빠리에 살고 있다.)
시간	Le train arrivera à dix heures. (그 기차는 10시에 도착할 것이다.)
간목	Il donne une fleur à son amie. (그는 여자친구에게 꽃을 한 송이 준다.)
수단 방법	Il va à l'école à bicyclette. (그는 학교에 자전거를 타고 간다.)
용도 목적	Vos tasses à thé sont très jolies. (당신의 찻잔들은 대단히 예쁘군요.) Il y a beaucoup de choses à voir à Paris. (빠리에는 볼 것이 많다.)
조건	À vivre ainsi vous tomberez malade. (그렇게 살면 당신은 병에 걸릴 것이다.)

avec ...와 함께, ...을 가지고	
동반	Elle sort tous les jours avec son chien. (그녀는 날마다 자기의 개와 함께 외출한다.)
방법	Il conduit sa voiture avec prudence. (그는 차를 신중하게 운전한다.)
수단 도구	Mange avec ta fourchette, pas avec tes doigts. (포크를 가지고 먹어라, 손가락으로 말고.)
동시	Avec le temps, les haines s'assoupissent. (시간과 함께 증오도 사라진다.)
이유	Avec ces touristes, le village est agité. (이 관광객들 때문에 마을이 동요되고 있다.)
조건	Avec un peu de travail, il aurait réussi. (조금만 공부했다면, 그는 합격했을 것이다.)

de ...의, 에서부터, 때문에 (de+le=du, de+les=des)	
소유	J'ai passé l'hiver à la villa de mon oncle. (나는 삼촌의 별장에서 겨울을 보냈다.)
출발 출신	Je l'ai lu d'un bout à l'autre. (나는 그것을 처음부터 끝까지 읽었다.) D'où êtes-vous? -- De Normandie. (당신 어디 출신입니까? -- 노르망디 출신입니다.) C'est du vin de France. (이것은 프랑스산 포도주입니다.)
기간	Il n'a rien fait de la journée. (그는 하루 종일 아무것도 하지 않았다.) Il est là de 7 à 9 heures [du matin au soir]. (그는 7시에서 9시까지[아침부터 저녁까지] 거기 있다.)
원인 이유	Nous sommes heureux de sortir ce soir. (오늘 저녁 외출하게 되어서 기쁘다.)
재료	La statue est toute d'or massif. (이 동상은 온통 순금으로 되어 있다.) De quoi vivez-vous? (당신은 무엇을 먹고 삽니까?)
동작주	Il est aimé et respecté de ses amis. (그는 친구들로 부터 사랑과 존경을 받고 있다.)
주제	Nous parlons de l'avenir de la patrie. (우리는 조국의 장래에 대해서 이야기하고 있다.)
도구 양태	Il m'a fait signe de la main. (그는 내게 손짓했다.) Il m'a regardé d'un air fâché. (그는 화난 얼굴로 나를 보았다.)
특징 성질 종류	Elle est d'une grande beauté. (그녀는 대단한 미인이다.) un homme d'affaire (사업가) un homme de talent (재능있는 사람)
부분	une tasse de café (한 잔의 커피 - 내용물) le plus beau du monde (세상에서 가장 아름다운)

en	...에, ..로 된, ..걸려서, ...타고
여성 국가	Je suis né en France, mais j'habite en Corée. (나는 프랑스에서 태어났지만, 한국에서 산다.) ※남성: au Canada (캐나다에서), au Japon (일본에서) 　　　aux États-Unis (미국), aux Pays-Bas (네덜란드)
장소	Dimanche, allons nous promener en forêt. (일요일에 숲에 산보하러 갑시다. -- 구체적 위치) Si tu es méchant, tu iras en enfer. (너 고약한 짓을 하면 지옥 간다. -- 추상적 장소)
단순 시간	Je suis né(e) en 1990. (나는 1990년도에 태어났다.) en mai (5월에 = au mois de mai) en été [automne, hiver] (여름에, 가을에, 겨울에) ※ 봄에는 〈au〉 사용 : au printemps (봄에) en son absence (그가 없는 자리에서는)
경과	Rome n'est pas fait en un jour. (로마는 하루 만에 이루어진 것이 아니다.) en 10 minutes (10분 걸려서)
상태	en désordre (어질러진), en secret (몰래) en colère (화난), 　　en grève (파업 중인) en panne (고장난), 　　en vacances (휴가 중인)
복장	en chemise (셔츠차림으로), en lunettes (안경 쓰고)
재료	C'est une montre en or. (그것은 금시계이다.)
수단	Traduisez cela en français. (그것을 불어로 옮기시오.) en avion (비행기로), en voiture (자동차로)
주기 정도	de temps en temps (가끔), de plus en plus (더욱더) de mal en pis (설상가상으로), de jour en jour (나날이)
제롱 디프	L'appétit vient en mangeant. (식욕은 먹으면서 난다.) En tombant il s'est démis le pied. (넘어졌기 때문에 그는 발을 삐었다.)

par ...에 의해서, ...통하여, ...때문에	
통과	Il est passé par la fenêtre. (그는 창문으로 들어왔다.) Cette idée m'est passé par la tête. (그 생각이 내 머리를 스쳐갔다.) par ici (이쪽으로), par terre (땅바닥에)
수단 도구 신체	Je l'ai su par le journal. (나는 신문을 통하여 그 사실을 알았다.) Il prend son enfant par la main. (그는 아이의 손을 잡고 있나.) par avion (항공편으로), par la poste (우편으로)
동작주	Il a été renversé par une voiture. (그는 차에 치었다.) Il a fait bâtir sa maison par cet architecte. (그는 자기 집을 그 건축가에게 짓게 했다.)
원인 동기	J'ai dû arrêter mes recherches par manque de temps. (나는 시간이 없어서 내 연구를 중단해야 했다.) Il agit toujours par intérêt. (그는 항상 이해관계에 의해 행동한다.)
배분 반복	Nous allons au cinéma deux fois par semaine. (우리는 일주일에 2번 영화를 보러 간다.) Combien gagne-t-il par mois? (그는 한 달에 얼마나 법니까?)
시간 날씨	Par un beau matin d'automne, je suis allé à Versailles. (화창한 어느 가을날 아침에 나는 베르사이유에 갔다.)
숙어 표현	Ça va finir par arriver.
	(마침내 그 일은 곧 일어나고야 말 것이다.)
	par exemple (예를 들어), par hasard (우연히)
	par cœur (암송하여), par bonheur (다행히도)
	de par la loi (법에 의해), par trois fois (3번에 걸쳐)

dans	...안에, ...후에
장소	J'ai lu dans le journal la nouvelle de cet accident. (나는 그 사고 소식을 신문에서 읽었다.) Il est difficile de garer sa voiture dans Séoul. (서울에서는 차를 주차시키기가 어렵다.)
시간	Elles viendront dans trois jours. (그녀들은 3일 후에 올 것이다. -- 현재시점 이후) Elles viendront dans les trois jours. (그녀들은 3일 이내에 올 것이다.) Il a eu une maladie grave dans son enfance. (그는 어렸을 때에 중병을 앓았다.)
상태	À dépenser ainsi, vous tomberez dans la misère. (이렇게 소비하다가는 궁핍해질 것이다.) Sa chambre est dans le plus grand désordre. (그의 방은 대단히 어지럽혀져 있다.)

avant (...전에), après (...후에) : 시간 devant (...앞에), derrière (...뒤에) : 장소	
시간 전후	Pour être en forme, reposez-vous avant l'examen. (좋은 컨디션을 유지하려면 시험보기 전에 쉬세요.) Il faut écouter attentivement avant de répondre. (대답하기 전에 주의 깊게 들어야 합니다.)
	Après le repas, nous irons au cinéma. (식사 후에 우리는 영화 보러 갈 것이다.) Un an après sa mort, on l'avait complètement oublié. (그는 죽은 지 일 년 후 완전히 잊혀졌다. --과거시점 이후) Il a fumé une cigarette après avoir déjeuné. (그는 식사한 후에 담배 한 대를 피웠다.)
장소 앞뒤	La table est devant la fenêtre. (탁자는 창문 앞에 있다.) Paul s'est caché derrière un arbre. (뽈은 나무 뒤에 숨었다.)

pour ...위하여, 향하여, 때문에, ..로서는	
행선지	Elle va partir pour la France. (그녀는 곧 프랑스로 떠날 것이다.)
목적 용도	Partons tout de suite pour ne pas être en retard. (지각하지 않도록 곧 떠납시다.) vêtement pour homme (남성복) remède pour la fièvre (해열제)
입장	Pour lui, tout ça n'a aucune valeur. (그에게 있어서, 그 모든 것은 아무런 가치가 없다.)
예정 시기	Il va à Paris pour deux semaines. (그는 2주 예정으로 빠리에 간다.)
결과	Il s'en est allé pour ne jamais revenir. (그는 가서 돌아오지 않았다.) L'histoire est trop belle pour être vraie. (이야기가 너무 아름다워 사실 같지 않다.) Cet enfant est assez intelligent pour comprendre cela. (이 아이는 똑똑해서 그 말을 충분히 알아들을 수 있다.) Il a profité du désordre pour s'enfuir avec les soldats. (그는 혼란을 이용해서 군인들과 도망쳤다.)
이유	Le musée est fermé pour réparations. (박물관은 보수공사 때문에 휴관이다.) Il s'est rendu malade pour avoir trop présumé de ses forces. (그는 자기 체력을 너무 과신했기 때문에 병이 났다.)
비교	Pour un débutant, il se débrouille bien. (그는 초심자치고는 잘해 나간다.) Il est assez fort pour son âge. (그는 나이에 비해 힘이 꽤 세다.)
찬성	Il y a huit voix pour et cinq voix contre. (찬성 8표, 반대 5표이다. -- 형용사적) J'ai voté pour. (나는 찬성 투표했다. -- 부사적)

sur	..위에, 향하여, 대하여
위치 지탱 접촉	Il y a un vase sur la table. (테이블 위에 꽃병이 하나 있다.) On doit bâtir une maison sur un terrain solide. (단단한 지반 위에 집을 세워야 한다.) Il se couche sur le ventre. (그는 배를 깔고 누워있다.) Il a son nom sur sa porte. (그는 문에 문패를 달고 있다.)
소지	Je n'ai pas d'argent sur moi. (내 수중에는 돈이 없다.)
방향	Cette fenêtre donne sur le jardin. (이 창문은 정원 쪽으로 나 있다.) Un pied de la table n'appuie pas sur le sol. (테이블의 다리 하나가 땅바닥에 닿지 않는다.)
주제	Il nous a fait une conférence sur Baudelaire. (그는 우리들에게 보들레르에 관해 강연했다.) Sur ce point, tu as raison. (이 점에 대해서는 네가 옳다.)
근거	Ne jugez pas sur l'apparence. (사람을 외모로 판단하지 마시오.) Sur un signe de l'agent, les autos s'arrêtent. (교통순경의 신호에 의해 자동차들이 멈춘다.)
비율	Sur cent candidats, vingts seulement ont été reçus. (100명의 응시자 중에서 20명만이 합격되었다.) neuf fois sur dix (십중팔구는, 대개의 경우는) ouvert 24 heures sur 24 (24시간 영업)
지배	Les remèdes n'agissent plus sur le malade. (그 약들은 이제 그 환자에게 듣지 않는다.) Pour obtenir ce poste, il a l'avantage sut toi. (이 자리를 얻는데 있어, 그는 너보다 입장이 유리하다.)
시간	sur le soir (저녁 무렵에), sur les 11 heures (11시경) Elle va sur les trente ans. (그녀는 30살을 바라본다.)

sous ...아래에, 안으로, 시대에	
위치	un oreiller sous la tête, des coussins sous les bras (머리 밑에는 베개를, 팔 밑에는 쿠션을 놓고...) Il reste longtemps sous l'eau. (그는 물속에서 오래 머문다.) s'abriter sous un parapluie (우산 속으로 피하다)
외관	Sous un extérieur très simple, c'est un homme fin. (그는 외관은 수수해 보이지만 여간내기가 아니다.) sous la forme de (...의 형태로) sous aucun prétexte (어떤 사정이 있다 하더라도) sous le masque de (...의 탈을 쓰고)
작용 영향	Le fer se dilate sous l'action de la chaleur. (철은 열의 작용을 받으면 팽창한다.) sous la pluie (빗속에서, 비 맞으며) sous l'empire de la colère (화가 치밀어서)
지배 보호	J'ai travaillé sous lui pendant 20 ans. (나는 그 사람 밑에서 20년 동안 일했다.) Il est sous l'empire de sa femme. (그는 자기 부인의 지배하에 놓여 있다.) sous la direction de (...의 지도하에서) sous le patronage de (...의 협찬으로)
시대	C'est sous Charle X que la petite est née. (그 어린 아이가 태어난 것은 샤를르 10세 시대이다.) sous le règne de Louis XIV (루이 14세 치하에서) sous quinzaine (보름이내에), sous peu (곧)
관점	sous ce point de vue (이러한 관점에서) analyser un problème sous tous ses aspects (문제를 모든 각도에서 분석하다.)

entre (둘 사이 : 시간, 공간), parmi (여럿 사이 : 공간)	
수량 시간	Cette robe se vend entre 500 et 600 euros. (이 드레스는 500 유로와 600 유로 사이에서 팔린다.) Je viendrai entre 10 et 11 heures. (10시와 11시 사이에 가겠습니다.) Entre les deux guerres, il s'est produit une crise économique désastreuse. (양차대전 사이에 참담한 경제공황이 일어났다.) Il est entre la vie et la mort. (그는 생사지경을 헤매고 있다.) entre deux âges (중년의)
공간 관계	Elle est assise entre ses deux amis. (그녀는 두 남자 친구 사이에 앉아 있다.) Mettez cette phrase entre parenthèses. (이 문장을 괄호 속에 넣으시오.) Il n'y a aucune resemblance entre vous et moi. (당신과 나 사이에 어떠한 유사성도 없다.) Entre plusieurs solutions possibles, il a choisi la plus simple. (가능한 여러 해결책 중에서 그는 가장 단순한 것을 선택했다.) Qu'est-ce qu'il est arrivé entre eux? (그들 사이에 무슨 일이 생겼나?) Il est le plus âgé d'entre eux. (그는 그들 중에서 가장 나이가 많다.)
	C'est une solution parmi tant d'autres. (그것은 많은 해결책 중의 하나에 불과하다.) Là, il a connu des jeunes gens instruits, parmi lesquels Maucroix. (거기서 그는 엘리트 청년들과 사귀었는데, 그 가운데 모크르와도 있었다.)

4. 중요 접속사 21

ainsi (그래서)	aussi (그래서)	car (왜냐하면)
cependant (그렇지만)	comme (때문에)	donc (그러므로)
encore (그렇지만)	et (그리고)	lorsque (..할 때)
mais (그러나)	ni (..도 아니고)	or (그런데)
ou (또는)	pourtant (그렇지만)	puisque (때문에)
quand (..할 때)	que (=that)	quoique (할지라도)
si (...라면)	sinon (아니라면)	soit (또는)

5. 중요 접속사구 42

à condition que (..한다면)	afin que (..하기 위하여)
ainsi que (..와 같이)	alors que (..인데)
à mesure que (..함에 따라)	à moins que (..하지 않는 한)
après que (..한 후에)	au cas où (..하는 경우에)
au lieu que (..이기는 커녕)	aussi bien que (와 마찬가지로)
aussitôt que (..하자마자)	autant que (..하는 한)
avant que (..하기 전에)	bien que (..한다 하더라도)
c'est pourquoi (그래서)	comme si (마치..인 것처럼)
de crainte que (..할까 두려워)	de façon que (그래서, 하도록)
de manière que (그래서, 하도록)	de même que (..와 마찬가지로)
de peur que (..할까 두려워)	depuis que (..한 이래로)
de sorte que (그래서, 하도록)	dès que (..하자마자)
en attendant que (..하기 전에)	en sorte que (그래서, 하도록)
jusqu'à ce que (..하기 전에)	loin que (..이기는 커녕)
lors même que (..에도 불구하고)	par conséquent (따라서)
parce que (왜냐하면)	pendant que (..하는 동안)
plutôt que (차라리)	pour que (..하기 위하여)
pour peu que (..하기만 하면)	pourvu que (..라면)
quand même (..에도 불구하고)	sans que (..함이 없이)
si ce n'est que (..을 제외하고)	sitôt que (..하자마자)
tandis que (한편, 반면에)	tant que (너무..하기 때문에)

6. 중요 접속사 용법 정리

et 동일 기능의 두 요소를 결합시키는 등위접속사	
연결 나열	Il ne peut et ne doit pas agir ainsi. (그렇게 행동할 수도 없고 또 행동해서도 안 된다.) le jour et la nuit (낮과 밤) un ami fidèle et loyal (신의 있고 또 충실한 벗)
대립	J'ai fait tout ce que j'ai pu, et je n'ai pas réussi. (나는 할 수 있는 것은 다 했어요, 그런데도 성공하지 못했어요.) Je voulais ouvrir les yeux et je ne le pouvais pas. (나는 눈을 뜨고 싶어요. 그러나 그럴 수 없어요.)
결과	Tu as mis le verre au bord de la table et il est tombé. (너는 술잔을 탁자 가장자리에 놓았지. 그래서 그건 떨어졌어.) Les livres étaient chers et je ne pouvais en acheter beaucoup. (책이 비쌌다. 그래서 나는 많이 살 수가 없었다.) Encore un pas, et vous serez tombé. (한 발짝만 더 움직이면 당신은 떨어집니다.)
조건 결과	Buvez ce remède, et vous serez guéri. (이 약을 마시세요, 그러면 병이 회복 나을 것입니다.) Que tu mettes le verre au bord de la table et il tombera. (술잔을 탁상 가장자리에 놓으면 떨어져요.)
강조	Il est entré chez moi, et à quatre heure du matin. (그는 우리 집에 들어왔다. 그것도 새벽 4시에 말이다.)
감정	Et moi, vous ne me demandez pas mon avis. (그런데, 당신은 내게는 의견을 묻지 않으시는 겁니까?)
주제 변경	Il n'y a plus de vin. - Et de la bière, il y en a encore? (더 이상 포도주가 없어. - 그러면 맥주는 아직 있나?)
합산	Deux et deux font quatre. (2 더하기 2는 4이다.) vingt et un (21), une heure et demie (한 시간 반)

mais 동일기능의 요소를 결합하며 대립을 표시한다.	
대립 제한	Il est intelligent, certes, mais très paresseux. (물론 그는 똑똑하지만 매우 게으르다.) Il a bien travaillé, mais il n'a pas réussi. (그는 열심히 공부했지만 합격하지 못했다.)
대립 강조	Il n'est pas un criminel, mais bien un imprudent. (그는 죄인이 아니고, 단지 정말로 경솔한 사람일 뿐이다.)
이의	Je ne viens pas avec toi. - Mais tu avais dit que tu viendrais. (너와 같이 가지 않을 거야. - 하지만 같이 가겠다고 말했잖니.)
주제 변경	Mais, dites-nous, que faites-vous demain? (그건 그렇고, 내일 무엇을 할 건지 말해 보시오.)
강조	Tu viens avec moi? - Mais oui! (나와 함께 갈래? - 그러고 말고!)
감정	Mais, qu'avez-vous donc? (도대체 어떻게 된 겁니까?)

ainsi, aussi, donc, encore 문두에서 접속사로 사용된다. 뜻이 달라지니 주의.	
ainsi	Ainsi donc vous ne pouvez pas venir? (그래서 결국 올 수 없다는 말이요? - 어떤 전제에 따른 결과)
aussi (도치)	Elle est malade, aussi ne peut-elle sortir. (그녀는 아프다. 그래서 외출할 수 없다. - 자연적인 결과)
donc	Je pense, donc je suis. (나는 생각한다. 고로 나는 존재한다. - 추론의 결과)
encore	Tout ceci est terrible ; encore ne sait-on pas tout. (이 모든 것은 끔찍하다. 그렇지만 모든 것을 아는 것은 아니다.) Il est encore plus bête que je (ne) le croyais. (그는 내가 생각했던 것보다 훨씬 더 어리석다. - 비교강조) Il occupe un poste importante encore qu'il soit jeune. (그는 젊은데도 불구하고 요직에 있다.) Il a perdu non seulement son argent mais encore ses amis. (그는 돈 뿐만 아니라 친구까지도 잃었다.)

que 가장 중요한 접속사, 관계대명사, 의문대명사	
접속사	Je crois que vous avez tort.
	(당신이 틀렸다고 저는 생각합니다. -- 목적절)
	Il est vrai que votre réussite est complète.
	(당신이 완전히 성공했다는 것은 사실이다. -- 주어절)
	Qu'il parte tout de suite.
	(그를 당장 떠나보내요! -- 3인칭 명령)
	Il semble plus préoccupé que d'habitude.
	(그는 보통 때보다 더 골몰해 있는 듯하다. -- 비교)
	Il marche si vite qu'il est difficile de le suivre.
	(그가 너무 빨리 걸어서 따라가기가 힘들다. -- 결과)
	C'est à vous que je parle.
	(바로 당신에게 나는 이야기하고 있소. -- 강조)
	Je n'ai qu'un frère.
	(나는 형제가 하나 밖에 없다. -- ne ~ que)
	comme j'ai soif et que le vin est bon
	(목이 마르고 포도주가 맛있기 때문에 -- 접속사 대신)
관계 대명사	J'ai lu le livre que tu m'as donné.
	(나는 네가 나에게 준 책을 읽었다. -- 직목)
	Je ne suis plus ce que j'étais.
	(나는 이제 더 이상 과거의 내가 아니다. -- 속사)
	Il y a huit jours qu'il est parti.
	(그가 떠난 지 일주일이 되었다. -- 상황보어)
의문 대명사	Que voulez-vous, du café ou du thé?
	(커피와 홍차 중 어느 쪽을 드릴까요? -- 직목)
	Je ne sais que faire.
	(나는 어떻게 해야 할지를 모르겠다. -- 간접의문)
	Qu'est-ce qui se passe?
	(무슨 일이신가요? -- 주어)
	Qu'est-ce que c'est?
	(그것은 무엇입니까? -- 속사)

si 접속사와 부사로 쓰이며 문장의 다양한 의미에 주의

접 속 사	Je ne sortirai pas s'il pleut. (비가 오면 외출하지 않겠다. -- 미래의 순수 가정) Si j'étais riche, j'achèterais une voiture. (내가 부자라면 차를 한 대 살 텐데. -- 현재의 비현실적 가정) S'il n'avait pas plu, nous serions partis. (비가 안 왔더라면, 출발했을 텐데. -- 과거의 비현실적 가정) S'il se trompait, on corrigeait ses erreurs. (그가 실수할 때마다 그의 잘못을 고쳐주곤 했다. -- 습관) Même s'il s'excusait, je ne lui pardonnerais pas. (그가 사과한다 하더라도 나는 용서하지 않을 거야. -- 양보) Si je ne t'ai pas salué, c'est que je ne t'ai pas vu. (네게 인사하지 않은 것은 너를 보지 못했기 때문이다. -- 원인) Je me demande si c'est vrai. (나는 그것이 사실일까 하고 생각해 본다. -- 간접의문절)
부 사	Ne chante pas si fort. (그렇게 큰 소리로 노래하지 마. -- 강도) Je me trouve cela si beau que je me sens tres ému. (그것은 하도 아름다워서 나를 무척 감동케 한다. -- 원인) Il n'est pas si intelligent que vous le croyez. (그는 당신이 생각하는 것만큼 영리하지 않다. -- 동등비교) Si heureux qu'on soit, on se plaint toujours de son sort. (사람은 아무리 행복해도 늘 자기 운명을 원망한다. -- 양보) N'êtes-vous pas d'accord? - Si, je suis d'accord. (찬성하지 않아요? - 아니오, 찬성입니다. -- 긍정) ≪N'êtes-vous pas content?≫ À cette question, il a répondu que si. (기쁘지 않아요? 이 질문에 그는 기쁘다고 대답했다. - 절을 대 신) La chance a tourné si bien qu'il a perdu tout ce qu'il avait gagné. (운이 기울어져 딴 것을 다 잃었다. -- 결과)

comme 접속사이며 부사와 전치사적 기능을 겸함	
비교 유사	Il sera médecin comme son père. (그는 자기 아버지처럼 의사가 될 것이다. ⇒ +명사) Faites comme vous voudrez. (당신 좋으실 대로 하십시오. ⇒ +절) Ils sont arrivés comme prévu. (그들은 예정대로 도착했다. ⇒ +과거분사) Il fait froid comme en hiver. (한 겨울처럼 춥다. ⇒ +부사구)
예시	Les animaux comme le chien, le chat vivent facilement avec les hommes. (개, 고양이와 같은 동물들은 쉽게 사람들과 함께 산다.)
부가	Le français comme l'italien viennent du latin. (불어와 이태리어는 라틴어에서 유래한 것이다. -- 부가) Le français comme l'italien vient du latin. (불어는 이태리어처럼 라틴어에서 유래한 것이다. -- 단순비교)
자격	Je considère cette promesse comme sacrée. (나는 이 약속을 신성한 것으로 간주한다. -- 형용사 속사) Je l'ai choisie comme secrétaire. (나는 그녀를 비서로 선택했다. -- 무관사 명사) Qu'est-ce que vous prenez comme plat principal? (주요리로서 무엇을 드시겠습니까? -- 무관사 명사)
원인 이유	Comme elle arrive, il faut préparer une chambre. (그녀가 내일 오니까 침실을 마련해야 겠다.)
동시	Il est venu comme je sortais de chez moi. (내가 집을 나서려고 할 때 그가 왔다.)
비례	Comme le temps passait, il s'impatientait de plus en plus. (시간이 흘러감에 따라 그는 차차 싫증이 났다.)
감탄	Comme c'est joli, le paysage! (경치가 얼마나 아름다운지!)

car, comme, puisque, parce que
이유의 접속사 비교

car	앞의 글의 이유·설명을 기술 (등위 접속사) Vous ne le trouverez pas chez lui, car je viens de le voir dans la rue. (당신은 그를 그의 집에서 못 만날 것이오, 그 까닭은 내가 방금 그를 길에서 만났으니까요.)
comme	원인·이유가 알려지지 않은 사실에 대한 정보를 주 며, 항상 문두에 놓이고 반드시 주절 앞에 위치한다. Comme la voiture est en panne, il faut aller à pied. (자동차가 고장이 나서 걸어가야 한다.)
puisque (주관적)	확실하고 당연한 논리적인 이유를 제시한다. 잘 알고 있는 원인·사실, 혹은 주절의 동기를 설명. Les hommes meurent, puisqu'ils naissent. (사람들은 죽어간다, 왜냐하면 태어나니까. - 논리적) Puisque vous le voulez, je partirai. (그렇게 원하시니 떠나겠습니다. -- 주절의 동기)
parce que (객관적)	원인·동기, 혹은 pourquoi의 답변에서의 원인 설명 Il est tombé parce que le chemin était glissant. (그는 넘어졌다. 왜냐하면 길이 미끄러웠기 때문이다.) Pourquoi ne vient-il pas plus souvent? - Parce qu'il n'a pas le temps. (그는 왜 더 자주 안 오지? - 시간이 없기 때문이지.)

PARTIE Ⅳ

숙어 및 동의어·반의어 정리

1. 〈à〉로 이루어진 숙어 68

1	à cause de	때문에
2	à ce moment	바로 그때
3	à certain égard	어떤 점에서는
4	à cet égard	이 점에서는
5	à chaque instant	끊임없이(=sans cesse)
6	à côté de	곁에, 옆에
7	à flots	풍부히, 많이
8	à jamais	영원히(=en permanence)
9	à l'abandon	되는 대로(=au hasard)
10	à l'aise	편히
11	à l'avance	미리
12	à l'avenir	이후로
13	à l'aventure	정처 없이, 아무렇게나
14	à l'égard de	~에 관하여
15	à l'en croire	그의 말을 믿는다면
16	à l'heure	제시간에
17	à l'instant	지금 막, 곧
18	à la fin	결국, 마침내(=enfin)
19	à la fois	동시에
20	à la folie	열정적으로
21	à la légère	가볍게, 경솔하게
22	à la mode	유행하는, 유행을 따르는
23	à la place de	대신에(*au lieu de)
24	à la portée de	힘닿는 곳에
25	à la suite de	~의 뒤에
26	à la vérité	사실인즉, 사실
27	à la vue de	~을 보며, 눈앞에서
28	à merveille	훌륭하게, 놀랍도록

29	à mon avis	내 생각에(=selon moi)
30	à nouveau	또다시, 신규로
31	à part	별도로(=sauf, excepté)
32	à partir de	~부터
33	à peine	하자마자, 겨우
34	à peine ~ que	~하자마자(=dès que)
35	à peine si	거의 ~않다
36	à peu près	대략, 거의(=eviron, près de)
37	à pied	걸어서
38	à plusieurs reprises	여러 번 되풀이해서
39	à présent	지금, 현재
40	à propos	그런데
41	à propos de	~에 대하여
42	à proximité	가까이, 부근에(=près de)
43	à son corps défendant	억지로
44	à son gré	자유로이, 마음대로
45	à son tour	자기 차례에
46	à temps	제때에
47	à terre	땅에, 지상에
48	à tout prix	어떤 일이 있어도
49	à tous (les) égards	모든 점에 있어서
50	à travers	통하여, 너머로, 사이로
51	à verse	다량으로, 억수로
52	à voix basse	낮은 목소리로
53	à vrai dire	진실을 말하자면
54	au besoin	필요하다면
55	au bout de	~의 끝에, 후에
56	au contraire	반대로(=contrairement à)
57	au cours de	~하는 동안에(=pendant)
58	au début (de)	~의 처음에는

59	au lieu de	대신에
60	au (le) long de	~을 따라서, ~내내
61	au milieu de	~의 가운데
62	au moment de	~할 때에
63	au moins	적어도
64	au pied de	아래에
65	au plus tard	늦어도
66	au plus tôt	빨라도
67	au profit de qn	~을 위하여
68	au sujet de	~에 관하여(=concernant)

2. 〈avoir〉로 이루어진 숙어 32

1	avoir affaire à qn	~에게 볼일이 있다
2	avoir beau +inf	~해도 소용없다
3	avoir besoin de	~이 필요하다
4	avoir chaud / froid	덥다 / 춥다
5	avoir confiance en/dans	신뢰하다, 믿다
6	avoir congé	휴가를 가지다
7	avoir coutume de	~하는 습관이 있다
8	avoir envie de	~하고 싶다(=vouloir)
9	avoir faim / soif	배고프다 / 목마르다
10	avoir hâte de	서둘러서 ~하다
11	avoir honte de	부끄럽다
12	avoir lieu	(사건이) 일어나다, 개최하다
13	avoir lieu de+inf	~할 만한 이유가 있다
14	avoir mal (à)	~가 아프다
15	avoir peine à+inf	~하기에 힘들다

16	avoir peur	두려워하다(=craindre)
17	avoir raison / tort	옳다 / 그르다
18	avoir sommeil	잠 오다
19	avoir à+inf	~해야 하다(=devoir)
20	avoir de la chance	운이 좋다
21	avoir des nouvelles	소식을 듣다
22	avoir du mal à+inf	~하기가 힘들다
23	avoir l'air	~처럼 보이다(=paraître)
24	avoir l'habitude de	~에 익숙해져 있다
25	avoir l'idée +inf	~할 생각이 든다
26	avoir l'intention de	~할 생각이다(=compter+inf)
27	avoir l'occasion de+inf	~하는 기회를 갖다
28	avoir le temps de+inf	~할 시간이 있다
29	en avoir marre	지긋지긋하다
30	n'avoir qu'à+inf	~하기만 하면 된다
31	n'avoir que faire de	~은 필요가 없다
32	ne pas avoir le choix	선택의 여지가 없다

3. 〈de〉로 이루어진 숙어 36

1	d'abord	우선
2	d'accord	찬성이다
3	d'ailleurs	게다가
4	d'autre part	한편, 게다가
5	d'avance	미리
6	d'habitude	평상시에는
7	d'ordinaire	보통

8	(tout) d'un coup	단숨에, 갑자기
9	d'un coup d'œil	언뜻 보고
10	d'une manière+	~식으로, ~하게
11	de bon cœur	기꺼이(=volontiers)
12	de bon matin	아침 일찍
13	de bonne heure	일찍
14	de cette façon	이렇게 해서
15	de façon à+inf	~하도록
16	de toute façon	어쨌든, 하여튼(=en tout cas)
17	de face	정면의, 정면으로
18	de force	강제로
19	de mal en pis	점점 더 나쁘게(=qui pis est)
20	de même que	~와 마찬가지로(=ainsi que)
21	de moins en moins	점점 더 적게
22	de nos jours	오늘날에는
23	de nouveau	다시
24	de plus	더구나, 게다가 (=en plus)
25	de plus en plus	점점 더 많이
26	de rien	천만에(=je vous en prie)
27	de son mieux	최선을 다해서
28	de suite	계속해서, 연이어
29	de temps en temps	가끔(<parfois, quelqiefois)
30	de temps à autre	가끔
31	de tout cœur	진심으로
32	de tout temps	항상, 늘(=toujours)
33	de toutes ses forces	온 힘을 다하여
34	du côté de	~쪽으로, ~에 관하여
35	du moins	그러나, 어쨌든
36	du reste	뿐만 아니라, 그러나

4. 〈donner〉로 이루어진 숙어 31

1	donner faim à qn	배고프게 하다
2	donner soif à qn	목마르게 하다
3	donner raison à qn	~이 옳다고 인정하다
4	donner sommeil à qn	졸음 오게 하다
5	donner naissance à	낳다, 초래하다
6	donner lieu à qc	~의 원인이 되다
7	donner lieu de+inf	~할 기회를 주다
8	donner suite à qc	~을 실천에 옮기다
9	donner envie de+inf	~하는 욕망을 주다
10	donner une autorisation	허가를 주다
11	donner une permission	허가를 주다
12	donner un avis	의견을 말하다
13	donner un cours	강의를 하다
14	donner un bal	무도회를 마련하다
15	donner une réception	만찬을 마련하다
16	donner un coup de fil	전화를 걸다
17	donner un coup de téléphone	전화를 걸다
18	donner des explications	변명하다
19	donner des raisons	변명하다
20	donner un prétexte	변명하다
21	donner des détails	상세히 진술하다
22	donner la vie	~을 낳다
23	donner la mort	~을 죽이다
24	donner l'alarme	경보를 알리다
25	donner le bras à qn	도와주다
26	donner la main à qn	도와주다
27	donner sa parole	약속을 하다

28	donner son accord (pour)	동의를 하다
29	donner de l'appétit	식욕을 돋우다
30	donner du souci	걱정을 끼치다
31	donner sur	~쪽으로 향하다

5. 〈en〉으로 이루어진 숙어 59

1	en abondance	풍부하게, 많이
2	en apparence	외관상(≠en réalité)
3	en arrière	뒤로
4	en avance	시간 전에, 미리
5	en avant	앞으로
6	en avion	비행기를 타고
7	en avoir assez (marre)	지긋지긋하다
8	en bref	간단히, 한마디로
9	en ce moment	지금, 현재
10	en chemin	도중에
11	en commun	공통으로
12	en dehors de	~의 밖에
13	en détail	자세하게
14	en dépit de	~에도 불구하고
15	en effet	사실
16	en face (de)	~의 정면에, 마주보며
17	en famille	가족끼리
18	en faveur de	~을 고려하여
19	en général	일반적으로
20	en grand	크게, 대규모로
21	en (grande) hâte	(몹시) 서둘러서

22	en grande partie	대부분
23	en haut	높은 곳에
24	en l'honneur de	~을 위해서
25	en huit jours	일주일 만에
26	en masse	대량으로
27	en matière de	~에 관하여(=au sujet de)
28	en même temps	동시에(=à la fois)
29	en moyenne	평균하여
30	en (bon) ordre	질서정연하게
31	en outre	게다가(=en plus, de plus)
32	en panne	고장 난
33	en particulier	특히(=surtout)
34	en partie	부분적으로, 약간
35	en plein air	야외에서(=au soleil)
36	en plus	게다가
37	en principe	원칙적으로
38	en public	공공연하게
39	en qualité de	~의 자격으로
40	en question	문제의, 문제되는
41	en réalité	사실
42	en regard de	~에 비하면
43	en retard	늦게
44	en revanche	반면에, 그 대신에
45	en route	도중에
46	en silence	묵묵히
47	en somme	결국, 요컨대
48	en tant que	~로서, ~의 자격으로
49	en tête de	~의 선두에 서서
50	en tout cas	어쨌든
51	en tout temps	항상, 언제나

52	en un clin d'œil	순식간에
53	en vain	헛되이
54	en vérité	진실로
55	en vertu de	~에 의해서
56	en ville	시내에
57	en vouloir à qn	원망하다
58	en vouloir à qc	노리다
59	en vue de	~하기 위해

6. 〈être〉로 이루어진 숙어 29

1	être à charge à qn	~의 부담이 되다
2	être à la charge de qn	~의 신세를 지다
3	être chargé de	~을 책임지다
4	être à la mode	유행하다
5	être au courant de	~을 잘 알고 있다
6	être au mieux avec	~와 사이가 좋다
7	être bien avec	~와 사이가 좋다
8	être bon pour	~할 수 밖에 없다
9	être d'accord avec	의견이 일치하다
10	être digne de	~할 만하다
11	être en état de+inf	~할 수 있다
12	être en panne	고장이 나 있다
13	être en passe de+inf	이제 ~하려하다
14	être en proie à	~에 사로잡히다
15	être en retard	지각하다
16	être en train de+inf	~하는 중이다
17	être en voie de	~하는 도중에 있다

18	être en vacances	휴가 중이다
19	être habitué à	~에 익숙해지다
20	être hors de soi	흥분하다, 분격하다
21	être le(la) bienvenu(e)	환영받다
22	être obligé de+inf	~하지 않을 수 없다
23	être occupé à	~에 열중하다, 바쁘다
24	être pour+inf	~할 참이다
25	être pressé	바쁘다
26	être prêt à	~의 준비가 되어있다
27	être sujet à	~하기 쉽다, 면할 수 없다
28	être sur le point de+inf	막 하려하다
29	y être	이해하다, 맞추다

7. 〈faire〉로 이루어진 숙어 43

1	faire attention à	주의하다
2	faire autorité	권위자이다
3	faire bien de+inf	~하는 게 좋다
4	faire confiance à qn	~를 신용하다
5	faire exprès de+inf	고의로 ~하다
6	faire face à	직면하다, 대항하다
7	faire fausse route	길을 잘못 들다
8	faire fortune	재산을 만들다
9	faire honte à qn	~에게 창피를 주다
10	faire impression à qn	~에게 감명을 주다
11	faire mal à qn	~에게 고통을 주다
12	faire part à qn	~에게 알리다
13	faire partie de	~의 구성원이 되다

14	faire une partie de	시합을 하다
15	faire peur à qn	무섭게 하다
16	faire pitié à qn	동정심을 일으키다
17	faire plaisir à qn	기쁘게 하다
18	faire semblant de+inf	~하는 체하다
19	faire visite à qn	~를 방문하다
20	faire de la peine à qn	~를 괴롭히다
21	faire des reproches à qn	꾸짖다
22	faire des progrès	진보하다
23	faire de son mieux	최선을 다하다
24	faire son possible	최선을 다하다
25	faire des achats	쇼핑하다
26	faire des courses	장보다, 쇼핑하다
27	faire des emplettes	쇼핑하다
28	faire la connaissance de qn	~를 알게 되다
29	faire la cuisine	요리하다
30	faire la grasse matinée	늦잠을 자다
31	faire la queue	줄서다
32	faire le plein d'essence	휘발유를 가득 채우다
33	faire la vaisselle	설거지하다
34	faire le ménage	청소하다
35	faire sa toilette	몸단장하다
36	faire une promenade	산보하다
37	faire un tour	거닐다
38	faire un voyage	여행하다
39	faire un match de football	축구시합하다
40	faire venir l'eau à la bouche	군침이 돌게 하다
41	se faire vieux	늙어가다
42	se faire du souci	걱정하다(=s'en faire)
43	se faire une idée de	~에 대한 인식을 갖다

8. 〈tomber〉로 이루어진 숙어 16

1	tomber bien	몸에 잘 맞다
2	tomber par terre	땅바닥에 넘어지다
3	tomber de l'arbre	나무에서 떨어지다
4	tomber malade	병에 걸리다
5	tomber amoureux de qn	사랑에 빠지다
6	tomber en panne	고장이 나다
7	tomber de fatigue	피로로 쓰러질 것 같다
8	tomber dans les pommes	기절하다
9	tomber sur qn	우연히 마주치다
10	tomber sous	우연히 ~이 생기다
11	tomber dans l'excès	남용하다
12	tomber à point	제때에 도착하다
13	tomber à l'eau	수포로 돌아가다
14	tomber des nues	깜짝 놀라다
15	faire tomber	떨어뜨리다
16	laisser tomber	버리다, 떨어지다

9. 〈tout〉로 이루어진 숙어 26

1	à tout faire	허드렛일을 하는
2	après tout	결국, 요컨대
3	de tout	온갖 것을
4	de toutes ses forces	온 힘을 다하여
5	du tout au tout	완전히 딴판으로
6	en tout	모두, 통틀어
7	en tout cas	어쨌든

8	en toute hâte	몹시 서둘러
9	malgré tout cela	이 모든 것에도 불구하고
10	pas du tout	전혀

11	voir tout en rose	낙천적이다
12	tout à coup	갑자기(=soudain)
13	tout à fait	전적으로, 완전히
14	tout à l'heure	곧
15	tout d'abord	우선
16	tout d'un coup	단번에, 갑자기(=soudain)
17	tout de même	그렇지만, 그래도
18	tout de suite	곧(=tout à l'heure)
19	tout le monde	모든 사람
20	tout le temps	항상

21	tous les deux	둘 모두
22	tous les matins	매일 아침(=chaque matin)
23	tous les jours	매일(=chaque jour)
24	tous les soirs	매일 저녁
25	tous les ans	매년
26	toutes les nuits	매일 밤

10. 기타 중요 숙어 92

1	ainsi que	처럼, 그리고(=comme)
2	assez ~ pour	~하기에 충분한
3	auprès de	곁에, ~에 비하여, ~에게
4	aussi bien que	~와 마찬가지로
5	aussi ~ que possible	될 수 있는 한
6	autour de	주위에, 대략

7	avec le temps	시간이 흐름에 따라
8	avec plaisir	기꺼이 (=volontiers)
9	ça fait ~ que	한 지 ~ 되다
10	c'est à peine si	거의 ~할 수 없다
11	changer d'avis	생각이 바뀌다
12	changer A en B	A를 B로 변화시키다
13	chercher à+inf	~하려고 애쓰다
14	comme il faut	훌륭하게, 잘
15	commencer à(de)+inf	~하기 시작하다
16	commencer par+inf	~부터 시작하다
17	connaître comme sa poche	잘 알다, 정통하다
18	dans l'ensemble	대체로, 전체로 보아
19	dans une certaine mesure	어느 점에서는
20	dès que (=aussitôt que)	~하자마자
21	dire du bien de	~을 좋게 말하다
22	excepté que	~을 제외하고
23	faute de	~이 없어서
24	finir de+inf	~을 끝마치다
25	finir par+inf	마침내 ~하다
26	gagner sa vie	생계를 벌다
27	grâce à	~의 덕분으로
28	il convient de+inf	~하는 것이 좋다
29	il est temps de+inf	~할 때이다
30	il vaut mieux+inf	~하는 것이 더 좋다
31	il y a lieu de+inf	~할 이유가 있다
32	jeter un coup d'œil	흘끗 보다
33	jouer à qc	~을 하고 놀다 (=faire de)
34	jouer de qc	~을 연주하다 (=faire de)
35	jouir de	즐기다, 누리다
36	jusqu'à présent	현재까지

37	loin de	~에서 멀리
38	loin de+inf	~하기는커녕
39	manquer à+qc	위반하다, 저버리다
40	A manquer à+qn	A가 그립다

41	manquer de+inf	~하는 것을 잊다, 할 뻔하다
42	mettre en relief	강조하다(=insister sur)
43	mettre en scène	연출하다, 상연하다
44	mettre un terme à	~에 종지부를 찍다
45	se mettre à	시작하다(=commencer à)
46	n'en ~ pas moins	~에도 불구하고
47	par conséquent	따라서(=en conséquence)
48	par contre	반대로(=au contraire)
49	par hasard	우연히
50	par le temps qui court	요즈음에는

51	par rapport à	~와 비교해서
52	par suite de	~의 결과로서
53	participer à	~에 참가하다(=prendre part à)
54	passer par	~을 통과하다, 경유하다
55	passer pour	~라고 인정받다
56	pour ainsi dire	말하자면
57	pour jamais	영원히
58	prendre part à	~에 참가하다(*assister à)
59	prendre A pour B	A를 B로 알다
60	près de	근처에, 대략

61	quand même	그래도, ~라 하더라도
62	quant à	~에 관해서는
63	regarder A comme B	A를 B로 여기다
64	rendre compte de	보고(설명)하다
65	se rendre compte de	이해하다
66	tenir compte de	고려하다

67	rendre visite à qn	방문하다(*visiter+장소)
68	sans arrêt	끊임없이
69	sans cesse	끊임없이
70	sans doute	아마도
71	sans exception	예외 없이
72	s'accoutumer à	~에 익숙해지다
73	s'adresser à	~에게 문의하다
74	s'appuyer sur	의지하다, 기대다
75	s'attacher à	전념하다, 애착을 느끼다
76	s'efforcer de+inf	~하려고 애쓰다
77	s'en faire	걱정하다(=s'inquiéter)
78	s'occuper de	돌보다, 담당(관리)하다
79	se dépêcher de+inf	서둘러 ~하다
80	s'entendre avec	~와 마음이 맞다
81	se moquer de	놀리다, 무시하다
82	se passer de	~없이 지내다
83	se servir de	사용하다(=utiliser, employer)
84	servir à	~에 쓰이다
85	se souvenir de	기억하다
86	sous prétexte de	~의 핑계로
87	sur place	그 자리에서
88	tenir à	좋아하다, 집착하다
89	tenir de	~와 닮다(=ressembler à)
90	valoir la peine de	~할 만한 가치가 있다
91	vouloir dire	의미하다(=signifier)
92	vouloir bien	동의하다

11. 중요 동의어 120

accoster	aborder	(말 걸려고) 다가가다
adresse	habileté	재능, 솜씨
aimer mieux	préférer	더 좋아하다
aliment	nourriture	음식
aller	se rendre	가다
anneau	bague	반지, 고리, 링
arriver	se passer	(일이) 일어나다
aussitôt que	dès que	~하자마자
auteur	écrivain	저자, 작가
bâtiment	édifice	건물
bâtir	construire	짓다, 건설하다
beaucoup de	bien des	많은
besogne	tâche	일, 임무, 작업
bienveillance	bonté	친절, 호의
bref, briève	court(e)	짧은
calepin	carnet	수첩
calmer	apaiser	진정시키다
casser	rompre, briser	깨뜨리다
causer	parler	말하다
centre	milieu	중앙, 가운데
certain	sûr	확실한
cesser	arrêter	멈추다
chagrin	souci	슬픔, 근심
châtier	punir	벌을 주다
chemin	route	도로
commencer à	se mettre à	~하기 시작하다
conseil	avis	조언, 견해
content	heureux	기쁜
de façon que	de manière que	그래서, ~하도록
décéder	mourir	죽다

dédain	mépris	멸시, 경멸
dégoût	répugnance	싫증, 혐오
dérober	voler	훔치다
désirer	vouloir	원하다
disputer	contester	언쟁하다
docteur	médecin	의사
dorénavant	désormais	이제부터
dur	insensible	감각이 둔한
embrasser	donner un baiser	키스하다
employer	se servir de	사용하다
éperdu	agité	흥분된, 열광적인
épouvanter	effrayer	무서워하게 하다
erreur	faute	실수, 잘못
espèce	sorte	종류
essayer de	tenter de	~하려고 애쓰다
étaler	exposer	진열하다
étrennes	cadeau	새해 선물
façon	manière	방법, 태도
fainéant	paresseux	게으른, 나태한
fameux	célèbre	유명한
fatigué	épuisé	피곤한
favori, favorite	préféré(e)	좋아하는
femme	épouse	부인
fin	bout	끝
finir	terminer	끝내다
flot	onde	물결, 파도
frémir	trembler	전율하다
galette	gâteau	팬케이크, 과자
gaspiller	dissiper	낭비하다
gâter	abîmer	망치다, 깨뜨리다

glace	miroir	거울
grossier	vulgaire	상스러운
habiter	demeurer	거주하다
haïr	détester	싫어하다
image	tableau	그림
indiquer	montrer	가리키다, 보여주다
jadis	autrefois	옛날에
jeu	divertissement	놀이
jeûne	abstinence	절제, 금욕
labourer	travailler	일하다
laisser	permettre	~하게 하다
las, lasse	fatigué(e)	지친, 피곤한
lier	attacher	맺다, 묶다
lieu	endroit	장소
logis	habitation	숙소
lueur	lumière	빛
lutter	combattre	다투다, 싸우다
maître	instituteur	남자 선생님
maîtresse	institutrice	여자 선생님
mari	époux	남편
mauvais	méchant	나쁜, 못된
mêler	mélanger	섞다, 혼합하다
mener	conduire	이끌다
mignon(ne)	délicat(e)	세심한, 친절한
mince	grêle	가느다란
naïf, naïve	ingénu(e)	순진한, 순박한
net(te)	propre	깨끗한
noces	mariage	결혼
œuvre	travail	일, 작품
ombre	obscurité	그늘, 어두움

ombrelle	parasol	양산
oreiller	coussin	베개, 쿠션
pareil(le)	égal(e)	같은
parmi	entre	사이에
parole	mot	말
parvenir à	réussir à	~하기에 이르다
pays	nation	나라, 국가
pensée	idée	생각, 견해
penser	réfléchir, songer	생각하다
professeur	maître(sse)	선생님
puis	ensuite	그 다음에
quand	lorsque	~할 때
quelquefois	parfois	가끔
rameau	branche	가지
se rappeler	se souvenir de	기억하다
rater	échouer	실패하다
récolter	recueillir	수확하다
rester	demeurer	머무르다
secours	aide	도움, 원조
sérieux	grave	신중한, 중대한
seulement	ne ~ que	단지
soin	attention	배려
soulier	chaussure	신, 구두
sud	Midi	남부지방
tout de suite	immédiatement	곧, 즉시로
triste	malheureux	슬픈
verser	répandre	붓다, 뿌려주다
vêtements	habits	의복
visage	figure	얼굴
vite	rapidement	빨리

12. 필수 반의어 (1) 106

absent 부재의	présent 출석의
acheter 사다	vendre 팔다
agréable 유쾌한	désagréable 불쾌한
aimable 상냥한	méchant 고약한
aller 가다	venir 오다
ami 친구	ennemi 원수, 적
s'amuser 즐기다, 놀다	s'ennuyer 지루하다
ancien 옛날의, 오래된	nouveau 새로운
avant 전에	après 후에
bas(se) 낮은	haut(e) 높은
beau, belle 아름다운	laid(e) 추한, 못생긴
beaucoup (de) 많은	peu (de) 조금, 별로
beauté 아름다움, 미	laideur 추함, 못생김
bête 어리석은	intelligent, sage 똑똑한
blanc(he) 하얀색의	noir(e) 검정색의
bon 좋은	mauvais 나쁜
bonheur 행복	malheur 불행
chaud 더운	froid 추운
cher 비싼	bon marché 값싼
content 만족한	mécontent 불만인
court(e) 짧은	long(ue) 긴
debout 서서, 서있는	assis 앉은, 앉아있는
dedans 안에	dehors 바깥에
demander 묻다	répondre 대답하다
dernier 마지막의	premier 첫 번째의
derrière 뒤에	devant 앞에
dessous 아래에	dessus 위에
différent 다른	même 같은
difficile 어려운	facile 쉬운
domestique 길든	sauvage 야생의

donner 주다	recevoir 받다
droite 오른쪽의	gauche 왼쪽의
emprunter 빌려오다	prêter 빌려주다
entrer (dans) ~에 들어가다	sortir (de) ~에서 나오다
est 동쪽	ouest 서쪽
étroit 좁은	large 넓은
faible 약한	fort 강한
fermer 닫다	ouvrir 열다
fin 끝	commencement 시작
finir 끝내다	commencer 시작하다
gagner 이기다, 얻다	perdre 지다, 잃다
gai 기쁜	triste 슬픈
grand 큰	petit 작은
gros(se) 뚱뚱한	maigre 여윈, 마른
grossier 버릇없는	poli 예의바른
heureux 행복한	malheureux 불행한
hier 어제	demain 내일
homme 사람, 남자	femme 여자
ici 여기에	là 저기에
inutile 무익한, 무용한	utile 유익한, 유용한
jamais 결코 ~ 않다	toujours 늘
jeune 젊은	vieux, vieille 늙은
jeune fille 소녀	garçon 소년
jeunesse 젊음, 청춘	vieillesse 노년, 노후
joli 예쁜	laid, vilain 못생긴
jour 날, 낮	nuit 밤
léger 가벼운	lourd 무거운
lendemain 이튿날	veille 전날
lentement 천천히	vite 빨리
mal 나쁘게	bien 잘

mari 남편	femme 부인
matin 아침	soir 저녁, 밤
mer 바다	ciel 하늘
midi 정오	minuit 자정
moderne 현대의	ancien 옛날의
moins 더 적게	plus 더 많이
monter 올라가다	descendre 내려가다
né 태어난	mort 죽은
nord 북쪽의	sud 남쪽의
nouveau, nouvelle 새로운	vieux, vieille 오래된
obéir (à) 순종하다	désobéir (à) 불순종하다
ôter 제거하다, 벗다	mettre 넣다, 입다
paix 평화	guerre 전쟁
paraître 나타나다	disparaître 사라지다
paresseux 게으른	diligent 부지런한
partir 출발하다	arriver 도착하다
pauvre 가난한	riche 부유한
perdre 잃어버리다	trouver 발견하다
plancher 바닥	plafond 천정
plein 가득 찬	vide 빈
poli 예의바른, 정중한	impoli 무례한, 불손한
possible 가능한	impossible 불가능한
prendre 가지다	donner 주다
près (de) 가까이	loin (de) 멀리
propre 깨끗한	sale 더러운
quelque chose 그 무엇	rien 아무것도
quelqu'un 누군가	personne 아무도
question 질문	réponse 대답
refuser 거절하다	accepter 승낙하다
reine 왕비, 여왕	roi 왕

réussir (à) 성공, 합격하다	échouer (à) 실패하다
rire 웃다	pleurer 울다
sans ~이 없이	avec ~와 함께, 가지고
silence 침묵, 조용	bruit 소음
soleil 태양	lune 달
souvent 자주	rarement 드물게
sur 위에	sous 아래에
sûr 확실한	incertain 불확실한
terre 땅	ciel 하늘
tôt 일찍	tard 늦게
travailler 일하다	jouer 놀다
travailleur 부지런한	paresseux 게으른
vie 생명	mort 죽음
ville 도시	campagne 시골
vivre 살다	mourir 죽다
vrai(e) 사실의	faux, fausse 거짓의

abolir 폐기하다	conserver 보존하다
accuser 비난, 고소하다	justifier 변명, 해명하다
adresse 솜씨, 재주	maladresse 서투름
aider 돕다	nuire 해치다
aisé 쉬운	difficile 어려운
allonger 길게 하다	abréger 줄이다
attrayant 매력 있는	repoussant 불쾌한
avare 인색한, 구두쇠	dépensier 낭비하는, 낭비가
barbare 야만의	civilisé 개화된
bavard 말이 많은	taciturne 말이 적은
bénir 축복하다	maudire 저주하다
bonté 호의	méchanceté 악의
cadet(te) 동생(의)	aîné(e) 형(의)
calmer 진정시키다	agiter, exciter 흥분시키다
chaleureux 열렬한	froid 냉정한
chauffer 덥히다	refroidir 식히다
condamner 유죄 선고하다	absoudre 무죄 석방하다
confiance 신용, 신임	méfiance 불신, 불신임
créer 만들다	détruire 파괴하다
dépenser 소비하다	économiser 절약하다
déplaisant 불쾌한	agréable 유쾌한
diminuer 줄다	augmenter 증가하다
divertissant 재미있는	ennuyeux 지루한
éclaircir 밝게 하다	obscurcir 어둡게 하다
effrayant 무서운	rassurant 안심시키는
élever 올리다	abaisser 내리다
(s')éloigner 멀리하다	(se) rapprocher 접근시키다
embonpoint 비대, 비만	maigreur 수척, 파리함
épouvanter 무서워하게 하다	rassurer 안심시키다
facultatif 임의의	obligatoire 의무적인
fainéant 게으른	diligent 부지런한

femelle 암컷(의)	mâle 수컷(의)
gaspiller 낭비하다	économiser 절약하다
gratuit 공짜의	coûteux 값비싼
(s')habiller 옷 입다	(se) déshabiller 옷 벗다
haïr 미워하다	aimer 사랑하다
humble 겸손한	orgueilleux 거만한
humide 습한, 축축한	sec, sèche 건조한
inférieur 열등한	supérieur 우등한
innocent 결백한	coupable 유죄의
introduire 안내, 도입하다	expulser 추방, 배출하다
joie 기쁨	tristesse 슬픔
lâche 비겁한	brave 용감한
liberté 자유	esclavage 구속, 속박
louange 칭찬, 찬사	blâme 비난
mensonge 거짓	vérité 진실, 진리
mépriser 경멸하다	estimer 평가하다
nain 난쟁이(의)	géant 거인(의)
négliger 소홀히 하다	soigner 보살피다
ouverture 열기, 개회	fermeture 닫기, 폐회
pair 짝수(의)	impair 홀수(의)
paresse 나태, 태만	travail 일, 공부
pauvreté 가난	richesse 부유
peine 고통	plaisir 기쁨
plat 평평한	montagneux 산이 많은
récolter 수확하다	semer 씨 뿌리다
reconnaissant 감사하는	ingrat 배은망덕한
remplir 채우다	vider 비우다
retour 귀환	départ 출발
sécher 말리다	mouiller 적시다
souple 부드러운	raide 거친
vitesse 신속, 속도	lenteur 지체, 느림

PARTIE V

"

동사 구문 정리 및
불규칙 동사변화 해설 ....

"

1. 동사의 구문 140

동사란

주어와 함께 문장의 뼈대를 구성한다.
회화할 때 입이 떨어지지 않는 것은
동사를 모르기 때문이다.
일단 주어와 동사를 말하고 나면,
그 다음은 내용을 말하면 된다.
그런데 동사는 자기가 요구하는 구조가 있다.
이 구조를 익히면 작문과 회화할 때,
내가 원하는 문장으로 쉽게 만들 수 있다.

여기 나오는 동사의 구조와 예문을 익혀 보라.
독해할 때 문장구조가 명확하게 보이게 되며,
동시에 불어 실력이 한층 올라가게 될 것이다.

accepter 승낙하다, 승인하다, 받아들이다	
~	Tu es libre d'accepter ou de refuser. (수락하거나 거부하는 것은 네 자유다.)
qn comme	On ne l'accepte plus comme arbitre. (그를 더 이상 심판으로 받아들이지 않는다.)
qc	Il accepte son sort avec résignation. (그는 체념으로 자신의 운명을 받아들인다.)
de+inf	Il accepte d'aller au bord de la mer. (그는 바닷가에 가는 데에 동의한다.)
que+sub	J'accepte qu'il vienne. (나는 그가 오는 것을 허락한다.)

acheter 사다, 사주다	
qc	J'ai acheté une voiture d'occasion. (나는 중고차를 한 대 샀다.)
가격	Il a acheté dix mille euros de soieries. (그는 1만 유로어치의 견직물을 샀다.) Je l'ai acheté cent euros. (나는 그것을 100 유로에 샀다.) Il a acheté cette montre bon marché. (그는 이 시계를 싼값으로 샀다.)
qc à qn	J'ai acheté des bonbons aux enfants. (나는 아이들에게 사탕을 사주었다.) Il a acheté ce terrain à un industriel. (그는 한 실업가에게서 그 땅을 구입했다.)

adorer 대단히 좋아하다, 숭배하다	
qc	J'adore le chocolat blanc. (나는 흰 초콜릿을 대단히 좋아한다.)
qn	Cette mère adore son fils. (이 어머니는 자식을 애지중지한다.)
inf	J'adore monter à cheval. (나는 승마를 대단히 좋아한다.)

aider 돕다	
qn	Pourquoi ne l'avez-vous pas aidée? (당신은 왜 그녀를 돕지 않았습니까?)
qn dans	Il m'a aidé dans mon travail. (그는 내가 일하는 것을 도와 주었다.)
qc	Cette méthode aide la mémoire. (이 방법은 기억력을 돕는다.)
à qc	Un peu de vin pur après le repas aide à la digestion. (식사후의 약간의 순포도주는 소화를 돕는다.)
qn à inf	Paul aide Jeanne à porter le panier. (뽈은 잔느가 바구니 드는 것을 돕는다.)
à ce que (+sub)	Elle aide Paul à ce qu'il ne manque de rien. (그녀는 뽈이 아무것도 부족하지 않도록 뽈을 돕는다.)
s' ~	Aide-toi et le Ciel t'aidera. (하늘은 스스로 돕는 자를 돕는다.)

aimer 사랑하다, 좋아하다	
qn	Je t'aimerai toujours. (나는 너를 언제나 사랑할거야.)
qc	Est-ce que tu aimes le champagne? (너는 샴페인을 좋아하니?)
inf	Il n'aime pas sortir seul. (그는 혼자 외출하는 것을 좋아하지 않는다.)
que+sub	J'aimerais que l'on me laisse en repos. (나를 쉬게 내버려두면 좋겠다.)
~ mieux	J'aime mieux le vin que la bière. (나는 맥주보다 포도주를 더 좋아한다.)

aller 가다, 어울리다, 곧..할 것이다	
장소	Où est-ce que tu es allé hier soir? (어제 저녁에 너 어디 갔었니?)
사물주어 (à qn)	Ma montre ne va pas bien. (내 시계가 잘 움직이지 않는다.) Cette robe vous va très bien. (이 드레스가 당신에게 잘 어울립니다.)
안부	Comment allez-vous? -- Je vais bien. (어떻게 지내세요? -- 잘 지냅니다.)
inf (근접미래)	Elle va venir tout de suite. (그녀는 곧 올 것이다.)
inf (목적)	Je vais chercher les enfants à l'école tous les jours. (나는 매일 학교에 아이들을 데리러 간다.)

amener	데리고 오다, 야기시키다
qn	Quel bon vent vous amène ici? (웬 바람이 불어 여기에 왔습니까?)
qn à qc	Le taxi vous amènera à la gare. (택시가 당신을 역까지 데려다 줄 것입니다.) Le fait nous amène à cette conclusion. (그 사실이 우리로 이런 결론에 이르게 한다.)
qn à+inf	Je l'amène à partager notre point de vue. (나는 그를 우리들과 견해를 같이하게 한다.)
사물주어	L'excès de vitesse et la maladresse des conducteurs amènent de nombreux accidents. (과속과 운전자의 서투름이 많은 사고를 일으킨다.)

annoncer	알리다, 예고하다
qc	Ces nuages noirs annoncent la pluie. (이 먹구름은 비를 예고하고 있다.)
qn	Annoncez-moi. (제가 온 것을 알려 주세요.)
qc à qn	Il est venu m'annoncer une bonne nouvelle. (그는 내게 좋은 소식을 알리러 왔다.)
que	Il m'a annoncé qu'il partirait demain. (그는 내일 떠난다고 내게 알렸다.)
s' ~	Une nouvelle crise économique s'annonce. (새로운 경제위기가 예상된다.)

apercevoir 보다, 만나다, 알아차리다	
qc	Des fenêtres de l'hôtel, on aperçoit la mer. (호텔 창문으로 바다가 보인다.)
qn	Je l'ai aperçu dans la rue. (나는 그를 우연히 거리에서 만났다.)
s' ~ de	Elle s'est aperçue de son erreur. (그녀는 자기 잘못을 깨달았다.)
s' ~ que	Je me suis aperçu qu'il était temps de partir. (나는 떠날 시간이 되었다는 것을 알아차렸다.)

appartenir ..의 소유물이다	
à qn	Ce stylo vous appartient-il? (이 만년필은 당신 것입니까?)

appeler 부르다, 임명하다	
qn	Appelons vite un médecin. (빨리 의사를 부릅시다.)
수동태	Il a été appelé à un nouveau commandement. (그는 신임 사령관으로 임명되었다.)
속사	Si j'ai une fille, je l'appellerai Louise. (내게 딸이 생기면 루이즈라고 이름짓겠다.)
s' ~	Comment vous appelez-vous? (당신의 이름이 무엇입니까?)

apporter 가져오다, ..에게 갖다주다	
qc	Les enfants apportent leurs livres à l'école tous les jours. (아이들은 매일 자기 책을 학교로 가져온다.)
qc à qn	Le facteur m'a apporté trois lettres. (우체부는 나에게 편지 세 통을 갖다주었다.)

apprendre 배우다, 가르치다	
qc	J'ai appris cette chanson en l'écoutant chaque jour. (나는 이 샹송을 매일 들으면서 배웠다.)
à+inf	Il a appris à danser pendant les vacances. (그는 방학동안에 춤을 배웠다.)
à+inf à qn	Je lui ai appris à nager. (나는 그에게 수영을 가르쳤다.)
que	Avez-vous appris que son voyage a été retardé? (당신은 그의 여행이 연기된 것을 알았소?)

s'approcher 가까이 가다	
de qc	Elle s'est approché de la fenêtre pour voir s'il pleuvait. (그녀는 비가 오는지 보려고 창가로 갔다.)
de qn	Le monsieur s'approche de moi. (그분은 내게로 다가오고 있다.)

approuver 동의하다, 칭찬하다	
qn	Il se sentait approuvé par ses amis. (그는 친구들로부터 지지를 받고 있다고 느꼈다.)
qc	Je n'approuve pas vos idées. (나는 당신 생각에 동의할 수 없습니다.)
de+inf	Je vous approuve d'avoir tenté cela. (나는 당신이 그것을 시도한 것을 칭찬합니다.)

appuyer 누르다, 기대다	
sur qc	Appuyez sur le bouton rouge pour ouvrir le lave-vaisselle. (식기세척기를 열려면 빨간 버튼을 누르시오.)
qn de	Il appuie un candidat de toute son influece. (그는 자기 영향력을 다해 한 후보자를 지지한다.)
s' ~ sur	Sur quoi vous appuyez-vous pour dire cela? (무슨 근거로 이렇게 말씀하십니까?)

arracher 뽑아내다, 강탈하다, 벗어나게 하다	
qc	Le dentiste t'arrachera la dent qui te fait mal. (치과의사가 너의 아픈 이를 뽑아줄 것이다.)
qn/qc à	Il a arraché ces enfants à leur mère. (그는 이 아이들을 그 어머니에게서 빼앗아 갔다.) Qui pourra l'arracher à ses habitudes? (누가 그에게 그의 습관을 버리게 할 수 있을까?)
qn de	La sonnerie m'a arraché du [au] sommeil. (초인종 소리가 나를 잠에서 깨웠다.)
s' ~	Je ne puis m'arracher à mes livres. (나는 아무래도 책에서 떨어질 수 없다.) Un livre est-il interdit, aussitôt on se l'arrache. (어떤 책이 판매금지 되자 곧 서로 쟁탈전이 벌어진다.)

arranger 정리하다, 조정하다	
qc	Nous avons arrangé les papiers. (우리는 서류를 정리했다.)
qc à qn	Je vais lui arranger la cravate. (내가 그의 넥타이를 바로 잡아주어야지.)
s' ~	Tout finit toujours par s'arranger. (모든 일은 항상 잘 되는 법이거든.)

arrêter 정지시키다, 중지하다, 정지하다	
qc	J'ai arrêté ma voiture. (나는 나의 차를 멈춰 세웠다.) Ils ont arrêté le jour de notre départ. (그들은 출발 날짜를 결정했다.)
qn	L'agent de police a arrêté le conducteur qui roulait trop vite. (경찰관은 매우 빨리 달리는 운전자를 세웠다.) La police a arrêté le voleur. (경찰은 도둑을 체포했다.)
de+inf	Arrête de pleurer comme ça! Tu n'es plus un bébé. (이제 그만 울어! 이제 더 이상 아기가 아냐.)
s' ~	La voiture s'arrêtera devant votre porte. (차는 당신집 문 앞에 멈출 것입니다.)
s' ~ de	Il s'arrête de lire. (그는 읽기를 멈춘다.)

assister 참석하다, 돕다	
à qc	Beaucoup de journalistes ont assisté au défilé de mode d'YSL. (많은 기자들이 입셍로랑의 패션쇼에 참석했다.)
qn	Il m'a assisté dans mon travail jusqu'au bout. (그는 끝까지 내 일을 도와 주었다.)

arriver 도착하다, ...하기에 이르다	
시간	Le train est arrivé à l'heure. (기차는 정시에 도착했다.)
장소	Quand sont-ils arrivés à Paris? (그들은 언제 빠리에 도착했지?)
à qc	Vous n'arriverez pas à votre but. (당신은 목표에 도달하지 못할 것입니다.)
à+inf	Je suis arrivé à le convaincre. (나는 그를 설득시키고야 말았다.)
비인칭	Il arrive souvent des accidents à ce carrefour. (이 사거리에서 사고가 자주 난다.) Il m'arrive souvent de me tromper. (나는 자주 착각을 하는 경우가 있다.)

assurer 확실히 하다, 단언하다	
qc	Ce traité assurera la paix de toutes les nations. (이 조약은 모든 국가의 평화를 굳건히 할 것이다.)
qn de	Il m'a assuré de son aide. (그는 나에게 그의 도움을 약속했다.)
à qn+inf	Je lui ai assuré avoir vu le monstre de mes propres yeux. (나는 그에게 괴물을 내 눈으로 봤다고 단언했다.)
수동태	Nous sommes assurés du succès. (우리는 성공을 확신하고 있다.)

attendre	기다리다, 기대하다, 예상하다
qn	À la gare des gens attendent le train et moi, j'attends mes amis. (역에서 사람들은 기차를 기다리고, 나는 친구들을 기다린다.)
qc	J'attends de vos nouvelles. (나는 당신 소식을 기다립니다.)
de+inf	J'attends d'avoir assez d'argent pour changer de voiture. (나는 차를 바꾸기에 충분한 돈을 벌 때까지 기다리고 있다.)
que+sub	J'attends que cela soit fini. (나는 그것이 끝나기를 기다리고 있다.)
s' ~ à	Nous nous attendons à de la pluie pour demain. (우리는 내일 비가 올 것으로 예상하고 있다.) Je m'attendais à ce que tu viennes en retard comme toujours. (나는 여느 때와 다름없이 네가 늦게 오리라고 예상했다.)
en ~ ant	La soupe chaude ; en attendant, buvons un verre. (수프가 뜨겁습니다. 식을 동안 한잔 합시다.) En attendant qu'il revienne, asseyez-vous là. (그가 돌아올 때까지 그곳에 앉아 계세요.)

avoir 가지다	
qc	Il a une villa au bord de la mer. (그는 바닷가에 별장을 하나 가지고 있다.)
부가 형용사	Elle a des yeux bleus. (그녀의 눈은 파란색이다.)
속사 형용사	Elle a les yeux bleus. (그녀의 눈은 멍이 들어 시퍼렇다.)
l'air	Cette robe a l'air bien faite. (이 드레스는 잘 만들어진 것 같다.)
à+inf	J'ai à faire une visite. (나는 방문을 하지 않으면 안 된다.) Tu n'as qu'à t'en aller, si ça ne te plaît pas. (싫으면 가게.)
il y a	Il y a encore du beurre. (아직 버터가 남아있다.) Il y a longtemps qu'il est parti. (오래 전에 그는 떠났다.) Il n'y a qu'à le laisser parler. (그가 말하도록 내버려두기만 하면 된다.)
동사구	J'ai mal à la tête. (나는 머리가 아프다.) Vous avez raison. (당신 말이 옳습니다.) J'en ai assez de cette musique. (이 음악은 이제 지긋지긋하다.)

changer 바꾸다	
qc	Il a enfin changé sa vieille voiture pour une nouvelle. (그는 마침내 헌 차를 새 차와 바꿨다.)
qc en	La pluie a changé le chemin en bourbier. (비가 와서 길이 진창으로 변해버렸다.)
qc à	Ça ne change rien à la question. (그것은 문제를 조금도 해결해주지 못한다.)
de	Pourquoi a-t-il changé d'avis? (왜 그는 생각을 바꾸었는가?) Pour aller à Albi, il faut changer de train à Toulouse. (알비로 가기 위해서는 똘루즈에서 기차를 갈아타야 한다.)
se ~ en	La pluie s'est changée en neige. (비가 눈으로 변했다.)

charger 싣다, 맡기다, 위임하다	
qc	Le camion a été lourdement chargé. (트럭에는 짐이 가득 실렸다.)
qc de qc	On a chargé le camion des bagages. (트럭에 짐들을 실었다.)
qn de+inf	Je l'ai chargé de me tenir au courant. (나는 끊임없이 내게 경과를 알려줄 것을 그에게 부탁했다.)

chercher 찾아보다	
qc	Je vais chercher le sens de ce mot dans le dictionnaire. (사전에서 그 단어의 의미를 찾아봐야지.)
qn	Il irait la chercher au bout du monde. (그는 그녀를 찾으러 세상 끝까지 갈 것이다.)
à+inf	J'ai bien cherché à éviter l'accident, mais je n'ai pas pu. (나는 사고를 피하려고 애썼지만 그럴 수가 없었다.)

choisir 선택하다	
qc	Comme dessert, j'ai choisi une crème au chocolat. (디저트로 나는 초코렛 크림을 선택했다.)
de+inf	Ils ont choisi de partir dimanche. (그들은 일요일에 떠나기로 결정했다.)
qn pour	On l'a choisi pour juge dans cette affaire. (그를 이 사건의 담당판사로 선정했다.)

combattre 싸우다, 저항하다	
qn	Napoléon a combattu l'Europe. (나폴레옹은 유럽인들과 싸웠다.)
qc	Les pompiers combattent l'incendie. (소방수들은 화재와 싸운다.)
contre	Il a combattu contre le racisme. (그는 인종차별에 투쟁한다.)

commander 명령하다, 주문하다	
qc	Allô! Je voudrais commander le livre qui est à la page 3 de votre brochure. (여보세요. 귀사의 소책자 3페이지의 책을 주문하고 싶습니다.)
qc à qn	Le docteur a commandé aux parents un silence absolu. (의사는 부모에게 절대로 입을 열지 말라고 지시했다.)
de+inf	Le maître a commandé aux élèves de se taire. (선생님은 학생들에게 조용히 하라고 일렀다.)

commencer 시작하다	
qc	J'ai commencé mon travail. (나는 내 일을 시작했다.)
à/de+inf	La petite Hélène a commencé à marcher à neuf mois. (어린 엘렌느는 9개월 때에 걷기 시작했다.)
par+inf	Commence par apprendre ta leçon, tu feras ton devoir après. (학과공부 먼저하고 숙제는 그 다음에 해라)
par+명사	Il commence sa journée par la lecture du journal. (그는 신문 읽는 것으로 일과를 시작한다.)

comprendre 이해하다, 포함하다	
qc	J'ai bien compris ses explications. (나는 그의 설명을 잘 알아들었다.)
qn	Parle lentement, je te comprends mal. (천천히 말해봐, 잘 못 알아듣겠다.)
que+ind	J'ai compris qu'il s'ennuyait en ma présence. (그는 내가 있는데서 지루해 하고 있는 것을 깨달았다.)
que+sub	Je ne comprends pas qu'il soit en retard. (나는 과연 그가 늦으리라고는 생각지 않는다.)
의문사	Je ne comprends pas pourquoi il est en retard. (나는 그가 왜 늦는지 이해하지 못하겠다.)
사물주어	Le service est compris dans le prix total. (봉사료가 전체 금액에 포함되어 있다.)

compter 계산하다, 기대하다, ...할 작정이다	
qc	J'ai compté les cartes! Il en manque une. (카드를 세어봤는데, 한 장이 부족해!)
sur qn	Pour ce travail, je compte sur vous. (이 일에 대해서 당신을 기대하겠소.)
inf	Je compte aller vous voir demain. (내일 당신을 만나러 갈 작정이다.)

connaître	알다, 경험하다
qn	Elle est connue de tout le monde. (그녀는 모든 사람들에게 알려져 있다.)
qn de	Je ne la connais que de vue. (나는 그녀 얼굴 밖에 모릅니다.)
qc	Je connais le nom de cet écrivain. (나는 이 작가의 이름을 알고 있다.) Connaissez-vous l'Italie? (이탈리아에 가 본적이 있습니까?)
속사	Je l'ai connue enfant [jeune]. (나는 그녀가 어렸을[젊었을] 때 알았다.)
s'y ~ en	Il s'y connaît en musique. (그는 음악에 정통해 있다.)

conseiller	충고하다, 권하다
qc à qn	Avec ce plat, je te conseille ce vin. (이 요리에는 이 포도주를 권한다.)
de+inf	J'ai conseillé à Paul de partir. (나는 뽈에게 떠나라고 권했다.)

continuer	계속하다
qc	Il continue ses voyages. (그는 여행을 계속한다.)
à/de+inf	Il a continué à parler pendant 2 heures. (그는 2시간 동안 이야기를 계속했다.)
사물주어	Le beau temps continuera. (좋은 날씨가 계속될 것이다.)

croire	믿다, ...의 말을 믿다, 생각하다
qn	Il ne croit pas les médecins. (그는 의사들의 말은 전혀 믿지 않는다.)
à (존재)	Tu crois encore au Père Noël? (너 아직도 산타 할아버지가 있다고 믿니?)
en (인격)	Je crois en Dieu. (나는 신의 인격을 믿는다.)
inf	Je crois avoir agi correctement. (나는 내가 예의바르게 행동했다고 생각한다.)
que	Je crois qu'il fera beau demain. (나는 내일은 날씨가 좋을 것이라고 생각해.)
속사	Je vous crois capable de réussir. (나는 당신이 성공할 수 있다고 생각한다.)

courir	달리다, 처하다
~	Il court pour ne pas manquer son train. (그는 기차를 놓치지 않으려고 뛰어간다.)
inf	J'ai couru le prévenir. (나는 그에게 알리러 뛰어갔다.)
après	Mon frère court après les femmes. (내 동생은 여자들을 쫓아다닌다.)
qc	Tu courras de grands dangers en faisant ce voyage. (너는 이 여행을 하면, 큰 위험에 처할 것이다.)
비인칭	Il court de faux bruits sur sa réputation. (그의 명성에 대한 헛소문이 돌고 있다.)

décider 결정하다, 정하다	
qc	Nous avons décidé une promenade. (우리는 산책을 하기로 결정했다.)
de+inf	Il a décidé de rester à Paris. (그는 빠리에 머물기로 결정했다.)
que	Il a décidé qu'il resterait à Paris. (그는 빠리에 머물기로 결정했다.)
의문사	Je n'ai pas encore décidé si je partirai. (나는 떠날 것인지 아직 결정하지 못했다.)
se~ à	Je me suis décidé à apprendre à nager. (나는 수영을 배우기로 결심했다.)

défendre 지키다, 금지하다	
qn	Ces vêtements nous défendent du froid. (이 옷들은 추위로부터 우리를 보호한다.)
qc	Le bois défend les cultures contre le vent. (숲이 농작물을 바람으로부터 지켜준다.)
de+inf	Le médecin m'a défendu de boire. (의사는 내게 음주를 금했다.)
que+sub	Il défend qu'on fume chez lui. (그는 자기 집에서 담배 피는 것을 금한다.)
비인칭 (수동형)	Il est défendu de traverser les voies. (그 길들을 횡단하는 것은 금지되어 있다.)

244 들으면서 익히는 프랑스어 단어장

demander 묻다, 요구하다

qc	Les grands malades demandent un repos complet. (중환자들은 완전한 휴식을 필요로 한다.)
qc à qn	Il me demande le chemin de la gare. (그는 내게 역으로 가는 길을 묻는다.)
de+inf	Je lui ai demandé d'être exact. (나는 그에게 시간을 잘 지키라고 했다.)
à+inf	Je demande à voir ce que vous avez dessiné. (나는 당신이 그린 것을 보기를 원한다.)
que	Je demande qu'il participe à ce travail. (나는 그가 이 일에 참여하기를 원한다.)
의문사	Le touriste demande à un passant où se trouve le château. (관광객은 행인에게 그 성이 어디 있는지를 물었다.)
se ~ si	Je me demande si j'irai. (나는 거기에 갈까말까 망설인다.)

se dépêcher 서두르다

~	Dépêchez-vous, le train va partir. (서두르세요. 기차가 곧 떠납니다.)
de+inf	Elle s'est dépêchée de rentrer. (그녀는 급히 집에 돌아왔다.)

dépendre ...에 복종하다, ...에 달려있다	
de qn	Les jeunes enfants dépendent complètement de leurs parents. (어린 아이들은 전적으로 부모에 복종한다.)
de qc	Le succès dépend de votre ténacité. (성공은 당신의 끈기에 달려있다.)
비인칭	Il dépend de vous que cela se fasse ou ne se fasse pas. (일이 되고 안되고는 당신에게 달린 문제이다.) Il n'a pas dépendu de moi que l'affaire réussisse ou échoue (일의 성패는 내게 달린 문제는 아니었다.)

désirer 바라다	
qc	Qu'est-ce que vous désirez? (당신은 무엇을 원하십니까?) Je désirais une cravate en soie. (실크 넥타이를 하나 사고 싶습니다.)
qn	Il avait longtemps désiré ce fils. (그는 오랫동안 이 아들의 탄생을 기다렸다.)
inf	Il faudra travailler si vous désirez réussir. (당신은 성공하기를 바라면 일을 해야 할 것입니다.)
que+sub	Il désire que tout le monde fasse ce qu'il veut. (그는 모든 사람들이 자기가 원하는 것을 하기를 바란다.)

détester	미워하다, 증오하다
qc	Je déteste la cuisine trop grasse. (나는 너무 기름진 음식을 싫어한다.)
qn	Il déteste son frère. (그는 자기 동생을 미워한다.)
inf	Il déteste se lever tôt. (그는 일찍 일어나는 것을 싫어한다.)
que+sub	Je déteste qu'il vienne me déranger. (나는 그가 나를 방해하러 오는 것이 싫다.)

devenir	...이 되다
adj	Les jours deviennent plus longs. (낮이 더 길어졌다.) Les《blue-jeans》sont devenus à la mode. (블루진이 유행하게 되었다.)
qc	La glace est devenue de l'eau. (얼음이 물이 되었다.) La philatélie est devenue mon passe-temps favori. (우표수집은 내가 좋아하는 취미가 되었다.)
직업	Il veux devenir médecin. (그는 의사가 되기를 원한다.)
que	Que devient votre projet de départ en province? (시골로 떠난다는 계획은 어떻게 되었습니까?) Je ne sais ce qu'il est devenu. (나는 그가 어떻게 되었는지 모르겠다.)

devoir 해야하다 ; 덕택이다, 빚지다	
inf (의무) inf (추측) inf (미래) inf (필연)	Un bon fils doit respecter ses parents. (착한 아들은 자기 부모를 공경해야 한다.) Je ne le sais pas, mais elle doit être à la piscine. (모르지만 그녀는 수영장에 있을 것이다.) Il doit partir demain. (그는 내일 출발할 예정이다.) Tous les hommes doivent mourir. (사람들은 누구나 죽게 마련이다.)
조건법현재 (권고) (소원)	Tu devrais faire plus de sport. (너는 운동을 좀 더 하는 게 좋을 것 같다.) Vous devriez rester encore quelques minutes! (당신이 조금만 더 있어주면 좋을텐데!)
조건법과거 (유감)	Vous auriez dû me prévenir. (저에게 미리 알려주었다면 좋았을 텐데.)
qc à qn	C'est à Pasteur que nous devons le vaccin contre la rage. (우리가 광견병 백신을 사용하게 된 것은 파스퇴르 덕택이다.) Combien je vous dois? -- Vous me devez trois cents euros. (얼마입니까? -- 300 유로로 내시면 됩니다.)
être dû à	L'accident est dû à votre imprudence. (그 사고는 당신의 경솔함에 기인한다.)

dire 말하다, 명령하다	
qc à qn	Il ne m'a pas dit tout ce qu'il pensait. (그는 나에게 그의 생각을 다 말하지 않았다.)
que	Il m'a dit, dans sa dernière lettre, que sa mère était très malade. (그는 최근 편지에서 어머님이 아프다고 했다.)
inf	Paul dit à Marie être obligé de partir. (뽈은 떠나야 한다고 마리에게 말한다.)
de+inf	Il m'a dit de revenir vers 4 heures. (그는 나에게 4시경 돌아오라고 말했다.)

discuter 토의하다, 논의하다	
qc	On ne discute pas les ordres du patron. (사장의 명령에 대해 왈가왈부하지 않는다.)
avec qn	Le directeur du théâtre a discuté de la nouvelle pièce avec les acteurs. (연극단장은 배우들과 함께 새 작품에 대해 토의했다.)

donner 주다 ; ..로 향해 있다	
qc à qn	Le facteur m'a donné le courrier. (우편배달부가 내게 우편물을 주었다.)
sur	Cette fenêtre donne sur le jardin. (이 창문은 정원으로 나 있다.)
se ~ à	Il se donne au travail. (그는 공부에 전념한다.)

écouter 듣다	
qn	Parlez, je vous écoute. (말씀하세요, 당신 말을 듣고 있습니다.)
qc	Je ne perdrai pas mon temps à écouter ses doléances. (나는 그의 하소연을 듣느라고 시간을 낭비하지 않겠다.)
inf	Nous l'écoutons chanter. (우리는 그가 노래하는 것을 듣는다.)

écrire 쓰다	
qc	Sur le sable, j'écris ton nom. (모래 위에 나는 너의 이름을 쓴다.)
qc à qn	Il écrivait une longue lettre à sa mère. (그는 긴 편지를 어머니에게 쓰곤 했다.)
à qn	Je lui ai déjà écrit. (나는 그에게 벌써 편지 썼다.)
que	Il m'a écrit qu'il avait assez de nous. (그는 우리가 지긋지긋하다고 내게 편지했다.)

emmener 데리고 가다	
qn+장소	Il a emmené ses enfants au cinéma. (그는 아이들을 영화관에 데리고 갔다.)
qn+inf	Je l'ai emmené passer l'hiver en Italie. (나는 이태리에서 겨울을 보내도록 그를 데리고 갔다.)

enseigner 가르치다	
qn	Ma femme enseigne les jeunes filles au lycée Saint Paul. (아내는 생뽈 고등학교에서 여학생들을 가르친다.)
qc+à qn	Il faut toujours enseigner la vérité aux hommes. (사람들에게 항상 진리를 가르쳐야 한다.)
à qn+à inf	Ils lui ont enseigné à se défendre. (그들은 그에게 자신을 방어하는 법을 가르쳤다.)

entendre 들리다, 듣다, 이해하다	
qn	Je vous entends mal, parlez plus fort. (잘 안들려요, 더 크게 말씀하세요.) Je vous entends, mais le principe demeure. (당신 말을 이해는 하지만, 원칙은 지킵니다.)
qc	On entend le sifflement d'un train. (기차의 기적소리가 들린다.) J'entends ce que vous voulez dire. (당신이 무슨 말을 하시는지 알겠습니다.)
inf	J'entends Paul chanter cette romance. (뽈이 그 연가 부르는 것이 내게 들린다.)
N qui	J'entends Paul qui chante cette romance. (뽈이 그 연가 부르는 것이 내게 들린다.)
s' ~ avec	Elle s'entend bien avec sa belle-mère. (그녀는 시어머니와 사이가 좋다.)

empêcher 방해하다, 막다	
qc	J'ai tout fait pour empêcher ce mariage. (나는 이 결혼을 막기 위해 모두 다했다.)
de+inf	Rien ne m'empêchera de faire ce que j'ai décidé. (아무것도 내가 결정한 것을 실행하지 못하도록 나를 막지 못할 것이다.) Ça empêche de prendre froid. (그것은 감기 들지 않도록 해준다.)
que+sub	C'est pour empêcher qu'on se fasse mal. (그것은 사람들이 다치지 않도록 하기 위한 것이다.)

espérer 바라다, 기대하다	
qc	Il restait là parce qu'il espérait un cadeau. (그는 선물을 기대했기 때문에 거기 남아 있었다.)
inf	J'espère bien arriver à le convaincre. (나는 그를 설득할 수 있기를 정말로 바란다.)
que	J'espère qu'il viendra. (나는 그가 오기를 기대한다.)

expliquer 설명하다	
qc à qn	Il explique un problème à ses élèves. (그는 학생들에게 문제를 설명하고 있다.)
que	Il explique à ses élèves que la terre est ronde.　(그는 학생들에게 지구가 둥글다는 것을 설명하고 있다.)

se fâcher 화내다	
~	Ne lui dites pas cela, il va se fâcher. (그에게 그 말을 하지 마세요, 화내겠어요.)
contre qn	Si tu lui dis ce qui s'est passé, il va finir par se fâcher contre toi. (만약 네가 그에게 무슨 일이 일어났는지 말한다면, 그는 너에게 화내고야 말 거야.)
avec qn	Depuis qu'il s'est fâché avec moi, il ne me salue plus. (그가 나와 사이가 틀어진 이후 그는 나에게 더 이상 인사를 하지 않는다.)

falloir 필요하다, ...해야하다	
qc	Il me faut de l'argent. (나에게 돈이 필요하다.) Il faut dix minutes à pied pour se rendre à la gare. (역에 가려면 걸어서 10분 걸린다.)
qn	Il faudrait plusieurs hommes comme lui. (그와 같은 사람이 여러 명 필요할 것 같다.)
inf	Il faut agir vite, si l'on veut le sauver. (그를 구하려면 신속히 행동해야 한다.)
que+sub	Il faut que je lui écrive bientôt. (나는 그에게 곧 편지를 써야 한다.)
s'en ~ de	Il s'en faut de beaucoup que ça suffise. (그것이 충분하기는커녕 오히려 부족하다.)

faire (1. 타동사) 만들다, 행동하다	
qc	Dieu, selon la Genèse, a fait le monde en six jours. (하나님은 창세기에 의하면 엿새만에 세상을 창조하셨다.)
qn	Dieu a fait l'homme à son image. (하나님은 자기 형상대로 사람을 창조하셨다.)
학문	Mon frère fait des droits à l'université. (내 형은 대학에서 법학을 공부한다.)
운동	Il est allé faire du ski. (그는 스키 타러 갔다.)
음악	Vous faites du piano? (당신은 피아노를 치세요?)
가격	Combien fait ce tableau? (이 그림은 얼마입니까?)
속도	Il fait du 120 km à l'heure avec sa voiture. (그는 자기 차로 시속 120 킬로의 속도를 낸다.)
qc à qn	Attends, je vais te faire un gâteau. (기다려라, 네게 케익을 만들어 줄게.)
du bien	Ce voyage lui a fait du bien. (이번 여행이 그의 건강에 좋았다.)
가주어+	Ça vous ferait du bien de prendre un bain. (목욕하는 것이 몸에 좋을 것입니다.)

faire (2. 속사동사) 만들다, ...되게 하다	
qn de qn	Il a fait d'elle une femme malheureuse. (그는 그녀를 불행하게 만들었다.)
qc de qc	Je ferai un jardin de ce terrain. (나는 이 땅을 정원으로 가꾸겠다.)
qc de qn	Marie fait l'étonnement de Paul. (마리는 뽈을 놀라게 한다.)
속사	Cet enfant fait grand pour son âge. (이 아이는 나이에 비해 키가 커 보인다.)
qn+속사	Je vous ferai riche. (당신을 부유하게 만들어 주겠소.)
qc+속사	Vous ferez la maison propre pour notre arrivée. (우리의 도착에 대비해서 집안을 깨끗이 해 놓으세요.)
부사	Hélène fait très bien à l'université. (엘렌은 대학에서 아주 공부를 잘하고 있다.) Il fait très bien chez Channel. (그는 샤넬회사에서 일을 아주 잘하고 있다.)
mieux	Vous ferez mieux de vous éloigner. (물러나는 것이 더 좋을 것입니다.)
화법	≪Vieux cul!≫ qu'il lui a fait, en plein figure. (이 바보야 라고 그는 그의 얼굴에 대고 말했다.)

faire (3. 사역동사) 시키다, ...하게 하다	
inf N (N : 동작주)	J'ai fait venir ma sœur.
	= Je l'ai fait venir. (나는 내 누이를 오게 했다.)
inf N à (N : 직목 à : 동작주)	J'ai fait bâtir ma maison à [par] cet architecte. = Je lui ai fait bâtir ma maison. (나는 그 건축가에게 내 집을 짓게 했다.) J'ai fait manger ce gâteau à Hélène. (나는 엘렌에게 그 케익을 먹게 했다.)
inf qn à (inf : 간타 qn : 동작주)	Cette chanson faisait songer le vieillard à sa jeunesse. = Cette chanson le [lui] faisait songer à sa jeunesse. (이 노래는 그 노인이 젊은 시절을 생각하도록 해주었다.)
inf de N à (à : 동작주)	J'ai fait changer d'avis aux enfants. = Je les [leur] ai fait changer d'avis. (나는 그들로 하여금 생각을 바꾸게 했다.)
대명동사+qn (qn : 동작주)	J'ai fait (s')asseoir mon ami. = Je l'ai fait (s')asseoir. (나는 내 친구를 앉게 했다.)

faire (4. 대명동사) 되다, 만들어지다	
se ~	Cette fille se fait. (이 처녀는 성숙해가고 있다.) Cette voiture ne se fait plus. (이 차는 더 이상 제작되지 않는다.)
se ~ 속사	Ton père se fait vieux. (너의 아버지는 늙어가고 있다.)
se ~ mal	Je me suis fait mal en tombant dans l'escalier. (나는 계단에서 넘어져서 다쳤다.)
se ~ N	Quelle idée vous faisiez-vous de la France avant d'y arriver? (당신은 프랑스에 오기 전에는 프랑스에 대해 어떻게 생각했습니까?)
s'en ~	Elle s'en fait trop, elle se rend malade. (그녀는 너무 걱정을 많이 해서 병이 난다.)
se ~ à	Il s'est fait à l'obscurité de la pièce. (그는 방의 어둠에 익숙해졌다.)
se ~ inf (se:직목)	Il s'est fait examiner par le docteur. (그는 의사에게 자신을 진찰하게 했다.)
se ~ inf (se:간목)	Il s'est fait couper les cheveux. (그는 자기 머리를 깎게 했다. 머리 깎았다.)
비인칭	Il se fait un grand silence. (쥐 죽은 듯이 고요하다.)

faire (5. 비인칭 및 기타) ...이다, 되다	
날씨(형) 날씨(명) 기온	En été, il fait chaud. (여름에는 날씨가 덥다.) En automne, il fait du vent. (가을에는 바람이 많이 분다.) Il a fait 5° sous zéro pendant tout le voyage. (여행 중 내내 영하 5도였다.)
bon inf	Il fait bon se promener par ce temps. (이런 날씨에 산책하는 것은 기분 좋다.)
ça~시간	Ça fait 2 ans que je ne l'ai pas vu. (그를 못 만난 지 2년이 된다.)
ne ~ que	Il ne fait que bâiller. (그는 하품만 하고 있다.)
ne ~ que de	Je ne fais que d'arriver. (나는 방금 도착했다.)
que+ind	Sa maladie a fait qu'il n'a pas pu travailler. (그의 병은 그를 일할 수 없도록 만들었다.)
que+sub	Faites qu'il y aille demain! (내일 그가 거기에 가도록 조처하시오.)
대동사	Si vous pouvez me convaincr e, faites-le. (나를 설득시킬 수 있다면 그렇게 해보세요.)

finir 끝내다	
qc	Je suis fatigué mais je veux avoir fini ce travail avant mon départ. (나는 피곤하지만 내가 떠나기 전에 이 일을 끝내고 싶다.)
de+inf	La pluie ne finit pas de tomber. (비가 그치지 않는다.)
par+명사	En France, tout finit par des chansons. (프랑스에서는 모든 것이 노래로 끝난다.)
par+inf	Il a fini par le mettre à la porte. (그는 마침내 그를 해고하고야 말았다.)

flatter 아첨하다, 만족시키다 ; 은근히 믿다	
N	Il se croit obligé de flatter son maître. (그는 자기가 주인을 만족시켜야 한다고 생각한다.)
se ~	Elle se flatte de réussir. (그녀는 성공하리라고 은근히 믿고 있다.)

forcer 강요하다	
qn à qc	On l'a forcé à l'obéissance. (사람들은 그에게 복종을 강요했다.)
qn à+inf	Il voulait rester, mais je l'ai forcé à partir. (그는 남아 있기를 원했으나, 나는 그를 억지로 떠나보냈다.)
수동태	J'ai été forcé de le reconnaître. (나는 그것을 인정하지 않을 수 없었다.)

H H H

s'habituer 익숙해지다	
à qc	A la longue on s'habitue à ce climat. (결국에는 이 기후에 익숙해진다.)
à inf	Il ne peut pas s'habituer à vivre seul. (그는 혼자 사는 것에 익숙해질 수 없다.)
수동태 (상태)	Le chien est habité à apporter le journal à son maître. (그 개는 주인에게 신문을 갖다주도록 길들여져 있다.)

hésiter 주저하다	
~	N'hésite plus, le temps presse. (더 이상 주저하지 마라, 시간이 절박하니까.)
à+inf	Il n'a pas hésiter à me rendre service. (그는 주저하지 않고 나를 도와주었다.)

I I I

indiquer 나타내다, 가리키다, 알려주다	
qc	Les traces de pas indiquent le passage du fugitif. (발자국은 도망자가 지나갔음을 보여준다.)
qc à qn	Il nous indique l'origine du phénomène. (그는 이 현상의 근원을 우리에게 알려준다.)

interdire 금지하다	
qc	L'entrée des chiens est interdite. (개를 데리고 들어올 수 없습니다)
qc à qn	Le médecin lui a interdit le café pendant quelques mois. (의사는 그에게 몇 달간 커피를 금했다.)
à qn de+inf	Son père lui interdit de sortir. (그의 아버지는 그에게 외출을 금지한다.) Il est interdit d'ouvrir la portière pendant la marche du train. (기차가 달리는 동안에는 승강구의 문을 여는 것이 금지되어 있다.)

intéresser ..에게 흥미를 주다, 관심을 끌다	
qn	La littérature française m'intéresse beaucoup. (불문학은 몹시 내 흥미를 끈다.)
qn à qc	Tâchez de l'intéresser à cette affaire. (그가 이 일에 관심을 갖도록 노력하세요.)
s' ~ à qn	Elle s'intéresse beaucoup à la peinture abstraite. (그녀는 추상화에 관심이 많다.)

introduire 도입하다, 소개하다	
qn	Il introduit son amie dans sa famille. (그는 여자 친구를 가족에게 소개한다.)
qc	Des danses d'Amérique ont été introduites. (미국 춤이 도입되었다.)
s' ~	Le voleur s'est introduit dans la maison. (도둑이 집안에 침입했다.)

jouer 놀다, 경기하다, 연주하다	
~	Cet enfant ne pense qu'à jouer. (이 아이는 놀 생각만 한다.)
qc	Il a joué un rôle important dans cette affaire. (그는 이 일에서 중요한 역할을 했다.)
à+운동	Les enfants jouent à cache-cache. (아이들이 숨바꼭질 놀이를 한다.) Nous jouons au tennis pendant une heure. (우리들은 한 시간 동안 테니스를 친다.)
de+음악	Il joue admirablement du violon. (그는 바이올린을 썩 잘 연주한다.)

lire 읽다	
qc	Il lit et parle couramment le français. (그는 불어를 유창하게 읽고 말한다.)
qc à qn	Elle lit un livre à ses enfants. (그녀는 아이들에게 책을 읽어준다.)

manquer 놓치다, 없다, 부족하다	
qc	Elle a manqué le train. (그녀는 기차를 놓쳤다.)
de qc	Je manque de temps pour ce travail. (나는 이 일을 할 시간이 부족하다.)
à qn (사람주어)	Tu me manques beaucoup. (네가 몹시 그리워.)
à qn (사물주어)	Le courage me manque. (나는 용기가 없다.)
비인칭	Il me manque du courage. (나는 용기가 없다.)
à qc	Bien qu'il connaisse son devoir, il y manque souvent. (그는 자기 의무를 잘 알고 있지만, 종종 저버린다.)
de+inf	Elle a manqué (de) se noyer. (그녀는 익사할 뻔했다.) Ne manquez pas de venir nous voir à la campagne cet été. (올 여름에는 시골로 우리 보러 꼭 오세요.)

mentir 거짓말하다	
~	Il ment comme il respire. (그는 거짓말을 밥 먹듯이 한다.)
à qn	Pourquoi as-tu menti à ton ami? (너는 왜 네 친구에게 거짓말했니?)

mettre 놓다, 넣다, 착용하다, 시작하다	
qc	Il a mis le livre sur la table. (그는 책상 위에 그 책을 놓았다.) Pour sortir, mettez votre manteau. (외출하려면, 외투를 입으세요.)
se ~ à+qc	Je me suis mis à l'anglais très tard. (나는 너무 늦게 영어를 시작했다.)
se ~ à+inf	Juste au moment où on sortait, il s'est mis à pleuvoir. (막 나가려고 할 때 비가 오기 시작했다.)

montrer 보여주다, 가르치다	
qc à qn	J'ai montré mon passeport à l'agent de police. (나는 내 여권을 경찰관에게 제시했다.) Il m'a montré le chemin de la gare. (그는 내게 역으로 가는 길을 가르쳐주었다.)
~ 절	On lui a montré qu'il avait tort. (그가 틀렸다는 것을 그에게 지적해 주었다.)
se ~ 형	Elle s'est montrée vexée. (그녀는 기분이 상한 것처럼 보였다.)

se moquer 놀리다, 비웃다, 무시하다	
de qn	Elle s'est moquée de moi. (그녀는 나를 놀렸다.)
de qc	Il s'est moqué de la maladresse de son voisin. (그는 자기 이웃의 실수를 비웃었다.) Il se moque de mes conseil. (그는 내 충고를 아랑곳하지 않는다.)

obéir 복종하다, 따르다	
à qn	On doit obéir à ses parents. (사람은 자기 부모에게 복종해야 한다.)
à qc	Les corps matériels obéissent à la loi de la gravitation. (물체는 중력의 법칙을 따른다.)

obliger 강요하다, 강제하다 ; s' ~ 약속하다	
qn à+inf	La nécessité l'a obligé à accepter ce travail. (그는 돈이 필요해서 이 일을 맡지 않을 수 없었다.)
qn à+qc	Son métier oblige Jean à de grands voyages. (쟝은 직업상 장기간의 여행을 하지 않을 수 없다.)
수동태 (obligé de)	Je suis obligé par mes fonctions de vous fouiller. (나는 직책상 당신을 검색하지 않을 수 없습니다.) Je vous serais fort obligé de bien vouloir m'accorder un entretien. (제게 면담을 허락해 주신다면 대단히 감사하겠습니다.)
s' ~à+inf	Prêtez-moi ce livre, je m'oblige à vous le rendre dans deux jours. (이 책을 빌려 주십시오, 이틀 후에 돌려드리겠습니다.)

s'occuper	돌보다, 관심 갖다, 담당하다
de qn	Occupe-toi de tes jeunes sœurs. (네 어린 누이동생들을 돌봐 주어라.)
de qc	Je m'occupe seulement de ce qui me regarde. (나는 나와 관계되는 일에만 전념한다.)
à+inf	Il s'occupe à classer des timbres. (그는 우표를 분류하면서 시간을 보낸다.)
de+inf	Je m'occuperai de toi trouver un emploi. (너의 일자리를 찾는 것은 내가 책임지겠다.)

offrir	제공하다
qc à qn	Il a offert des fleurs à sa fiancée. (그는 약혼자에게 꽃을 선사했다.)
qc	Cette coline offre une belle vue sur la région. (이 언덕에서는 그 지역을 잘 내려다 볼 수 있다.)
de+inf	Il m'a offert de m'accompagner jusqu'à la gare. (그는 내게 역까지 데려다 주겠다고 제안했다.)

oublier	잊다, 두고 오다
qc	Il a oublié son parapluie dans le métro. (그는 깜박 잊고 우산을 지하철에 놓고 내렸다.)
de+inf	J'ai oublié de mettre cette lettre à la boîte aux lettres. (나는 이 편지를 우체통에 넣는 것을 잊었다.)

paraître 나타나다, ...인 것 같다	
~	Le jour vient à paraître. (해가 막 떠오른다.) Ce livre a paru en 2003. (이 책은 2003년도에 나왔다.) Ce livre est paru depuis un mois. (이 책은 한 달 전부터 나와 있으며, 지금 살 수 있다.)
형용사	Elle paraît plus âgée qu'elle ne l'est en réalité. (그녀는 실제보다 더 나이 들어 보인다.)
+inf	Vous ne paraissez pas y croire. (당신은 그것을 믿지 않는 것 같군요.)
비인칭	Il paraît qu'il y a eu un accident. (사고가 났나 봐요.) Il paraissait des taches sur son corps. (그의 몸에 반점이 보였다.) Il me paraît impossible de revenir sur cette question. (이 문제를 재론하기는 불가능한 것 같아 보인다.) Il me paraît évident qu'il a raison. (분명히 그가 옳은 것 같다.)

participer 참가하다, 함께하다, 성질을 띠다	
à+qc	Je participe à votre chagrin. (나는 당신과 슬픔을 같이 나눕니다.) Il n'a guère participé à la conversation. (그는 대화에 끼어든 일이 거의 없다.)
de+qc	Le génie participe de la folie. (천재란 얼마간 광기를 띠고 있다.)

parler	이야기하다, 말하다
언어	Il parle couramment le français. (그는 불어를 유창하게 말한다.)
de qn	J'ai beaucoup entendu parler de vous. (당신에 대한 소문 많이 들었습니다.)
de qc	Le ministre a parlé à la télévision des objectifs du plan. (장관은 텔레비전을 통해 그 계획의 목표에 대해 밀했다.)
à qn	Il m'a parlé sur un ton hautain. (그는 건방진 어조로 내게 말을 걸었다.)
avec qn	En parlant avec eux, vous connaîtrez ces hommes rudes, mais gais. (그들과 말을 해보면, 당신은 그들이 거칠지만 명랑하다는 것을 아실 것입니다.)

partir	떠나다, 출발하다
~	Partons vite, nous allons être en retard. (빨리 떠납시다, 늦겠어요.)
장소	Il va partir pour Paris dans un mois. (그는 한 달 후에 빠리로 떠날 것이다.) Il part en France pour les vacances. (그는 휴가를 프랑스로 떠난다.) Il est parti de chez lui à 5 heures. (그는 5시에 자기 집을 떠났다.) Quand partez-vous en voyage? (언제 여행 떠나세요?)

passer	지나가다, 보내다, 치르다
~	Les voiture ne cessent de passer dans la rue. (차들이 끊임없이 거리를 지나다닌다.)
qc	Quand vous aurez passé le Rhin, vous serez en Allemagne. (라인강을 넘어서면, 독일이 됩니다.) Passe-moi l'appareil, je vais lui répondre. (수화기를 내게 줘, 내가 그에게 대답하지.)
장소	Nous allons passer dans le salon pour prendre le café. (커피 마시기 위해 거실로 나갑시다.) Cette idée m'est passée par la tête. (이 생각이 내 머리를 스쳤다.)
시간	Ils ons passé leurs vacances à la mer. (그들은 휴가를 바다에서 보냈다.) Il a passé 2 heures à lui écrire une lettre. (그는 그녀에게 편지 쓰는데 두 시간 보냈다.)
시험	Il faut passer un examen pour entrer dans cette école. (이 학교에 들어가기 위하여 시험을 쳐야 한다.)

payer	지불하다
qc	J'ai oublié de payer le café. (나는 커피값 내는 것을 잊었다.)
qn en/par	Préférez-vous être payé par chèque ou en espèces? (수표로 받으시겠어요? 현금으로 받으시겠어요?)

penser 생각하다	
à qc	A quoi pensez-vous? (무슨 생각하고 있습니까?)
à qn	Je pense à tous ceux qui souffrent. (나는 고통받는 모든 사람들을 생각한다.)
qc de	Que penses-tu de cette résolution? (이 해결책에 대해 어떻게 생각하니?)
à inf	As-tu pensé à fermer le gaz avant de sortir? (외출하기 전에 가스 잠그는 것을 잊지 않았겠지?)
que	Je pense que je serai libre demain. (나는 내일 한가할 거라고 생각된다.)

permettre 허락하다	
qc	Les règlements ne permettent pas le stationnement en cet endroit. (법규는 이곳의 주차를 허용하지 않는다.)
qc à qn	Le médecin m'a permis le café. (의사는 내게 커피를 마셔도 좋다고 했다.)
à qn de+inf	Il permet à sa fille de sortir le soir. (그는 자기 딸이 저녁에 외출하는 것을 허락한다.)
que+sub	Il permet que sa fille sorte le soir. (그는 자기 딸이 저녁에 외출하는 것을 허락한다.)
비인칭	Il est permis à tout le monde de se tromper. (누구나 잘못 생각할 수 있다.)

pouvoir	...할 수 있다 : se~ 일 수 있다
+inf(허용)	On ne peut pas fumer dans les salles de théâtre. (극장 내에서는 담배를 피울 수 없습니다.)
(능력)	Rien ne peut arrêter le temps. (아무것도 시간을 멈추게 할 수는 없다.)
(추측)	Il peut se mettre à pleuvoir d'un moment à l'autre. (금방이라도 비가 내리기 시작할지도 모르겠는걸.) Cet enfant pouvait avoir tout au plus cinq ans. (그 아이는 기껏해야 5살이었을 것이다.) Il peut être midi. (12시쯤 되었을 것이다.)
+bien(양보)	Il peut bien venir me voir, je ne lui parlerai pas. (그가 설사 나를 만나러 오더라도 나는 말하지 않겠다.)
sub(희망)	Puissent tous les autres agir de même! (다른 사람들도 똑같이 행동해 주었으면!)
se ~	Il se peut qu'elle soit malade. (그녀는 아플지도 모른다.)

préférer	좋아하다, 더 좋아하다, 더 낫다
qc	Laquelle de ces robes préférez-vous? (이 드레스들 중에서 어느 것을 좋아하세요?) Je préfère la ville à la campagne. (나는 시골보다 도시를 더 좋아한다.)
inf	Je préfère voir ce film. (이 영화 보는 것이 더 낫겠다.) Je préfère partir que rester. (나는 기다리기보다 출발하는 것이 낫다.)
que+sub	Il préfère que vous ne veniez pas. (그는 당신이 오지 않기를 더 바라고 있다.)

plaire	...의 마음에 들다
à qn	La maison ne plaît plus au propriétaire, qui décide de la vendre. (집주인은 집이 마음에 들지 않아 팔기로 결정한다.) Il ne fait que ce qui lui plaît. (그는 자기 마음에 드는 것만 한다.)
비인칭	Le bureau de poste, s'il vous plaît. (미안하지만, 우체국이 어디 있습니까?)

prendre	잡다, 탈취하다, 생각하다
qc	Il ouvre son étui et prend une cigarette. (그는 담배갑을 열고 담배를 하나 집는다.)
음식	Je ne prends jamais de vin en mangeant. (나는 식사하면서 절대로 포도주를 안 마신다.)
식사	J'ai pris mon petit déjeuner à 7 heures. (나는 7시에 아침 식사를 했다.)
교통수단	Il prend sa voiture pour se rendre à son travail. (그는 출근하기 위해 차를 탄다.)
길	Prenez la première rue à gauche. (왼쪽 첫 번째 길로 가세요.)
qc (무관사)	Prenez courage, ce n'est pas grave. (기운을 내세요. 대단한 일이 아닙니다.)
감정 ~	La colère l'a pris soudain. (갑자기 그는 화가 치밀어 올랐다.)
qc à qn	Un voleur lui a pris son portefeuille. (도둑이 그의 지갑을 훔쳐갔다.)
N pour	On le prend souvent pour son frère. (사람들은 흔히 그를 그의 형으로 착각한다.)
se ~ pour	Je me prends pour pas grand homme. (나는 나를 대단한 놈이 아니라고 생각한다.)
s'y ~	Il vous faut vous y prendre autrement. (당신은 달리 행동하셔야 합니다.)

prêter 빌려주다	
qc à qn	Comme il pleuvait, je lui ai prêté mon parapuie. (비가 오고 있어서 나는 그에게 우산을 빌려주었다.)
à qc	Sa conduite a prêté à la critique. (그의 행동은 비판을 불러 일으켰다.)
se ~ à qc	C'est un sujet qui se prête bien à un film. (이것은 영화화하기에 아주 적합한 주제이다.)

prévenir 알리다	
qn	Si tu changes d'avis, préviens-moi! (생각이 바뀌면 나에게 알려다오.)
qc	Il nous faut prévenir l'attaque des ennemis. (우리는 적의 공격을 미리 알려야 한다.)
qn de qc	Elle est venue le prévenir du changement intervenu en son absence. (그녀는 그가 없는 동안에 일어난 변화를 그에게 알리러 왔다.)
qn que	Je l'ai prévenu que nous arriverons la semaine prochaine. (나는 그에게 우리가 다음 주에 도착할 것을 알렸다.)

promettre 약속하다	
qc à qn	J'ai promis une montre à mon fils. (나는 아들에게 손목시계를 사 주겠다고 약속했다.)
de+inf	Elle promet à Paul d'arriver à l'heure. (그녀는 뽈에게 제 시간에 도착하겠다고 약속한다.) Je vous promets de faire mon possible. (당신에게 최선을 다할 것을 약속드립니다.)
que	Je te promets qu'il ne reviendra plus. (그는 틀림없이 다시는 돌아오지 않을 거야.)

prévoir 예상하다, 예고하다	
qc	La météo prévoit du beau temps. (일기예보는 날씨가 개인다고 한다.) On ne pouvait pas prévoir les conséquences de cet acte. (이 행동의 결과를 예상할 수가 없었다.)
que	Il était facile de prévoir qu'il raterait son examen. (그가 시험에 실패하리라는 것을 예상하기는 쉬웠다.) La météo prévoit qu'il y aura une tempête de neige demain. (일기예보는 내일 눈보라가 칠거라고 한다.)

proposer 제안하다, 추천하다 ; 작정이다	
qc/qn	J'ai proposé mon avis, mais on ne l'a pas suivi. (나는 내 의견을 제시했지만, 사람들은 그것을 따르지 않았다.) Il me propose sa sœur comme secrétaire. (그는 나에게 자기 누이를 비서로 추천한다.)
qn à qn	Il m'a proposé sa fille en mariage. (그는 나에게 자기 딸과의 결혼을 제의했다.)
qc à qn	Je lui ai proposé un plan d'action. (나는 그에게 행동계획을 제시했다.)
de+inf	Je vous propose d'aller voir ce film. (그 영화를 보러 가시기를 권합니다.)
que	Marie propose que tu partes avec elle. (마리는 네가 그녀와 함께 떠날 것을 제안하고 있다.)
se ~ de	Je me propose de déménager bientôt. (곧 이사할 작정이다.)

raconter 이야기하다

qc	Je raconte une histoire dont rien n'est inventé. (나는 하나도 꾸며내지 않은 이야기를 하고 있다.)
qc à qn	J'ai raconté mon voyage en Italie à tous mes copains. (나는 이탈리아에서의 여행을 나의 모든 친구들에게 이야기 해주었다.)
à qn que	On m'a raconté que vous aviez eu un accident. (당신이 사고를 당했다고 누가 나에게 말하더군요.)

rappeler 다시 부르다, 기억하다

qn	Il est occupé, rappelez-le plus tard. (그는 바쁩니다. 나중에 다시 전화주세요.)
qc à qn	Cela me rappelle mon enfance. (그 일은 나에게 어린 시절을 회상시킨다.)
se ~ qc	Je me rappelle fort bien notre premier entretien. (나는 우리들의 첫 대담을 아주 잘 기억하고 있다.)
se ~ que	Je me rappelle que tu me l'as dit. (네가 나에게 그렇게 말한 것이 기억난다.)

refuser 거절하다

~	Paul voulait épouser Hélène, mais elle a refusé. (뽈은 엘렌느와 결혼하고 싶었지만 그녀는 거절했다.)
qc	On refuse du monde à l'entrée du stade. (경기장 안으로 사람들이 못 들어오게 한다.)
de+inf	Il refuse de reconnaître ses torts. (그는 자신의 잘못을 인정하려 하지 않는다.)

réfléchir 숙고하다, 반사하다	
~	Avant de vous décider, il faut réfléchir. (당신은 결정하기 전에 심사숙고해야 합니다.)
à qc	Je n'ai pas eu le temps de réfléchir à cette question. (나는 이 문제를 심사숙고해 볼 시간이 없었다.)
qc	Les miroirs réfléchissent les images des objets. (거울은 사물의 모습을 비춘다.)
que	En acceptant votre invitation, je n'ai pas réfléchi que je ne pourrai m'y rendre. (당신의 초대를 수락하면서 제가 거기에 갈 수 없을 것이라는 것을 생각하지 못했습니다.)
se ~	La lune se réfléchit dans le lac. (달이 호수 속에 비친다.)

remarquer 주목하다, 알아채다, 깨닫다	
qc	Je n'ai pas remarqué l'accident. (나는 사고를 알아차리지 못했다.) Sa nouvelle robe a été très remarquée. (그녀의 새 옷은 몹시 주목을 끌었다.)
qn	J'ai remarqué mon ami dans une foule. (나는 군중 속에서 내 친구를 알아보았다.)
que	J'ai remarqué qu'il n'était pas là. (나는 그가 거기 없다는 것을 알았다.)
faire ~	Je lui ai fait remarquer que ses vêtements n'étaient pas propres. (나는 그에게 그의 옷이 깨끗지 않다는 것을 지적했다.)

regarder 바라보다	
N	Oh! Regarde la dame avec son chien! (오! 개와 함께 있는 부인 좀 봐!)
사물주어	Cela ne vous regarde pas. (이 일은 당신에게는 관계없습니다.)
qn+inf	Je regarde les enfants jouer au ballon. (나는 아이들이 공놀이하는 것을 본다.)
comme	Je regarde cela comme un honneur. (나는 그것을 영광으로 생각합니다.)

remercier 감사하다	
qn	Il a remercié son ami. (그는 친구에게 고맙다고 했다.)
qn de qc	Je vous remercie de votre invitation. (초대해 주셔서 고맙습니다.)
qn de+inf	Je vous remercie de m'aider toujours. (항상 저를 도와주셔서 감사합니다.)
pour+inf	Je vous remercie pour m'avoir aidé. (저를 도와주셔서 감사합니다.)

rendre 돌려주다, 되게하다, 가다	
qc à qn	J'ai rendu à Paul le livre qu'il m'avait prêté. (나는 뽈이 내게 빌려주었던 책을 그에게 돌려주었다.)
속사	Son invention l'a rendu célèbre. (그의 발명이 그를 유명하게 만들었다.)
se ~ à	Elle s'est rendue à l'étranger pendant les vacances. (그녀는 휴가동안 외국으로 갔다.)

remplacer 대체하다, 바꾸다	
qn	Quand il part en vacances, c'est moi qui le remplace dans son travail. (그가 휴가 떠나면 내가 그의 일을 대신한다.)
qc	La lampe ne marche pas. Vous voulez remplacer l'ampoule? (전등이 켜지지 않아요. 전구 좀 갈아주세요.)
par	J'ai remplacé mon mobilier ancien par du neuf. (나는 헌 가구를 새것으로 샀다.)
se ~	Un homme comme vous ne se remplace pas aisément. (당신과 같은 사람은 구하기가 쉽지 않다.)

rencontrer 만나다	
qn	Je le rencontre tous les jours à la même heure. (나는 매일 같은 시간에 그를 만나곤 한다.)
qc	Ce projet rencontre une violente opposition. (이 계획은 격렬한 반대에 부딪치고 있다.)

renseigner 정보를 제공하다, 알리다	
qn	Je ne suis pas au courant parce que personne ne m'a renseigné. (나는 잘 알고 있지 못하다. 왜냐하면 아무도 나에게 알려주지 않았기 때문이다.)
qn sur	Elle renseigne les touristes sur les visites des musées. (그녀는 박물관 관람에 대하여 관광객들에게 정보를 제공한다.)

répéter 반복하다, 되풀이하다, 연습하다	
qc	Les acteurs ont répété la pièce pendant un mois. (배우들은 그 작품을 한 달 동안 연습했다.)
qc à qn	Il répète son nom au réceptionniste. (그는 접수원에게 자기 이름을 반복한다.)
à qn que	Je te répète que tu as tort. (다시 말하지만 네가 틀렸다.)
de+inf	Il répète à Marie de veinr. (그는 마리에게 오라고 되풀이하여 말한다.)

répondre 대답하다, 답변하다	
à qc	Le professeur répond avec patience aux questions des élèves. (교수님은 학생들의 질문에 참고 답변한다.)
qc à qn	Que lui répondrai-je? (내가 그에게 무엇이라고 대답할 것인가?)
à qn que	Il m'a répondu que cela était vrai. (그는 그것이 사실이라고 내게 말했다.)
inf	Je lui ai répondu rester à la maison. (나는 집에 있겠다고 그에게 대답했다.)

ressembler 닮다	
à qn	Il ressemble beaucoup à son père. (그는 아버지를 무척 닮았다.)
se ~	Ces deux frères se ressemblent. (이 두 형제는 쌍둥이처럼 서로 닮았다.)

rester 머물다, 남아 있다	
장소	Elle est restée deux jours à Paris. (그녀는 빠리에서 이틀간 체류했다.)
속사	Il est resté malade pendant deux mois. (그는 2개월 동안 앓고 있었다.) Nous sommes restés amis pendant longtemps. (우리는 오랫동안 친구였다.)
비인칭	Il reste encore une possibilité. (아직도 가능성이 있다.) Il nous reste trois semaines avant les vacances. (우리가 방학하려면 3주일이 남아 있다.)
à+inf	Il nous reste à faire la vaisselle. (우리에겐 아직도 설겆이 할 일이 남아 있다.) Il ne me reste plus qu'à partir. (이제 남은 것은 출발하는 일 뿐이다.)

réussir 성공하다 ; 도움이 되다	
qc	Il a réussi ses examens. (그는 시험에 합격했다.)
à qc	Il a réussi à ses examens. (그는 시험에 합격했다.)
à qn	L'air de la mer lui réussit. (바다 공기는 그에게 좋다.)
à+inf	Je n'ai pas réussi à le convaincre. (나는 그를 설득하는데 실패했다.)

retenir 예약하다, 명심하다, 만류하다	
qc	Retenez une chambre pour moi dans un hôtel. (호텔에 방을 하나 예약해 주세요.) Retenez bien ce que je vais vous dire. (내가 당신에게 말하려는 것을 잘 명심하시오.)
qn	Nous avons retenu notre ami à dîner. (우리는 저녁 식사하고 가라고 친구를 붙들었다.)

retrouver 찾아내다, 다시보다, 되찾다	
qn	La police a retrouvé le voleur au bout de deux jours de recherches. (경찰은 이틀 동안 수색을 한 끝에 도둑을 찾아냈다.)
qc	Il a retrouvé son passeport qu'il avait perdu il y a deux mois. (그는 두 달 전에 잃어버렸던 여권을 다시 찾았다.)
속사	Je l'ai retrouvé changé. (내가 그를 다시 만나 보니 변해 있었다.) Nous le retrouvrons vivant. (우리는 그를 산채로 잡을 것이다.)
se ~	Après le cours, ils se retrouvent dans un café près de l'université. (수업이 끝나고 그들은 대학교 부근의 한 카페에서 다시 만난다.) À la mort de ses parents, il s'est retrouvé seul et sans ressources. (부모가 돌아가시자, 그는 다시 혼자가 되었고 돈 한 푼 없는 상태에 놓였다.)

rêver 꿈꾸다, 열망하다	
de	J'ai rêvé d'un incendie cette nuit. (나는 어젯밤 화재가 난 꿈을 꾸었다.) Je rêve d'un appartement confortable. (나는 안락한 아파트를 열망한다.)
que	J'ai rêvé qu'il y avait le feu dans la ville. Quelle horreur! (도시에 불이 난 꿈을 꾸었다. 어찌나 끔찍하든지!)

rire 웃다, 흥겨워하다, 비웃다	
~	C'est à mourir de rire. (우스워 죽겠다. 몹시 우스운 일이다.) Ils ont fait bonne chère et bien ri. (그들은 맛있는 음식을 먹으며 매우 흥겨워했다.)
~ de	Ne riez pas du malheur d'autrui. (남의 불행을 비웃지 마세요.)

risquer 위험이 있다, 위험을 무릅쓰다	
qc	Il a risqué sa vie pour sauver l'enfant. (그는 아이를 구하기 위해 위험을 무릅썼다.)
de+inf	Ne vous penchez pas par la fenêtre, vous risquez de tomber. (창문으로 몸을 내밀지 마시오. 떨어질 위험이 있습니다.)
se ~ à	Je ne me risquerais pas à lui faire d'observations sur sa conduite. (나는 위험을 무릅쓰고 그에게 그의 행실에 대해 잔소리하지는 않을 것이다.)

sembler ..인 것 같다, ..처럼 보이다	
형용사	Elle semble triste. (그녀는 슬픈 듯이 보인다.) Elle me semble triste. (그녀는 나에게 슬픈 듯이 보인다.)
inf	Pierre semble s'intéresser au sport. (삐에르는 운동에 관심있는 것처럼 보인다.) Il me semble vous connaître. (나는 당신을 알고 있는 것 같다.) Il me semble inutile de vous en dire davantage. (당신에게 그것에 대해 더 이상 말하는 것은 쓸데없는 것 같습니다.)
que+sub	Il semble qu'elle soit fâchée. (그녀는 화난 것 같다.)
que+ind	Il me semble parfois que ma vraie vie n'a pas encore commencé. (가끔 나에겐 나의 진짜 인생은 아직 시작하지 않은 것처럼 여겨진다.)
que+sub	Il ne me semble pas qu'on puisse agir autrement. (내가 보기엔 사람들이 달리 행동할 수 있는 것 같지 않다.)

savoir 알다	
qc	Il sait le français. (그는 불어를 공부해서 알고 있다.)
속사	Je ne le savais pas si méchant. (그가 그처럼 심술궂은 사람인 줄 몰랐다.)
inf	Il faut savoir se contenter de peu. (적은 것으로 만족할 줄 알아야 한다.)
que	Savez-vous qu'il s'est marié? (그가 결혼한 것을 알고 계십니까?)
의문사	Sais-tu pourquoi je t'attendais ce soir? (왜 내가 오늘 저녁 너를 기다렸는지 아니?)

sentir 느끼다	
속사	Cette fleur sent très bon. (이 꽃은 향기가 매우 좋다.)
qc	Il est incapable de sentir la beauté d'un paysage. (그는 풍경의 아름다움을 느낄 수가 없다.)
inf	Je sens la fièvre monter. (나는 열이 오르는 것을 느낀다.)
que	Je sens que la fièvre monte. (나는 열이 오르는 것을 느낀다.)
se ~	Elle s'est sentie triste. (그녀는 슬픈 느낌이 들었다.) Ils se sont sentis attirés par elle. (그들은 그녀에게 마음이 끌림을 느꼈다.)

servir 봉사하다, 대접하다, ...에 쓰이다	
qc	On sert la soupe au début du repas. (식사 초에 수프를 차려낸다.)
qc à qn	Servez-nous la soupe. (우리에게 수프를 주세요.)
à+inf (사람주어)	On nous a servi à dîner vers 9 heures. (우리는 9시경에 저녁을 대접받았다.)
à+inf (사물주어)	Cet appareil sert à couper le fil de fer. (그 기구는 철사를 자르는데 쓰인다.) Ça sert à Paul à réparer les voitures. (그것은 뽈이 자동차를 수리하는데 쓰인다.)
à qc (사물주어)	À quoi ça vous sert? (그것이 당신에게 무슨 소용이 있습니까?) Ça ne me sert à rien. (그것은 나에게 아무 소용이 없습니다.)
비인칭 (가주어)	À quoi sert-il de courir? (달려가 보았자 무슨 소용이냐?) Il ne sert à rien de courir. = Rien ne sert de courir. (달려가 보았자 아무 소용없다.)
de qc	Cette planche sert de table. (이 널빤지는 식탁 구실을 한다.) Cette planche me sert de table. (이 널빤지는 나에게 식탁 구실을 한다.)
se ~ de	Je me sers d'un dictionnaire. (나는 사전을 사용한다.)

songer 생각하다	
à N	Elle ne songe qu'à cela [à elle]. (그녀는 그 일만 [그녀만] 생각한다.)
à inf	Il ne songe qu'à gagner de l'argent. (그는 돈 벌 생각만 한다.)

sortir 나가다, 외출하다, 꺼내다	
~	Il est sorti, mais il va bientôt rentrer. (그는 외출했지만 곧 돌아올 것이나.)
de qc	Il vient de sortir du collège. (그는 중학교를 막 졸업했다.)
de chez	Nous sommes sortis tard de chez lui. (우리는 그의 집에서 늦게 나왔다.)
inf	Elle est sortie prendre l'air. (그녀는 바람 쐬러 나갔다.)
s'en ~	Il n'y a pas moyen de s'en sortir. (궁지에서 헤어날 수가 없다.)
qc de	Il a sorti sa voiture du garage. (그는 차고에서 차를 꺼냈다.)

souhaiter 바라다, 소원하다	
qc	Je souhaite sa réussite. (나는 그의 성공을 바라고 있다.)
qc à qn	Il nous a souhaité un bon voyage. (그는 우리에게 즐거운 여행을 기원했다.)
inf	Je souhaite pouvoir vous rendre service. (당신을 도와드리고 싶습니다.)
que+sub	Je souhaite que vous réussissiez. (나는 당신이 성공하기를 빕니다.)

se souvenir 기억하다, 회상하다	
de qn	Il ne se souvient plus de moi. (그는 더 이상 나를 기억하지 못한다.)
de qc	Il ne me souvient plus de mon nom. (그는 더 이상 내 이름을 기억하지 못한다.)
de+inf	Il se souvient de vous avoir dit cela. (그는 당신에게 그런 말을 한 것을 기억한다.)
que	Je me souviens qu'il m'a dit cela. (나는 그가 나에게 그런 말 한 것을 기억한다.)
비인칭 (가주어)	Il ne me souvient pas de vous avoir rencontré. (나는 당신을 만난 기억이 없다.)

suivre 따라가다, 따르다, 수강하다	
~	Cet élève ne suit pas en classe. (이 학생은 수업시간에 열심히 듣지 않는다.)
qn	Sa femme le suit dans tous ses voyages. (그의 아내는 그가 여행하는 곳마다 따라간다.) Vous parlez trop vite, il est difficile de vous suivre. (당신은 말을 너무 빨리 하여 이해할 수가 없습니다.) Elle le suit des yeux. (그녀는 그를 주시하고 있다.)
qc	Suivez la rivière jusqu'au pont. (다리까지 강가를 따라가시오.) Allez-vous suivre le cours de littérature? (당신은 문학 강의를 들으러 가십니까?) L'été suit le printemps. (여름은 봄 다음에 온다.) L'inondation a été suivie d'une épidémie. (홍수가 일어난 후에 전염병이 발생했다.)

tenir 잡다, 쥐다	
qn	Cet enfant tient sa mère par la main. (그 아이는 자기 어머니의 손을 잡고 있다.)
qch de	L'homme tient la vie de ses parents. (사람은 자기 부모로부터 생명을 얻는다.)
pour 속사	Je le tiens pour un honnête homme. (나는 그를 정직한 사람으로 인정한다.)
à qc (사람주어)	Pierre tient à Hélène. (삐에르는 엘렌에게 애착을 갖고 있다.)
à+inf (사람주어)	J'ai tenu à les inviter. (나는 그들을 초대하고 싶었다.)
à ce que (사람주어)	Je tiens à ce que vous veniez. (나는 당신이 꼭 오시기를 바랍니다.)
à qc (사물주어)	Sa mauvaise humeur tient à son état de santé. (그의 우울한 기질은 그의 건강 상태에 기인한다.)
à ce que (사물주어)	Ce succès tient à ce que vous avez travaillé régulièrement. (이 성공은 당신이 규칙적으로 공부한 데 기인한다.)
de	Cet enfant tient de son père. (그 아이는 자기 아버지를 닮았다.)
se ~ à	Il se tient à la rampe pour descendre l'escalier. (그는 난간을 잡고 계단을 내려온다.)

téléphoner 전화하다	
~	Elle passe sa journée à téléphoner. (그녀는 전화하는 데 하루를 보낸다.)
à qn	Il téléphone chaque soir à sa fiancée. (그는 매일 저녁 자기 약혼녀에게 전화한다.)
qc	J'ai téléphoné la bonne nouvelle. (나는 좋은 소식을 전화로 알렸다.)
qc à qn	Je lui ai téléphoné la bonne nouvelle. (나는 그에게 그 좋은 소식을 전화로 알렸다.)
que	Il téléphone à sa femme qu'il a manqué son train. (그는 부인에게 기차를 놓쳤다고 전화한다.)

travailler 일하다, 공부하다	
~	Elle travaille dans son jardin. (그녀는 정원에서 일하고 있다.)
à qc	Elle travaille à un roman. (그녀는 소설에 힘을 기울이고 있다.)
à+inf	Il travaille à me nuire depuis longtemps. (그는 오래 전부터 나를 해치려고 애쓴다.)
sur	Ce médecin a travaillé sur le cancer. (이 의사는 암에 관해 연구했다.)
qc	Il me faudrait travailler encore les mathématiques. (나는 수학을 더 공부해야 할 것 같다.)

tromper 속이다, 잘못 생각하다	
qn	Il trompe sa femme. (그가 자기 부인을 속이고 바람 피운다.)
사물주어	La ressemblance nous trompe. (유사한 것은 우리의 눈을 속인다.)
se ~ sur	Je me suis trompé sur ses intentions. (나는 그의 의도를 오해했다.)
se ~ de	Elle s'est trompée de chemin. (그녀는 길을 잘못 알았다.)

trouver 발견하다, 생각하다	
qc	J'ai enfin trouvé mon parapluie. (나는 마침내 내 우산을 찾아냈다.)
속사	Je trouve ce livre intéressant. (나는 이 책이 재미있다고 생각한다.)
que	Je trouve que ce film est excellent. (나는 이 영화가 아주 좋다고 생각한다.)
bon de	Il a trouvé bon de s'absenter. (그는 자리를 비우는 것이 좋다고 생각했다.)
bon que	Je trouve bon que nous allions le voir. (나는 우리가 그를 보러 가는 것에 찬성한다.)
se ~	Son nom ne se trouve pas sur la liste. (그의 이름은 명단에 없다.)
se ~ 속사	Comment vous trouvez-vous ce matin? (오늘 아침 기분이 어떠세요?)

valoir 값이 나가다, 가치가 있다	
형용사	Ce livre vaut cher. (이 책은 값이 비싸다.)
qc	Ce beau jardin vaut bien un détour. (이 아름다운 공원은 돌아볼 값어치가 있다.)
mieux	Il vaut mieux sortir. (외출하는 편이 더 좋다.) Mieux vaut perdre sa fortune que son honneur. (명예를 잃는 것보다는 재산을 잃는 편이 낫다.) Il vaut mieux se taire que de dire des sottises. (어리석은 말을 하느니 입을 다무는 것이 더 낫다.)
que+sub	Il vaut mieux qu'il se taise que de parler sur ce ton. (그는 이런 어조로 말하는 것보다 침묵하고 있는 것이 더 낫다.)

vendre 팔다, 매도하다	
qc à qn	Il a vendu sa maison à son beau-frère. (그는 자기 집을 처남에게 팔았다.)
qc+부사 (가격)	Il a vendu cher ses livres. (그는 자기 책들을 비싸게 팔았다.)
se ~	Beaucoup de livres se vendent. = Il se vend beaucoup de livres. (많은 책들이 팔린다.)

venir 오다, 출신이다	
장소	Il est venu en Corée [à Paris, chez moi]. (그녀는 한국에 [빠리에, 우리 집에] 왔다.)
de+장소	Il vient de France. (그는 프랑스 출신이다.) C'est la ville d'où elle vient. (그 도시는 그녀의 출신지다.)
inf	Il vient acheter des billets. (그는 표를 사러 온다.)
de+inf	Son train vient de partir. (그의 기차는 방금 출발했다.)
à+inf	S'il vient à pleuvoir, vous fermerez la fenêtre. (혹시 비가 오게 되면 창문을 닫아 주세요.)
비인칭	Il est venu deux lettres pour vous. (당신에게 두 통의 편지가 왔습니다.) Il me vient l'envie de tout abandonner. (모든 것을 포기할 욕망이 나에게 생긴다.)

vivre 살다, 겪다	
시간	Il a vécu cent ans. (그는 100년 동안 살았다.)
de	L'homme ne vit pas seulement du pain. (사람은 빵만으로 살 수 없다.)
qc	Il vaut mieux rêver sa vie que la vivre. (인생을 체험하는 것보다 꿈꾸는 것이 더 낫다.)

voir 보다, 목격하다, 인정하다	
N	Je ne vois pas les choses comme vous. (나는 사물을 보는 눈이 당신과 다릅니다.)
qc à qn	Je lui vois un bel avenir. (나는 그에게서 유망한 장래를 본다.)
qc à qc	Je ne vois pas de mal à cela. (나는 거기에 아무 문제가 없다고 생각한다.)
qn+속사	Je le vois bien malade. (나는 그가 병들어 있음을 알아차린다.)
N+inf	J'ai vu la voiture reculer. (나는 자동차가 뒤로 가는 것을 보았다.)
inf+N	J'ai déjà vu jouer cette pièce. (나는 이 작품 공연하는 것을 벌써 보았다.)
N+inf+N	J'ai vu ces acteurs jouer cette pièce. = J'ai vu jouer cette pièce par ces acteurs. = Je les ai vus [vu] jouer cette pièce. = Je leur ai vu jouer cette pièce. = Je les ai vus [vu] la jouer. = Je la leur ai vu jouer. (나는 배우들이 이 작품 공연하는 것 보았다.)
se ~ inf (se:직목)	Elle ne s'est pas vue mourir. (그녀는 자기가 죽는다는 것을 느끼지 못했다.)
se ~ inf (se:간목)	Notre amie s'est vu reprocher d'avoir divorcé deux fois. (우리 친구는 두 번 이혼했다고 비난받았다.)

vouloir 원하다	
~	Faites comme vous voulez. (좋으실 대로 하세요.)
qch	Je voudrais un kilo de fraises. (딸기 1킬로를 사고 싶은데요.) Il veut mille euros pour ce tableau. (그는 이 그림 값으로 천 유로를 요구한다.)
속사	Je te voudrais plus heureux. (나는 네가 더 행복해졌으면 한다.)
inf	Je voudrais parler à M. Vincent. (벵쌍씨와 통화하고 싶습니다.)
que+sub	Je veux que tu viennes. (나는 네가 오기를 바란다.)
의문형	Voudriez-vous me passer ce document, s'il vous plaît? (그 서류를 제게 보여 주시겠습니까?)
~ bien	Continuons, si vous le voulez bien. (좋으시다면 계속합시다.)
en ~ à qn	Ne m'en veuillez pas si je suis en retard. (내가 늦게 왔다고 원망하지 마시오.)
en ~ à qc	Il vous flatte, parce qu'il en veut à votre argent. (그는 당신에게 아첨하고 있는데, 그것은 그가 당신 돈을 노리고 있기 때문입니다.)

2. 불규칙 동사변화 해설

A. être, avoir, aller, faire, dire

	être (이다)	avoir (가지다)	aller (가다)	faire (...하다)	dire (말하다)
1	suis	ai	vais	fais	dis
2	es	as	vas	fais	dis
3	est	a	va	fait	dit
1	sommes	avons	allons	faisons	disons
2	êtes	avez	allez	faites	dites
3	sont	ont	vont	font	disent

⇨ être, avoir 의 명령법 형태는 불규칙적이다.

être	Sois!	Soyons!	Soyez!
avoir	Aie!	Ayons!	Ayez!

⇨ faire, dire 처럼 변화하는 동사

faire (하다, 만들다) défaire (해체하다)	refaire (다시하다, 다시만들다) satisfaire (만족시키다)
dire (말하다) interdire (금지하다)	contredire (반박하다) prédire (예언하다)
(※ vous contredisez vous interdisez vous prédisez)	

B. venir, prendre, entendre

	venir (오다)	prendre (잡다)	entendre (듣다)
1	viens	prends	entends
2	viens	prends	entends
3	vient	prend	entend
1	venons	prenons	entendons
2	venez	prenez	entendez
3	viennent	prennent	entendent

⇨ --dre 의 동사들은 3인칭 단수에서 --d 형태로 된다.
  prendre, venir 형태는 3인칭 복수에서 --nnent가 된다.

⇨ prendre, venir, entendre 처럼 변화하는 동사

prendre (잡다)	apprendre (배우다)
comprendre (이해하다)	surprendre (놀라게 하다)
venir (오다)	revenir (돌아오다)
devenir (되다)	tenir (잡다)
contenir (지니다)	maintenir (유지하다)
obtenir (얻다)	retenir (붙들다)
appartenir (속하다)	prévenir (알리다)
parvenir (..에 이르다)	se souvenir (기억나다)
entendre (듣다)	attendre (기다리다)
descendre (내려가다)	rendre (되게하다)
défendre (금지하다)	dépendre (..에 달려있다)
détendre (완화하다)	perdre (잃다)
répondre (응답하다)	confondre (혼동하다)
vendre (팔다)	

C. vouloir, pouvoir, devoir

	vouloir (원하다)	pouvoir (..할 수 있다)	devoir (..해야 하다)
1	veux	peux (puis)	dois
2	veux	peux	dois
3	veut	peut	doit
1	voulons	pouvons	devons
2	voulez	pouvez	devez
3	veulent	peuvent	doivent

D. connaître, savoir

	connaître (알다)	savoir (알다)
1	connais	sais
2	connais	sais
3	connaît	sait
1	connaissons	savons
2	connaissez	savez
3	connaissent	savent

⇨ savoir의 명령법 형태는 불규칙적이다.

Sache !	Sachons !	sachez !

⇨ connaître 처럼 변화하는 동사

connaître (알다)	reconnaître (인식하다)
naître (태어나다)	paraître (..인 것 같다)
apparaître (나타나다)	disparaître (사라지다)

E. rire, courir, sortir, dormir

	rire (웃다)	courir (달리다)	sortir (나가다)	dormir (잠자다)	어미변화
1	ris	cours	sors	dors	- s
2	ris	cours	sors	dors	- s
3	rit	court	sort	dort	- t
1	rions	courons	sortons	dormons	- ons
2	riez	courez	sortez	dormez	- ez
3	rient	courent	sortent	dorment	- ent

⇨ rire, courir 처럼 변화하는 동사들은 하나의 어근,
  즉 ri-, cour- 를 가진다.

rire (웃다)	sourire (미소 짓다)
courir (달리다)	parcourir (돌아다니다)

⇨ sortir, dormir 처럼 변화하는 동사들은 어근이 2개이다.
  단수형의 어근은 동사원형의 어근에서 끝 자음을 제거하며,
  복수형의 어근은 동사원형의 어근이다.

sortir (나가다)	partir (떠나다)
servir (봉사하다)	mentir (거짓말하다)
sentir (느끼다)	ressentir (느끼다)
dormir (자다)	s'endormir (잠들어버리다)

F. lire, écrire, mettre

	lire (읽다)	écrire (쓰다)	mettre (놓다)	어미변화
1	lis	écris	mets	- s
2	lis	écris	mets	- s
3	lit	écrit	met	- t / --
1	lisons	écrivons	mettons	- ons
2	lisez	écrivez	mettez	- ez
3	lisent	écrivent	mettent	- ent

⇨ lire, écrire, mettre의 동사변화에 있어서
   어근은 단수어근과 복수어근을 따로 가지며,
   어미변화는 sortir, courir의 경우와 같다.

⇨. 어근의 끝이 -t로 끝나는 경우(mettre),
   철자의 중복으로 인하여, 단수 3인칭에서의
   어미변화 "-t"는 필요 없다.

⇨ lire, écrire, mettre 처럼 변화하는 동사

lire (읽다)	élire (선출하다)
écrire (쓰다)	décrire (묘사하다)
inscrire (등록시키다)	prescrire (처방하다)
mettre (놓다)	admettre (허용하다)
permettre (허가하다)	promettre (약속하다)
transmettre (전달하다)	

⇨ -re로 끝나는 많은 불규칙동사들은 위의 변화 형태를 따른다.

conduire (안내하다)	suivre (따라가다)	vivre (살다)	battre (때리다)	plaire (마음에 들다)
conduis	suis	vis	bats	plais
conduis	suis	vis	bats	plais
conduit	suit	vit	bat	plaît
conduisons	suivons	vivons	battons	plaisons
conduisez	suivez	vivez	battez	plaisez
conduisent	suivent	vivent	battent	plaisent

conduire (안내하다) détruire (파괴하다) réduire (줄이다) séduire (매료시키다)	construire (건축하다) produire (생산하다) traduire (표현하다)
suivre (따라가다)	poursuivre (추구하다)
vivre (살다)	survivre (살아남다)
battre (때리다)	combattre (싸우다)
plaire (마음에 들다)	déplaire (마음에 들지 않다)

G. voir, croire, boire, recevoir

	voir (보다)	croire (믿다)	boire (마시다)	recevoir (받다)
1	vois	crois	bois	reçois
2	vois	crois	bois	reçois
3	voit	croit	boit	reçoit
1	voyons	croyons	buvons	recevons
2	voyez	croyez	buvez	recevez
3	voient	croient	boivent	reçoivent

⇨ voir, boire, recevoir 처럼 변하는 동사

voir (보다) revoir (다시보다)	prévoir (예견하다) croire (믿다)
boire (마시다)	
recevoir (받다) concevoir (마음에 품다)	apercevoir (알아차리다) décevoir (실망하다)

⇨ voir, croire 동사는 nous, vous 의 동사 어미변화에서
   모음끼리의 발음충돌을 방지하기 위하여
   -i가 -y로 변한다.

⇨ boire 동사는 nous, vous 의 동사 어간이
   buv- 가 됨에 주의해야 한다.

⇨ recevoir 동사는 어간의 -c 가 모음 -o 앞에서
   발음상 -ç 로 변한다.

H. 기타 불규칙 동사

	valoir (가치 있다)	mourir (죽다)	acquérir (획득하다)	vaincre (이기다)
1	vaux	meurs	acquiers	vaincs
2	vaux	meurs	acquiers	vaincs
3	vaut	meurt	acquiert	vainc
1	valons	mourons	acquérons	vainquons
2	valez	mourez	acquérez	vainquez
3	valent	meurent	acquièrent	vainquent

	fuir (달아나다)	peindre (그리다)	résoudre (해결하다)	ouvrir (열다)
1	fuis	peins	résous	ouvre
2	fuis	peins	résous	ouvres
3	fuit	peint	résout	ouvre
1	fuyons	peignons	résolvons	ouvrons
2	fuyez	peignez	résolvez	ouvrez
3	fuient	peignent	résolvent	ouvrent

valoir (값어치가 나가다)	
mourir (죽다)	
acquérir (획득하다)	conquérir (정복하다)
fuir (달아나다)	s'enfuir (달아나다)
peindre (그리다) éteindre (끄다) joindre (합치다)	atteindre (도달하다) craindre (무서워하다) plaindre (동정하다)
résoudre (해결하다)	
vaincre (이기다)	convaincre (설득하다)
ouvrir (열다) découvrir (발견하다) souffrir (괴로워하다)	couvrir (덮다) offrir (제공하다)

3. 중요 동사 시제변화표

문장에서 뿐만 아니라 회화에서도 대단히 중요하고
많이 사용되는 동사들의 시제변화를 익히는 것은
대단히 유용하다.

불어에서의 동사는 영어와 마찬가지로 문장의 **뼈**대를
구성한다. 특히 주어와 동사를 말해야 말문이 트이게
되어, 그 다음 말들이 연결되어 나올 수 있다. 주어 동
사에서 막혀버리면 머릿속에는 할 말이 많지만 정작
입으로는 나오지 않게 된다.

이 시제변화표는 많이 쓰이는 기본 시제들을 정리하
였다. 여기에 나오지 않은 복합시제들은 문법을 익히
면 저절로 해결되는 것이다. 이 동사들만 잘 익혀도 문
장을 보는데 문맥의 전후관계를 아는 시제감각이 더
한층 발전할 것이다.

부정법	직 설 법		
(과거/현재)분사	현 재	미 래	반 과 거

부정법 (과거/현재)분사	현 재	미 래	반 과 거
avoir (가지다) eu [y] ayant	ai as a avons avez ont	aurai auras aura aurons aurez auront	avais avais avait avions aviez avaient
être (이다, 있다) été étant	suis es est sommes êtes sont	serai seras sera serons serez seront	étais étais était étions étiez étaient
aimer (사랑하다) aimé aimant	aime aimes aime aimons aimez aiment	aimerai aimeras aimera aimerons aimerez aimeront	aimais aimais aimait aimions aimiez aimaient
commencer (시작하다) commencé commençant	commence commences commence commençons commencez commencent	commencerai commenceras commencera commencerons commencerez commenceront	commençais commençais commençait commencions commenciez commençaient
manger (먹다) mangé mangeant	mange manges mange mangeons mangez mangent	mangerai mangeras mangera mangerons mangerez mangeront	mangeais mangeais mangeait mangions mangiez mangeaient

명 령 법 현 재	조 건 법 현 재	접 속 법 현 재
aie ayons ayez	aurais aurais aurait aurions auriez auraient	aie aies ait ayons ayez aient
sois soyons soyez	serais serais serait serions seriez seraient	sois sois soit soyons soyez soient
aime aimons aimez	aimerais aimerais aimerait aimerions aimeriez aimeraient	aime aimes aime aimions aimiez aiment
commence commençons commencez	commencerais commencerais commencerait commencerions commenceriez commenceraient	commence commences commence commencions commenciez commencent
mange mangeons mangez	mangerais mangerais mangerait mangerions mangeriez mangeraient	mange manges mange mangions mangiez mangent

부정법	직 설 법		
(과거/현재)분사	현 재	미 래	반 과 거
acheter (사다) acheté achetant	achète achètes achète achetons achetez achètent	achèterai achèteras achètera achèterons achèterez achèteront	achetais achetais achetait achetions achetiez achetaient
espérer (바라다) espéré espérant	espère espères espère espérons espérez espèrent	espérerai espéreras espérera espérerons espérerez espéreront	espérais espérais espérait espérions espériez espéraient
appeler (부르다) appelé appelant	appelle appelles appelle appelons appelez appellent	appellerai appelleras appellera appellerons appellerez appelleront	appelais appelais appelait appelions appeliez appelaient
payer (지불하다) payé payant	pai[y]e pai[y]es pai[y]e payons payez pai[y]ent	pai[y]erai pai[y]eras pai[y]era pai[y]erons pai[y]erez pai[y]eront	payais payais payait payions payiez payaient
finir (끝내다) fini finissant	finis finis finit finissons finissez finissent	finirai finiras finira finirons finirez finiront	finissais finissais finissait finissions finissiez finissaient

명 령 법	조 건 법	접 속 법
현 재	현 재	현 재
achète achetons achetez	achèterais achèterais achèterait achèterions achèteriez achèteraient	achète achète achète achetions achetiez achètent
espère espérons espérez	espérerais espérerais espérerait espérerions espéreriez espéreraient	espère espères espère espérions espériez espèrent
appelle appelons appelez	appellerais appellerais appellerait appellerions appelleriez appelleraient	appelle appelles appelle appelions appeliez appellent
pai[y]e payons payez	pai[y]erais pai[y]erais pai[y]erait pai[y]erions pai[y]eriez pai[y]eraient	pai[y]e pai[y]es pai[y]e payions payiez pai[y]ent
finis finissons finissez	finirais finirais finirait finirions finiriez finiraient	finisse finisses finisse finissions finissiez finissent

부정법	직 설 법		
(과거/현재)분사	현 재	미 래	반 과 거
aller (가다) allé allant	vais vas va allons allez vont	irai iras ira irons irez iront	allais allais allait allions alliez allaient
apprendre (배우다) appris apprenant	apprends apprends apprend apprenons apprenez apprennent	apprendrais apprendrais apprendrait apprendrions apprendriez apprendraient	apprenais apprenais apprenait apprenions appreniez apprenaient
attendre (기다리다) attendu attendant	attends attends attend attendons attendez attendent	attendrai attendras attendra attendrons attendrez attendront	attendais attendais attendait attendions attendiez attendaient
battre (때리다) battu battant	bats bats bat battons battez battent	battrai battras battra battrons battrez battront	battais battais battait battions battiez battaient
boire (마시다) bu buvant	bois bois boit buvons buvez boivent	boirai boiras boira boirons boirez boiront	buvais buvais buvait buvions buviez buvaient

명 령 법	조 건 법	접 속 법
현 재	현 재	현 재
va allons allez	irais irais irait irions iriez iraient	aille ailles aille allions alliez aillent
apprends apprenons apprenez	apprendrais apprendrais apprendrait apprendrions apprendriez apprendraient	apprenne apprennes apprenne apprenions appreniez apprennent
attends attendons attendez	attendrais attendrais attendrait attendrions attendriez attendraient	attende attendes attende attendions attendiez attendent
bats battons battez	battrais battrais battrait battrions battriez battraient	batte battes batte battions battiez battent
bois buvons buvez	boirais boirais boirait boirions boiriez boiraient	boive boives boive buvions buviez boivent

부정법	직 설 법		
(과거/현재)분사	현 재	미 래	반과거
conduire (안내하다) conduit conduisant	conduis conduis conduit conduisons conduisez conduisent	conduirai conduiras conduira conduirons conduirez conduiront	conduisais conduisais conduisait conduisions conduisiez conduisaient
connaître (알다) connu connaissant	connais connais connaît connaissons connaissez connaissent	connaîtrai connaîtras connaîtra connaîtrons connaîtrez connaîtront	connaissais connaissais connaissait connaissions connaissiez connaissaient
courir (달리다) couru courant	cours cours court courons courez courent	courrai courras courra courrons courrez courront	courais courais courait courions couriez couraient
craindre (무서워하다) craint craignant	crains crains craint craignons craignez craignent	craindrai craindras craindra craindrons craindrez craindront	craignais craignais craignait craignions craigniez craignaient
croire (믿다) cru croyant	crois crois croit croyons croyez croient	croirai croiras croira croirons croirez croiront	croyais croyais croyait croyions croyiez croyaient

명 령 법	조 건 법	접 속 법
현 재	현 재	현 재
conduis conduisons conduisez	conduirais conduirais conduirait conduirions conduiriez conduiraient	conduise conduises conduise conduisions conduisiez conduisent
connais connaissons connaissez	connaîtrais connaîtrais connaîtrait connaîtrions connaîtriez connaîtraient	connaisse connaisses connaisse connaissions connaissiez connaissent
cours courons courez	courrais courrais courrait courrions courriez courraient	coure coures coure courions couriez courent
crains craignons craignez	craindrais craindrais craindrait craindrions craindriez craindraient	craigne craignes craigne craignions craigniez craignent
crois croyons croyez	croirais croirais croirait croirions croiriez croiraient	croie croies croie croyions croyiez croient

부정법	직 설 법		
(과거/현재)분사	현 재	미 래	반 과 거
descendre (내려가다) descendu descendant	descends descends descend descendons descendez descendent	descendrai descendras descendra descendrons descendrez descendront	descendais descendais descendait descendions descendiez descendaient
devoir (...해야하다) dû, due devant	dois dois doit devons devez doivent	devrai devras devra devrons devrez devront	devais devais devait devions deviez devaient
dire (말하다) dit disant	dis dis dit disons dites disent	dirai diras dira dirons direz diront	disais disais disait disions disiez disaient
dormir (잠자다) dormi dormant	dors dors dort dormons dormez dorment	dormirai dormiras dormira dormirons dormirez dormiront	dormais dormais dormait dormions dormiez dormaient
écrire (쓰다) écrit écrivons	écris écris écrit écrivons écrivez écrivent	écrirai écriras écrira écrirons écrirez écriront	écrivais écrivais écrivait écrivions écriviez écrivaient

명령법	조건법	접속법
현 재	현 재	현 재
descends descendons descendez	descendrais descendrais descendrait descendrions descendriez descendraient	descende descendes descende descendions descendiez descendent
dois devons devez	devrais devrais devrait devrions devriez devraient	doive doives doive devions deviez doivent
dis disons dites	dirais dirais dirait dirions diriez diraient	dise dises dise disions disiez disent
dors dormons dormez	dormirais dormirais dormirait dormirions dormiriez dormiraient	dorme dormes dorme dormions dormiez dorment
écris écrivons écrivez	écrirais écrirais écrirait écririons écririez écriraient	écrive écrives écrive écrivions écriviez écrivent

부정법	직 설 법		
(과거/현재)분사	현 재	미 래	반 과 거
entendre (듣다) entendu entandant	entends entends entend entendons entendez entendent	entendrai entendras entendra entendrons entendrez entendront	entendais entendais entendait entendions entendiez entendaient
envoyer (보내다) envoyé envoyant	envoie envoies envoie envoyons envoyez envoient	enverrai enverras enverra enverrons enverrez enverront	envoyais envoyais envoyait envoyions envoyiez envoyaient
faire (하다, 만들다) fait faisans[fəzS]	fais fais fait faisons [fəz2] faites font	ferai feras fera ferons ferez feront	faisais [fəzD] faisais [fə-] faisait [fə-] faisions [fə-] faisiez [fə-] faisaient [fə-]
lire (읽다) lu lisant	lis lis lit lisons lisez lisent	lirai liras lira lirons lirez liront	lisais lisais lisait lisions lisiez lisaient
mener (이끌다) mené menant	mène mènes mène menons menez mènent	mènerai mèneras mènera mènerons mènerez mèneront	menais menais menait menions meniez menaient

명 령 법 현 재	조 건 법 현 재	접 속 법 현 재
entends entendons entendez	entendrais entendrais entendrait entendrions entendriez entendraient	entende entendes entende entendions entendiez entendent
envoie envoyons envoyez	enverrais enverrais enverrait enverrions enverriez enverraient	envoie envoies envoie envoyions envoyiez envoient
fais faisons [fBzT] faites	ferais ferais ferait ferions feriez feraient	fasse fasses fasse fassions fassiez fassent
lis lisons lisez	lirais lirais lirait lirions liriez liraient	lise lises lise lisions lisiez lisent
mène menons menez	mènerais mènerais mènerait mènerions mèneriez mèneraient	mène mènes mènve menions meniez mènent

부정법	직 설 법		
(과거/현재)분사	현 재	미 래	반 과 거
mettre (놓다, 넣다) mis mettant	mets mets met mettons mettez mettent	mettrai mettras mettra mettrons mettrez mettront	mettais mettais mettait mettions mettiez mettaient
naître (태어나다) né naissant	nais nais naît naissons naissez naissent	naîtrai naîtras naîtra naîtrons naîtrez naîtront	naissais naissais naissait naissions naissiez naissaient
ouvrir (열다) ouvert ouvrant	ouvre ouvres ouvre ouvrons ouvrez ouvrent	ouvrirai ouvriras ouvrira ouvrirons ouvrirez ouvriront	ouvrais ouvrais ouvrait ouvrions ouvriez ouvraient
paraître (보이다) paru paraissant	parais parais paraît paraissons paraissez paraissent	paraîtrai paraîtras paraîtra paraîtrons paraîtrez paraîtront	paraissais paraissais paraissait paraissions paraissiez paraissaient
partir (출발하다) parti partant	pars pars part partons partez partent	partirai partiras partira partirons partirez partiront	partais partais partait partions partiez partaient

명 령 법 현 재	조 건 법 현 재	접 속 법 현 재
mets mettons mettez	mettrais mettrais mettrait mettrions mettriez mettraient	mette mettes mette mettions mettiez mettent
nais naissons naissez	naîtrais naîtrais naîtrait naîtrions naîtriez naîtraient	naisse naisses naisse naissions naissiez naissent
ouvre ouvrons ouvrez	ouvrais ouvrais ouvrait ouvrions ouvriez ouvraient	ouvre ouvres ouvre fouvrions ouvriez ouvrent
parais paraissons paraissez	paraîtrais paraîtrais paraîtrait paraîtrions paraîtriez paraîtraient	paraisse paraisses paraisse paraissions paraissiez paraissent
pars partons partez	partirais partirais partirait partirions partiriez partiraient	parte partes parte partions partiez partent

부정법	직 설 법		
(과거/현재)분사	현 재	미 래	반 과 거
peindre (그리다) peint peignant	peins peins peint peignons peignez peignent	peindrai peindras peindra peindrons peindrez peindront	peignais peignais peignait peignions peigniez peignaient
plaire (마음에 들다) plu plaisant	plais plais plaît plaisons plaisez plaisent	plairai plairas plaira plairons plairez plairont	plaisais plaisais plaisait plaisions plaisiez plaisaient
pouvoir (...할 수 있다) pu pouvant	peux (puis) peux peut pouvons pouvez peuvent	pourrai pourras pourra pourrons pourrez pourront	pouvais pouvais pouvait pouvions pouviez pouvaient
prendre (잡다) pris prenant	prends prends prend prenons prenez prennent	prendrais prendrais prendrait prendrions prendriez prendraient	prenais prenais prenait prenions preniez prenaient
recevoir (받다) reçu recevant	reçois reçois reçoit recevons recevez reçoivent	recevrai recevras recevra recevrons recevrez recevront	recevais recevais recevait recevions receviez recevaient

명 령 법	조 건 법	접 속 법
현 재	현 재	현 재
peins peignons peignez	peindrais peindrais peindrait peindrions peindriez peindraient	peigne peignes peigne peignions peigniez peignent
plais plaisons plaisez	plairais plairais plairait plairions plairiez plairaient	plaise plaises plaise plaisions plaisiez plaisent
-----	pourrais pourrais pourrait pourrions pourriez pourraient	puisse puisses puisse puissions puissiez puissent
prends prenons prenez	prendrais prendrais prendrait prendrions prendriez prendraient	prenne prennes prenne prenions preniez prennent
reçois recevons recevez	recevrais recevrais recevrait recevrions recevriez recevraient	reçoive reçoives reçoive recevions receviez reçoivent

부정법	직 설 법		
(과거/현재)분사	현 재	미 래	반과거
rendre (되게하다) rendu rendant	rends rends rend rendons rendez rendent	rendrai rendras rendra rendrons rendrez rendront	rendais rendais rendait rendions rendiez rendaient
répondre (대답하다) répondu répondant	réponds réponds répond répondons répondez répondent	répondrai répondras répondra répondrons répondrez répondront	répondais répondais répondait répondions répondiez répondaient
rire (웃다) ri riant	ris ris rit rions riez rient	rirai riras rira rirons rirez riront	riais riais riait riions riiez riaient
savoir (알다) su sachant	sais sais sait savons savez savent	saurai sauras saura saurons saurez sauront	savais savais savait savions saviez savaient
sentir (느끼다) senti sentant	sens sens sent sentons sentez sentent	sentirai sentiras sentira sentirons sentirez sentiront	sentais sentais sentait sentions sentiez sentaient

명 령 법 현 재	조 건 법 현 재	접 속 법 현 재
rends rendons rendez	rendrais rendrais rendrait rendrions rendriez rendraient	rende rendes rende rendions rendiez rendent
réponds répondons répondez	répondrais répondrais répondrait répondrions répondriez répondraient	réponde répondes réponde répondions répondiez répondent
ris rions riez	rirais rirais rirait ririons ririez riraient	rie ries rie riions riiez rient
sache sachons sachez	saurais saurais saurait saurions sauriez sauraient	sache saches sache sachions sachiez sachent
sens sentons sentez	sentirais sentirais sentirait sentirions sentiriez sentiraient	sente sentes sente sentions sentiez sentent

부정법	직 설 법		
(과거/현재)분사	현 재	미 래	반 과 거
servir (봉사하다) servi servant	sers sers sert servons servez servent	servirai serviras servira servirons servirez serviront	servais servais servait servions serviez servaient
suivre (따라가다) suivi suivant	suis suis suit suivons suivez suivent	suivrai suivras suivra suivrons suivrez suivront	suivais suivais suivait suivions suiviez suivaient
survivre (살아남다) survécu survivant	survis survis survit survivons survivez survivent	survivrai survivras survivra survivrons survivrez survivront	survivais survivais survivait survivions surviviez survivaient
tenir (잡다) tenu tenant	tiens tiens tient tenons tenez tiennent	tiendrai tiendras tiendra tiendrons tiendrez tiendront	tenais tenais tenait tenions teniez tenaient
valoir (가치가 있다) valu valant	vaux vaux vaut valons valez valent	vaudrai vaudras vaudra vaudrons vaudrez vaudront	valais valais valait valions valiez valaient

명 령 법	조 건 법	접 속 법
현 재	현 재	현 재

sers servons servez	servirais servirais servirait servirions serviriez serviraient	serve serves serve servions serviez servent
suis suivons suivez	suivrais suivrais suivrait suivrions suivriez suivraient	suive suives suive suivions suiviez suivent
survis survivons survivez	survivrais survivrais survivrait survivrions survivriez survivraient	survive survives survive survivions surviviez survivent
tiens tenons tenez	tiendrais tiendrais tiendrait tiendrions tiendriez tiendraient	tienne tiennes tienne tenions teniez tiennent
vaux valons valez	vaudrais vaudrais vaudrait vaudrions vaudriez vaudraient	vaille vailles vaille valions valiez vaillent

부정법	직 설 법		
(과거/현재)분사	현 재	미 래	반 과 거
vendre (팔다) vendu vendant	vends vends vend vendons vendez vendent	vendrai vendras vendra vendrons vendrez vendront	vendais vendais vendait vendions vendiez vendaient
venir (오다) venu venant	viens viens vient venons venez viennent	viendrai viendras viendra viendrons viendrez viendront	venais venais venait venions veniez venaient
vivre (살다) vécu vivant	vis vis vit vivons vivez vivent	vivrai vivras vivra vivrons vivrez vivront	vivais vivais vivait vivions viviez vivaient
voir (보다) vu voyant	vois vois voit voyons voyez voient	verrai verras verra verrons verrez verront	voyais voyais voyait voyions voyiez voyaient
vouloir (원하다) voulu voulant	veux veux veut voulons voulez veulent	voudrai voudras voudra voudrons voudrez voudront	voulais voulais voulait voulions vouliez voulaient

명령법	조건법	접속법
현재	현재	현재
vends vendons vendez	vendrais vendrais vendrait vendrions vendriez vendraient	vende vendes vende vendions vendiez vendent
viens venons venez	viendrais viendrais viendrait viendrions viendriez viendraient	vienne viennes vienne venions veniez viennent
vis vivons vivez	vivrais vivrais vivrait vivrions vivriez vivraient	vive vives vive vivions viviez vivent
vois voyons voyez	verrais verrais verrait verrions verriez verraient	voie voies voie voyions voyiez voient
veuille veuillons veuillez	voudrais voudrais voudrait voudrions voudriez voudraient	veuille veuilles veuille voulions vouliez veuillent

부정법	직 설 법		
(과거/현재)분사	현 재	미 래	반 과 거

falloir (...해야하다) fallu	faut	faudra	fallait

pleuvoir (비오다) plu pleuvant	pleut	pleuvra	pleuvait

s'asseoir (앉다) assis asseyant	m' assieds t' assieds s' assied nous asseyons vous asseyez s' asseyent	m' assiérai t' assiéras s' assiéra nous assiérons vous assiérez s' assiéront	m' asseyais t' asseyais s' asseyait nous asseyions vous asseyiez s' asseyaient

se lever (일어나다) levé levant	me lève te lèves se lève nous levons vous levez se lèvent	me lèverai te lèveras se lèvera nous lèverons vous lèverez se lèveront	me levais te levais se levait nous levions vous leviez se levaient

se taire (침묵하다) tu taisant	me tais te tais se tait nous taisons vous taisez se taisent	me tairai te tairas se taira nous tairons vous tairez se tairont	me taisais te taisais se taisait nous taisions vous taisiez se taisaient

명 령 법 현 재	조 건 법 현 재	접 속 법 현 재
-----	faudrait	faille
-----	pleuvrait	pleuve
assieds-toi asseyons-nous asseyez-vous	m' assiérais t' assiérais s' assiérait nous assiérions vous assiériez s' assiéraient	m' asseye t' asseyes s' asseye nous asseyions vous asseyiez s' asseyent
lève-toi levons-nous levez-vous	me lèverais te lèverais se lèverait nous lèverions vous lèveriez se lèveraient	me lève te lèves se lève nous levions vous leviez se lèvent
tais-toi taisons-nous taisez-vous	me tairais te tairais se tairait nous tairions vous tairiez se tairaient	me taise te taises se taise nous taisions vous taisiez se taisent

들으면서 익히는 프랑스어 단어장

초판 1쇄 발행일 2019년 02월 13일

지은이 이욱재
펴낸이 박영희
책임편집 윤석전
디자인 박희경
표지디자인 원채현
마케팅 김유미
인쇄·제본 태광 인쇄
펴낸곳 도서출판 어문학사
　　　　서울특별시 도봉구 쌍문동 523－21 나너울 카운티 1층
　　　　대표전화: 02-998-0094 / 편집부1: 02-998-2267, 편집부2: 02-998-2269
　　　　홈페이지: www.amhbook.com
　　　　트위터: @with_amhbook
　　　　페이스북: https://www.facebook.com/amhbook
　　　　블로그: 네이버 http://blog.naver.com/amhbook
　　　　다음 http://blog.daum.net/amhbook
　　　　e－mail: am@amhbook.com
　　　　등록: 2004년 4월 6일 제7－276호

ISBN 978-89-6184-491-8 13760
정가 16,000원

이 도서의 국립중앙도서관 출판예정도서목록(CIP)은 e-CIP홈페이지(http://www.nl.go.kr/ecip)와
국가자료공동목록시스템(http://www.nl.go.kr/kolisnet)에서 이용하실 수 있습니다.
(CIP제어번호: CIP2019001861)